ZHONGYUE SHEWAIHUNYIN
FALÜWENTI YANJIU

中越涉外婚姻法律问题研究

覃晚萍 / 著

中国法制出版社
CHINA LEGAL PUBLISHING HOUSE

Contents 目录

绪 论

越南社会主义共和国，简称越南（Vietnam），位于中南半岛东部，北与我国广西、云南接壤，西与老挝、柬埔寨交界，国土面积约 329556 平方公里。越南是一个多民族的国家，共有 54 个民族，其中京族是主体民族，约占全国人口的 86%。[①] 2019 年，越南人口和住房普查结果公开显示，截至 2019 年 4 月 1 日，越南总人口达 9620 多万人，其中男性 4788 万人，占总人口 49.8%，女性 4832 万人，占总人口 50.2%。从其人口结构总数看，性别比例不够协调，女性人口总数略高于男性人口总数，这样的人口性别比例现象，自 20 世纪 70 年代以来就存在了。80 年代以来，越南女性外嫁现象增多，大量越南女子外嫁亚洲、美洲、欧洲等经济条件较好的国家或地区。据资料显示，仅 1998 年至 2010 年，越南司法部就曾受理 29.4 万多次“越南新娘”嫁往国外的申请，几乎涵盖了世界上 50 多个国家和地区。最多的是嫁往中国、韩国、德国、加拿大、法国和美国等。除此之外，在中越陆地边境还存在大量的跨国通婚现象，此类通婚绝大多数没有履行正式的结婚登记手续，而是以事实上存在的婚姻维系着。

我国与越南山水相连，唇齿相依，海陆边境线长，广西百色市的那坡、靖西，崇左市的大新、龙州、凭祥、宁明，防城港市的防城区、东兴市等县（市、辖区）分别与越南的河江、高平、谅山、广宁等省所辖的 18 个县接壤，这为两国公民进行跨国通婚提供了极大的便利。历史以来，中越两国人民的传统友谊源远流长，两国边民的通婚现象具有传统沿袭性。尤其是 20 世纪 90 年代中越关系正常化以来，中越两国边民通婚日益增加，此现象引发了学术界和其他社会各界的广泛关注。现有的学术研究成果，主要从民族学、社会学、女性学、

① 数据来源于外交部官网，载 https://www.fmprc.gov.cn/web/gjhdq_676201/gj_676203/yz_676205/1206_677292/1206x0_677294/，访问日期：2021 年 10 月 11 日。

法学等学科视角来展开研究。日本学者冢田诚之在越南依岱社区的田野调查成果《中国壮族与越南侬族的民族关系与交流》[①]一文中，揭示了越南田野调查的社区与中国村屯的姻亲关系。周建新的《中越中老跨国民族及其族群关系研究》对西南中越中老跨境民族，以民族文化认同为主要条件的跨国民族婚姻进行了分析和论证，他认为导致两国边民跨国婚姻的真正内在因素，是跨国民族的文化联系和认同。[②]周建新、刘东燕的《越南的民族政策及其对我国边境民族地区的影响》[③]，范宏贵的《越南民族与民族问题》[④]，李碧华的《越南2004—2010年预防打击拐卖妇女儿童犯罪行动计划》[⑤]等研究涉及了越南相关政策和法律及对我们的影响。而罗文青的《和平与交往：广西边境地区跨国婚姻问题初探》一文，则专门详细地分析和探讨了广西边境地区跨国婚姻的现状、原因及对策建议。[⑥]此后，较多的研究开始关注中越边境的跨国婚姻问题。例如，罗柳宁的《例论中越边境跨国婚姻建立的基础——兼论"无国籍女人"的身份》[⑦]着重探讨中越边境跨国婚姻建立的基础，同时关注这些嫁入中国家庭并生育子女的越南妇女的婚姻家庭状况。龙耀、李娟的《西南边境跨国婚姻家庭子女社会化问题思考——以广西大新县隘江村为例》[⑧]，龙耀、罗柳宁的《例论中越边境地区跨国婚姻家庭子女的政治社会化》[⑨]和李雪岩、龙耀的《中越边境跨国婚姻问题研究（妇女篇）——以广西大新县德天村为例》[⑩]等研究以跨国婚姻妇女及其子女的身份及相关权益为主要研究对象。而从我国相关法律的视角予以探讨和分析

① ［日］冢田诚之：《中国壮族与越南侬族的民族关系与交流》，载《广西民族大学学报》（哲学社会科学版）2007年第5期。

② 周建新、范宏贵：《中老跨国民族及其族群关系》，载《民族研究》2000年第5期。

③ 周建新、刘东燕：《越南的民族政策及其对我国边境民族地区的影响》，载《东南亚纵横》2004年第11期。

④ 范宏贵：《越南民族与民族问题》，广西民族出版社1999年版。

⑤ 李碧华：《越南2004—2010年预防打击拐卖妇女儿童犯罪行动计划》，载《东南亚纵横》2005年第8期。

⑥ 罗文青：《和平与交往：广西边境地区跨国婚姻问题初探》，载《广西师范大学学报》（哲学社会科学版）2006年第1期。

⑦ 罗柳宁：《例论中越边境跨国婚姻建立的基础——兼论"无国籍女人"的身份》，载《广西民族研究》2010年第1期。

⑧ 龙耀、李娟：《西南边境跨国婚姻家庭子女社会化问题思考——以广西大新县隘江村为例》，载《中国青年研究》2007年第7期。

⑨ 龙耀、罗柳宁：《例论中越边境地区跨国婚姻子女的政治社会化》，载《广西民族研究》2007年第4期。

⑩ 李雪岩、龙耀：《中越边境跨国婚姻问题研究（妇女篇）——以广西大新县德天村为例》，载《世界民族》2008年第4期。

跨国婚姻问题，前期以李娟、龙耀的《中越边民跨国婚姻法律问题探析》[①]，龙耀的《中越边境跨国婚姻问题的法制新思考》[②]为代表。此类论文认为跨国婚姻存在办理结婚登记手续难、申请加入国籍难、加入户籍难等问题，这些问题给家庭、社会带来诸多影响。要解决这些问题，需要进一步完善相关的法律制度。而谢尚果、罗家珩在《中越边境地区跨国婚姻治理模式分析》一文中，认为在边境地区跨国婚姻治理中应建立科学的决策和执法机制、加强相关法律知识的宣传教育以及构筑坚不可摧的制度屏障。[③]宋才发在《西南边疆地区跨国婚姻问题的法治探讨》一文中，认为西南边疆地区的跨国婚姻多为"事实婚姻"，目前对跨国婚姻的法律保护陷入困境。非法婚姻既给贫困家庭带来积重难返的压力，也给边疆社会治理带来严重危机。必须依据跨国婚姻的实际情况落实新生子女入户，依据宜疏不宜堵的原则加快跨国婚姻立法和修法，从行政立法和执法层面解决跨国婚姻面临的疑难问题。[④]

上述研究主要从民族学、社会学、人类学、法学的视角，通过个案访谈、实证研究等方法，对中越跨国婚姻的现状、产生原因及其流变问题的解决对策等方面进行了论述，尤其偏重和关注跨国婚姻中妇女和儿童的生活现状所面临的一系列问题。也有个别学者运用我国法学理论和知识，对此类问题进行了深入探讨。但现有研究仍存在一定的不足：一是研究视角和方法单一。上述研究偏重社会学、民族学、人类学或法学的单学科研究，跨学科的研究不够。二是研究内容不够充分。现有研究对我国境内的非法跨国婚姻研究比较多，但缺乏对合法涉外婚姻问题的相关法律研究，缺乏对我国与越南婚姻家庭法及其他中越涉外婚姻法律制度的详细比较研究。三是部分研究成果的结论有待进一步商榷。比如，对我国境内存在的大量中越涉外婚姻，这类婚姻的性质是违法婚姻、事实婚姻还是同居关系，有待进一步探讨。四是此类婚姻中的妇女和儿童的权益保护，以及此类婚姻的法律效力等问题需要进一步研讨。五是对于涉外婚姻

① 李娟、龙耀：《中越边民跨国婚姻法律问题探析》，载《广西政法管理干部学院学报》2007年第1期。
② 龙耀：《中越边境跨国婚姻问题的法制新思考》，载《广西社会科学》2013年第9期。
③ 谢尚果、罗家珩：《中越边境地区跨国婚姻治理模式分析》，载《广西民族研究》2016年第2期。
④ 宋才发：《西南边疆地区跨国婚姻问题的法治探讨》，载《北方民族大学学报》（哲学社会科学版）2019年第5期。

中产生的诸多纠纷问题未有深入的研究。

综上，尽管中越涉外婚姻的研究成果比较丰富，但随着中国—东盟自由贸易区的建立和发展，两国人民的交往不断增多，对中越涉外婚姻的有关法律问题的深入了解相当迫切。因而，从法学视角对中越涉外婚姻相关问题的全面研究，仍有较高的理论意义和现实意义。第一，对中越涉外婚姻法律问题进行全面而深入的研究，能给两国民众进行涉外婚姻行为的选择和两国法律实务界人士提供充分的法律借鉴。通过本研究，人们将充分了解到中越涉外婚姻中的法律规制及其冲突与调适问题，从而对中越涉外婚姻行为有更充分的认知。第二，中越涉外婚姻的法律问题研究，对构建和平友好的中越关系、对中越边境地区的和谐稳定起到一定的促进作用。第三，中越涉外婚姻的法律研究，对中国—东盟自由贸易区的稳定发展，以及东盟其他各国人民的涉外婚姻家庭的构建，起到一定的示范和启迪作用。

基于上述研究目的和意义，本书将从以下方面展开研究：

一是对中越两国公民通婚历史的简要回顾和梳理。中越两国人民自古以来有通婚的历史传统，并受两国关系发展的影响和制约。中越两国山水相连，两国边民的民间社会交往较为普遍，因而通婚也较为频繁。这种现象自近代以来尤为显著。特别是 20 世纪 90 年代以来，随着中越两国关系正常化之后，民众通婚的现象日益增多。同时，部分违法婚姻、规避法律甚至借婚姻骗取财物的现象也日益凸显。这些问题应引起我们的重视，并力求在法治范畴内解决。

二是对中越两国婚姻家庭法律制度总则规定的研究。我们通过对两国婚姻家庭法律制度总则的规定对比，总结我国《民法典》婚姻家庭编的总则部分与《越南婚姻家庭法》存在的不同之处：包括立法技术上的不同，体例架构设计的差异，以及基本原则中对于民族文化的传承规定均有不同之处。《越南婚姻家庭法》总则体现了越南的民族特色，将民族性融入婚姻家庭之中；此外，越南的法律规定更为强调国家和社会保护婚姻家庭的责任。我国《民法典》婚姻家庭编也明确规定了婚姻家庭受国家保护，即《民法典》第 1041 条规定“婚姻家庭受国家保护”。同时，《民法典》第 1043 条还规定：“家庭应当树立优良家风，弘扬家庭美德，重视家庭文明建设。夫妻应当互相忠实，互相尊重，互相关爱；家庭成员应当敬老爱幼，互相帮助，维护平等、和睦、文明的婚姻家庭关系。”两国关于婚姻家庭法律制度总则部分的规定，均从本国实际出发，各有自己的特色。

三是对中越两国婚姻家庭法律制度中的结婚、离婚制度展开比较研究。两国婚姻家庭法律制度存在一定共性的同时，也存在较大的差异性。在2020年我国《民法典》通过之前，中越两国的婚姻家庭法律制度均是借鉴苏联的立法模式，将婚姻家庭法独立于民法之外。通过对两国现行的结婚法律制度进行比较研究，发现两国的结婚法律制度在公民结婚的实质要件和形式要件上均存在诸多不同之处，对于违反结婚实质要件的无效婚姻和可撤销婚姻的相关规定也有所不同，对于违反结婚形式要件（不履行结婚登记手续）的事实婚姻的规定也不同。通过对两国离婚制度的比较研究，发现两国离婚的法定形式、法定条件以及离婚的法律后果均存在一定的差异。基于两国结婚、离婚法律制度存在的差异，本着从涉外婚姻的国际性出发，同时也充分考虑我国社会的实际状况，建议在立法和具体法律适用中应进一步细化和完善相关制度。

四是对中越两国夫妻财产制度的比较研究。中越两国夫妻财产制度既有共性，也存在差异之处。本书主要从三大方面对此进行比较研究：首先是关于夫妻共同财产范围的规定。两国关于夫妻共同财产的规定大致相同。不同点有三：第一，《越南婚姻家庭法》突出了对地产使用权的重视，而我国对此没有具体规定。第二，对于夫妻共同财产的权利和义务问题，《越南婚姻家庭法》规定得更为详细，在立法技术上更加完善。第三，关于婚姻存续期间夫妻共同财产的规定，我国现有的规定不够明确和完善，在今后的法律适用中需要进一步明确和具体化。其次是关于夫妻个人财产制度的比较研究，通过对夫妻个人财产范围及内容的对比，发现我国存在的薄弱环节并提出了相关的完善建议。最后是关于夫妻约定财产制的比较，在此提出三点建议：第一，建立夫妻约定财产制的公示制度；第二，明确夫妻财产约定的内容；第三，增设夫妻财产约定的补充和修改条件。

五是对中越涉外婚姻法律适用制度的比较研究。从中越涉外结婚法律适用、涉外离婚法律适用、涉外亲子关系法律适用、涉外夫妻财产关系法律适用以及涉外扶养关系法律适用五个方面对整个中越涉外婚姻法律适用制度进行具体比较研究。本书认为我国的涉外结婚法律适用制度较之越南的规定更为明确，操作程序简便；涉外亲子法律适用制度中，越南承认代孕的合法性，因此《越南婚姻家庭法》中对代孕问题进行了规定，我国法律是严格禁止代孕的，但是实践中也不可避免地存在跨国代孕的问题，在此可以借鉴《越南婚姻家庭法》的规定，对于解决跨国代孕问题有一定的积极意义。我国专门制定了《涉外民事关系法律适用法》，调整包括婚姻家庭关系在内的各种涉外民事关系的法律适用，越南则以一章内容规定在婚姻家庭法中，在法律适用方面我国的规定更为详细，当然也存在细微的不足之处，通过与越南法律规定的比较，我们可以更好地完善涉外婚姻法律适用制度。

六是对中越涉外婚姻的程序制度进行比较研究。中越涉外婚姻的程序制度方面仍存在一定的问题，亟须完善。中越两国涉外婚姻的登记遭遇诸多困境，不仅是两国婚姻家庭法律实体上存在的差异使涉外婚姻的登记手续变得艰难和复杂，婚姻的法律效力容易出现瑕疵，登记程序上的差异也令中越涉外婚姻的成立困难重重。而我国相关立法针对涉外婚姻登记，外国人加入中国国籍的程序以及中越涉外婚姻的登记程序都进行了规定，但这一系列规定的落实在司法实践中却没有达到预期效果。根据《涉外民事关系法律适用法》以及越南2015年修订后的《越南婚姻家庭法》的规定，中越涉外婚姻的男女双方要在中国境内缔结婚姻只需要按照中国的法律到相关部门登记即可；法律列明中越涉外婚姻登记所需要的材料；介绍外国人入境、入籍的程序。但中越边民涉外婚姻缔结程序不够人性化，复杂的婚姻缔结程序在保障涉外婚姻缔结合理、合法的同时，也给中越涉外婚姻带来了一定的困难，增加了男女双方的婚姻缔结成本；涉外婚姻缔结所需的证明材料多、手续复杂，很多中越涉外婚姻当事人根本不知道婚姻登记和入籍手续应当如何办理；涉外婚姻缔结后入籍周期过长，容易引发一系列问题。针对法律存在的问题，我们提出相关的完善建议：完善双方涉外婚姻法律制度；调整入籍法律法规，加强入籍条件及程序的管理；建立官方涉外婚姻法治管理体系。

七是对中越涉外婚姻中存在大量不履行结婚登记的事实婚姻进行研究。中越边民不履行结婚登记的通婚给我国的边境管控和婚姻家庭当事人的权益保护均带来突出的问题。存在不履行结婚登记的边民跨国婚姻的原因，主要包括几个方面：第一，两国边境线长，两国边民的交往不可避免；第二，边境民族的民间传统习俗影响较为深刻；第三，法律不能提供便利，涉外结婚成本高。针对此类现象，提出相应的解决问题建议。具体包括：应高度重视、积极组织力量对此问题展开充分的调研；两国政府应加强沟通，共同应对和解决此类问题；尊重民族习俗，有条件地承认现有的涉外事实婚姻。

八是对中越边境跨国婚姻子女权益问题的研究。这个问题长期以来都难以得到妥善解决，两国间涉外婚姻的现象至今仍然存在，但由于两国在婚姻登记、户籍管理、计划生育等方面的法律规定不同，中越涉外婚姻成立的手续多是没有通过正常的法律途径办理，涉外婚姻中的妇女身份得不到认同，其权益也无法得到保障，因此中越边境的跨国婚姻子女权益保护存在困境，主要体现在子女教育、身份权益方面。对此，我们提出完善的建议：第一，重点处理中越边境跨国婚姻登记、国籍、户籍、居留制度，加强顶层设计，才有利于具体的实践适用。第二，开展有边境特色的教育，因材施教、因地制宜，政府应当重视中外涉外婚姻子女的教育，尤其应当把普及初等教育作为中越边境跨国婚姻子女教育工作的重点。第三，改善中越边境跨国婚姻子女的就业现状。中越边境跨国婚姻法律问题中对子女权益保护的不足日益凸显，这既不利于边境秩序的安全稳定也不利于该群体的良性发展。

九是对中越涉外婚姻纠纷的研究。中越涉外婚姻存在纠纷，对于纠纷的解决遇到困境，应积极防范和进一步完善我国涉越婚姻纠纷解决机制，促进社会和谐发展。近年来，中越涉外婚姻纠纷在社会实践中日益明显，但由于我国立法和司法上存在的不足，使这些纠纷没有得到有效解决。中越涉外婚姻纠纷出现的原因主要包括：第一，未经合法登记的婚姻，缺乏法律保障；第二，受两国语言、风俗习惯等因素影响，导致双方沟通出现障碍；第三，夫妻感情基础薄弱，容易引发各种矛盾；第四，缔结婚姻的目的不纯，动机不正确。导致中越涉外婚姻纠纷解决的法律困境：部分当事人没有明确被告身份而导致法院立案困难；离婚诉讼文书不能及时送达导致涉诉周期长；部分问题缺乏相关法律规定等。防范和解决涉越婚姻纠纷的建议：加大法律宣传力度，增强当事人的法律意识；严格审查涉外婚姻当事人的身份证明，适度承认事实婚姻当事人的身份；对一方下落不明的中越涉外婚姻离婚诉讼进行特殊规定，充分保护国内一方当事人的合法权益；完善相关涉外法律法规，强化法律的可操作性。

第一章　中越涉外婚姻的历史与现状研究

第一节　涉外婚姻的含义

一、婚姻的含义

关于婚姻的含义，不同历史时期，不同的国度，不同的学科立场对其理解有所不同。比如，哈夫洛克·霭理士在其《性心理学》一书中论及婚姻时，开宗明义地说："婚姻是性的关系的一种。"① 他将婚姻内涵中的性关系予以重点突出。又如，著名社会学家费孝通先生在论及婚姻时这样描述："婚姻是人为的仪式，用以结合男女为夫妇，在社会承认之下，约定以永久共处的方式来共同担负抚育子女的责任。"② 费老先生对婚姻的界定，基本也涵盖了法学学科对婚姻的理解。国外部分国家在法律条款中明确规定了婚姻的概念，比如，《葡萄牙民法典》第 1577 条规定："婚姻是两个异性的人之间根据本法典的规定，意在以完全共同生活的方式建立家庭而订立的合同。"③ 又如，《越南婚姻家庭法》第 3 条第 1 款规定"婚姻是指结婚后夫妻之间的关系"。我国法律对于婚姻的定义没有明确界定，通常是在学理上对此概念进行阐述。如杨大文教授认为婚姻的一般概念为"婚姻是指当时的社会制度所确认的，男女双方互为配偶的结合"，这是为人类学、社会学、伦理学、人口学等诸多学科普遍使用的概念；婚姻的法学概念为"婚姻，是男女双方以永久共同生活为目的，以夫妻的权利和义务为内容的结合"。④ 可见，对于婚姻的理解是多层面的。但不管是从社会学、人类学，还是法学意义上理解婚姻，均强调婚姻主体是男女双方，以共同生活为目

① [英]哈夫洛克·霭理士：《性心理学》，潘光旦译，商务印书馆 1997 年版，第 256 页，转引自费孝通：《生育制度》，商务印书馆 1999 年版，第 88 页。
② 费孝通：《乡土中国生育制度》，北京大学出版社 1998 年版，第 124 页。
③ 《澳门民法典》，米也天译，中国政法大学出版社 1996 年版。
④ 杨大文主编：《亲属法》，法律出版社 1997 年版，第 66—68 页。

的的相互结合。这是人类社会自婚姻制度产生以来较为普遍的共识。但从我国现代法学的视角来说，对于婚姻的理解还得特别强调是一男一女互为配偶的结合，应当为当时社会制度所确认。基于上述理解，我国现行法律认可一个合法有效的婚姻，除具备婚姻家庭法律制度中规定结婚的实质要件外，还必须履行结婚登记的程序要件。但实践中，由于种种因素的影响，社会中也存在大量没有履行结婚登记的事实婚姻，法律对于此类婚姻的效力认定问题，依据情况相应地承认或不承认其法律效力，具体在此不赘述。

二、涉外婚姻的含义

根据我国相关涉外民事法律制度的规定，对于涉外婚姻的理解，通常是指具有涉外因素的婚姻，亦即婚姻主体一方或双方为外国人或婚姻行为地在外国的婚姻。① 具体来说，涉外婚姻有广义和狭义之分。广义的涉外婚姻是指不同国籍的公民或同一国籍的公民在他国结婚或离婚。狭义的涉外婚姻仅指中国公民和外国公民以及外国公民之间在我国境内按照我国法律办理结婚或离婚的法律行为。我国现行有关的涉外婚姻法律法规和相关条例中所称的涉外婚姻，通常是指狭义的涉外婚姻。本书所论述的涉外婚姻问题，亦采用狭义的涉外婚姻含义。

由上述关于涉外婚姻的内涵界定，我们可认定涉外婚姻的主体中至少有一方必须是外国公民，并且婚姻的缔结或解除应是在我国境内履行。从国家法的理念来说，一个合法有效的涉外婚姻必须在主体要件和形式要件上均符合我国法律的相关规定。也就是说，凡是涉外婚姻当事人在我国境内结婚或离婚的，都必须按照我国法律的规定办理。但正如婚姻的多重含义一样，实践中，也存在相当一部分涉外婚姻主体一方是外国公民，但没有按我国法律的规定办理结婚或离婚登记手续，呈现出一种事实婚姻状态。此类婚姻主要集中在我国边境一带，对于这类特殊的涉外婚姻或称跨国婚姻，也一并纳入本书的探讨范围。

① 曹诗权、孟令志、麻昌华：《婚姻家庭继承法》，北京大学出版社 2006 年版，第 260 页。

第二节　中越涉外婚姻的历史概况

越南具有悠久的历史，经历了部落联盟时期、中国郡县时期、自主时期、法国殖民时期、民主共和国时期和社会主义共和国时期，其名称几经变换。自秦至唐，越南为中国郡县，汉代时称交趾，公元679年，唐朝在其地设安南都护府。968年，越南正式脱离中国独立建国。[①] 中国与越南是山水相连的邻邦，越南的文化制度在一定程度上受我国传统儒家思想的影响较深，譬如，越南传统婚俗史中规定"父母之命，媒妁之言""不孝有三，无后为大""夫妻和睦，相敬如宾"，等等。中越边境的边民，历史以来就有相互通婚的传统习俗。据《清实录》记载："署两广总督策楞奏称'粤西南境，地接交夷，土苗错处，各边封禁隘口，时有夷匪、汉奸潜出窜入，屡经设法查禁，而汉奸出入如故，盖因商民出口贸易，并佣工觅食，俱乐隘口出入近便，又多娶有番妇，留恋往来，是以偷渡不能禁止。'"[②] 可见，受历史文化因素以及独特的地缘因素的影响，中越涉外通婚的历史源远流长。

一、中华人民共和国成立前

据资料记载："中国封建王朝时期，中越虽有疆域之分，实无明确的界限，双方人民混居杂住，婚嫁相通，往来听其自便。"[③] 显然，由于历史上越南曾是我国政权管辖的一部分，即使到10世纪越南成为独立的政权，它也是我们的藩属国。因此，历史上中越两国边民的通婚状况比较普遍，且呈常态化。"华男娶越女，华女嫁越男实属常见。"但到了20世纪40年代，由于当时社会动荡，常年战争，国家对边境和社会管理不严格，这时期越南也一直处于战争状态，中越双方公民可能无暇顾及通婚问题，更没有相关法律规制中越涉外婚姻。因此，对于这时期中越两国公民通婚的状况，目前基本没有发现具体的书面资料记载。

---

① 兰强、徐方宇、李华杰：《越南概论》，世界图书出版广东有限公司2012年版，第40页、第64页。

② 《（仁清）彭元瑞等高宗实录卷》，中华书局，转引自《云南省历史研究所清实录越南缅甸泰国老挝史料摘编》，昆明云南人民出版社1986年版，第43页。

③ 黄铮、萧德浩主编：《越南边界历史资料选编》，社会科学文献出版社1993年版。

笔者在边境调研时，曾采访部分老人，他们回忆那时的两国边民还是存在通婚的现象，但数量不是太多。

二、20世纪50年代至70年代

20世纪50年代，胡志明领导越南人民解放越南北方，中国给予大量人力和物力的帮助，中越开始发展同志加兄弟的亲密关系，1950年1月18日，成立不到半年的中华人民共和国与越南民主共和国正式建立了外交关系。其间中国实行“一五计划”和“社会主义大改造”，取得了显著成就。中国的物资迅速增加，人民的生活有所提高。这一时期边境地区有许多越南女子嫁入中国。据记载，越南高平省保乐县常春社和通农县还烟社相接壤的那坡县平孟镇念井村，这一时期嫁入中国的越南妇女可以在当地上户口，并发给居留证，中国政府不但给予她们合法的身份，而且给予她们特殊的照顾。① 1953年在我国广西龙州县边境的板罗村、都钦村、板闭村、板陋村等20个村子的调查统计中，中越通婚人数共有183人。其中板闭村村民共39户，206人，中越通婚的就有14人，占总人数的6.8%；板陋村村民共38户，224人，中越通婚的有17人，占总人数的7.6%。② 20世纪60年代至70年代，中越依然保持着同志加兄弟的关系，但这一时期中越的涉外婚姻，以中国女子嫁入越南的居多。这一时期中苏关系恶化，再加上受“文化大革命”的影响，中国进入困难时期。而越南这时期获得苏联的帮助较多，物资比较丰富。所以许多边境的中国女子嫁入越南。广西那坡县平孟镇念井村姑娘嫁往对面的越南村屯，念井村吞盘屯就有一半住户举家迁往越南一侧。③

三、我国改革开放之后

20世纪70年代末，中国实行改革开放政策。越南从1986年起也开始革新开放。特别是80年代后期，中越两国军事对抗逐渐缓和，边境地区逐渐开放，

① 李娟、龙耀：《中越边民跨国婚姻法律问题探析》，载《广西政法管理干部学院学报》2007年第1期。
② 党晶：《中越边境跨国非法婚姻移民问题研究》，2010年暨南大学硕士学位论文。
③ 罗柳宁：《例论中越边境跨国婚姻建立的基础——兼论“无国籍”女人的身份》，载《广西民族研究》2010年第1期。

中越边民又开始恢复交往。尤其是90年代，中越关系开始正常化。随着中越政治、经济、文化等方面交往的不断频繁，双方领导人互访的增加，中越边境不断扩大开放，两国人民的通婚又日益增加。当时只要符合我国法律的相关规定，中越两国公民就可以在中国内地结婚。而且由于历史上越南长期战争，导致越南青壮年男性人口大量减少，越南的人口结构一度不平衡，出现女多男少的社会现象；又由于我国实行改革开放后，经济迅速发展，公民的生活水平相对提高，许多越南妇女选择嫁入中国。尤其是在两国边境的公民，通婚比率相当高。有关具体内容重点在中越涉外婚姻的现状中予以介绍，在此不再赘述。

第三节　中越涉外婚姻的现状及特点

一、中越涉外婚姻的现状

（一）中越涉外婚姻缔结方式多样化

目前中越边境通婚的模式主要有三种：第一种是自由恋爱型。这种情况是男女双方自由过境后经过相互了解、自由恋爱而结婚。第二种是由媒人或者熟人介绍过境而成婚。第三种是被人贩子拐卖或者诱骗过境而成婚。[①]第一种自由恋爱型的婚姻大多是双方在中越边境贸易往来之中产生了感情而通婚的，因为是自由恋爱，双方情投意合，婚后感情也相当稳定。与从前由于我国男子家庭贫穷而不得不以更少的花费与越南女子通婚的情况不同，近年来的中越跨境通婚基本上都是因为两情相悦，男女双方经过较长时间的充分了解之后才选择步入婚姻的殿堂。第二种是由中间人介绍的跨国婚姻，此种类型的婚姻数量在中越边境婚姻中占比最高，以此形式组成的跨国婚姻大多家庭和睦，且已经生育了子女，嫁到中国的越南媳妇对婚后的生活相当满意。根据我们的调研采访发现，这些越南女子留在中国生活之后很少再回越南，只是偶尔会回去探亲，而一些越南女子在嫁过来之后，认为在中国的生活水平比越南要好不少，因此又带来了家乡的姐妹，于是就出现了一个村子中常常会有来自越南边境的同一

① 罗文青：《和平与交往广西边境地区跨国婚姻问题初探》，载《广西师范大学学报》（哲学社会科学版）2006年第1期。

个村子或邻村的几个越南媳妇的现象。第三种是被人贩子拐卖或者诱骗过境而成婚，以该种方式缔结的婚姻，主要是前些年不少乡村的大龄男子存在娶妻难的问题，这给了人贩子以可乘之机。在我们查阅资料和实地调研中发现，以该方式“嫁”到中国的越南女子数量也不少，而且呈现由边境扩大到经济条件较好的内陆地区的河南、河北、福建，甚至是东北部分地区。此类婚姻的缔结基本上是不稳固的，一方面由于语言的障碍，婚前没有感情基础，而且也没有熟人作为联系的纽带，容易造成家庭破裂；另一方面容易给不法分子以可乘之机，以缔结婚姻为名，行谋取利益（骗婚）之实。

（二）中越边民存在大量不履行登记结婚手续的现象

一个不可忽视的中越涉外婚姻中的现象，那就是在中越两国边境地区存在大量的涉外事实婚姻。中越两国山水相连，传统以来边民交往较为便利，通婚现象也较多，但基于中越涉外婚姻登记手续复杂、成本高，中越边民间的通婚多以不履行登记手续为主，造成在中越边境地区存在大量的不办理结婚登记并以夫妻名义共同生活的婚姻。据资料显示：仅广西凭祥市边民与毗邻的越南边民存在不办理结婚登记并以夫妻名义共同生活的夫妻就有 1874 对，其中自 2006 年 1 月至 2010 年 8 月期间，共非法生育子女 295 人；截至 2009 年 10 月，与越南山水相连、边界线长达 184 公里的龙州县，非法入境通婚的越南妇女人数达 1288 人，在中国成婚以后，生育子女共 1819 人。另据资料显示，2012 年云南省政协的“跨国婚姻调研组”到红河调研，深入河口、金平两县边境，实地调查当地边民与越南公民通婚情况，发现红河州有中越涉外婚姻 773 对，其中依法办理结婚登记手续的有 66 对，已生育子女 807 名，大多边民通婚以事实婚姻的形式存在，成为“非婚家庭”。① 而在越南，最近的社会考察表明 31% 的越南妇女嫁给外国人的目的是就业，增加收入；15.6% 的越南妇女是希望能通过婚姻获取钱财养家。部分学者对广西 A 县进行调查时，发现在 A 县民政部门调查显示，大部分中越跨国婚姻都不会进行登记，因而成为非法婚姻。近年来正式登记婚姻的案例只有 3 例（2007 年黄某与黄氏姚；2008 年农某与李氏嫣、

① http：//news.hexun.com/2012-08-02/144264414.html，访问日期：2014 年 12 月 25 日。

黄某与农氏喃）。2009 年以后 A 县的跨国婚姻改为在其所归属的地级市进行登记，据了解，婚姻登记的数量也相当少，不足实际婚姻数量的 1%。[①] 另据笔者 2012 年 8 月到广西宁明县爱店镇调研，爱店口岸是边境陆路一类口岸，地属广西宁明县爱店镇，位于中越边境广西东路 1223—1224 号界碑处，与越南峙马口岸相对，是我国西南经济板块通往东南亚的陆路效能要道。镇上近 98% 的涉外婚姻均没有办理结婚证，更不用说边境村的群众了。如以爱店镇辖的丈鸡、岑么两屯为例，定居的瑶族群众共 55 户人家，234 人。但这两个屯存在跨国婚姻的情况较为普遍，具体情况是：丈鸡屯总户数 31 户，涉外婚姻家庭为 25 户，占本屯总户数的 80.65%；而岑么屯总户数 24 户，涉外婚姻家庭为 14 户，占本屯总户数的 50.83%。这印证了周建新教授之前调研发现我国一些边境村屯的情况：按家庭血缘关系上溯三代，几乎 100% 的家庭与越南有联姻关系；而现实的情况是有的边境村屯的家庭有 50% 以上与越南有婚姻关系。[②]

（三）近年来中越边民违法通婚现象发生了一定的变化

为了进一步了解最近两年边民通婚情况，2019 年 12 月笔者率调研组到广西靖西市 A 镇调研走访得知，整个 A 镇大约有 800 个越南媳妇，分别分布在 12 个村庄，各个村数量不一，尤以龙村、邦村的人数最为集中。20 世纪 90 年代，从越南嫁往 A 镇邦村的人数较多，但从 2010 年之后开始减少，至今每年一般不超过 5 位边民与越南女子通婚。边民涉外通婚发生此变化，究其原因，主要有以下几方面：一是与两国实施的提升边民生活水平的相关举措有关。一直以来边境地区由于受自然条件等各种因素的影响，相对于内陆地区而言经济极为不发达。随着护边、固边理念的深化，提高边民的生活水平是重要举措之一。近年来随着边境贸易力度的加大，以及诸多制造性企业的进驻，经济发展态势良好，加之给 3 公里范围内的边民按边民人口数每月发放 100 多元的生活补贴，边民的生活水平在不同程度上有了明显提升，而且边民可以就地、就近就业，人口流动性相对于以前减少了很多。而越南方面近几年也开始给其边民提供补

① 黄鹤飞、陈苏豪：《中越边境跨国婚姻的实例分析——以广西 A 县的调查为例》，载《东南亚纵横》2011 年第 8 期。

② 周建新：《中越中老跨国民族及其族群关系研究》，民族出版社 2002 年版，第 224 页。

贴，边民生活条件也比以前改善了，这些举措对于稳固边疆有一定的积极作用。二是与越南对于边民违法通婚的相关政策有关。近年来越南方面出台相应的政策，如果其本国的女子与中国边民违法通婚，时间久了便取消她们在越南的户籍，她们在越南的家人可能也难以再享受国家给予的待遇。三是我国边民婚配状况有了改善，对于娶越南媳妇的意愿没有以前那么强烈。以前中越边民通婚多，大多是因为我国的边境发展缓慢，经济较内地而言还很落后，所以边民年龄在 30 岁以上的大龄未婚男子难以解决婚姻问题，而娶越南媳妇需要的费用不高，因而违法通婚的现象较多。然而，随着我国社会经济的飞速发展，边民的生活水平也有明显改善，边民与内地女子结婚不再像之前那样困难了，与越南女子非法通婚的意愿也就没有以前那么强烈了。四是涉外婚姻面临着结婚登记手续复杂、入籍困难、婚姻权益难以保障等问题，因此，近年来中越两国边民之间违法通婚的数量减少了许多。

（四）中越边民履行登记结婚的现象逐年递增

20 世纪 90 年代中后期，中越边境民间贸易发展迅速，两国边民交往也日益频繁，中越涉外婚姻逐年递增。以广西壮族自治区为例，通过调研获知近 10 年来广西居民与外国公民登记结婚的总人数是 17962 人，其中广西居民与越南公民登记结婚的总人数是 2198 人。下面以广西涉越通婚较多的几个城市为例予以说明。

表一 广西公民与越南公民登记结婚情况表（单位：人）

	2009 年	2010 年	2011 年	2012 年	2013 年
崇左市	15	44	43	60	56
百色市	1	9	7	10	8
防城港市	2	7	20	44	115
南宁市	0	21	18	80	92
桂林市	0	5	18	14	24

表二　北海市公民与越南公民登记结婚情况表

年份	结婚数量	登记结婚数	比例
2013	70 对	5 对	7.14%
2014	92 对	4 对	4.34%
2015	78 对	6 对	7.6%
2016	91 对	34 对	37.36%
2017	81 对	54 对	66.67%

表一中崇左市、百色市和防城港市均为与越南接壤的边境市。南宁市是广西壮族自治区的省会城市，是广西政治、经济、文化的中心，也是距离越南较近的城市；而桂林市是世界著名的旅游文化城市，涉外婚姻比例较高。表二中北海市作为北部湾经济区的一个重要港口城市，有广阔的发展前景，吸引了大量的外来人员到此就业，涉外婚姻的数量也较多。因此，我们选取这几个城市为样本进行中越涉外婚姻登记情况的研究，有一定的代表性，也具有一定的说服力。通过表中数据，我们发现中越两国公民的涉外婚姻登记自 2009 年以来就有记载，并逐年递增。尤其是从 2012 年开始，大部分市登记结婚的数量迅猛增长。而 2019 年调研组到广西靖西市 A 镇邦村调研时也发现，从 2017 年开始，嫁往 A 镇邦村的越籍女子逐步办理了长期居住证，邦村现有 85 个越南媳妇，已有 20 人陆续办理了结婚证。这些现象都说明两国公民法律意识逐步增强，注重按婚姻缔结地国的法律规定履行结婚登记手续。

（五）涉越婚姻中存在骗婚的现象

近几年来，越南女子嫁到我国的情况，已不仅仅如前所述局限于边境男子娶妻难的省市区。“越南新娘”有逐渐向我国内陆发达地区发展的态势，如沿海的广东、福建，内陆的四川、河南、河北等省均报道有“越南新娘”的现象。但据媒体报道，娶“越南新娘”存在骗婚的风险。部分“越南新娘”或中间人利用当前我国内陆农村地区大龄男青年娶妻难的情况，骗取男方及其家人的信任，获取男方数额较大的彩礼或者首饰之后趁男方不注意携款逃跑。而更为严重的现象是一些骗婚团伙先骗取男方的信任，其中一名女子顺利出嫁获得巨额彩礼之后，短时间内将自己大量的“亲戚”介绍给附近的男青年，待所有“亲戚”

都拿到彩礼后便集体消失。例如，2005 年江苏盐城市警方在公安部、省公安厅的领导及全国各地警方的协助下，历时两年，最终侦破了近 10 年来集偷渡、诈骗、骗婚、贩卖人口于一体的特大跨国犯罪集团。据审讯，犯罪嫌疑人陈某某等人自 1995 年以来，先后组织 200 多名越南妇女在我国广东、广西、海南、河南、河北、浙江、江苏、山东、安徽等十多个省、自治区“放鸽子”作案 700 余起。骗取的 300 多万元，大部分已被陈某某等人“洗钱”“漂白”，或被越南骗婚女带回越南家中。2011 年从福建龙岩市公安局出入境管理处获悉，从 2010 年开始，龙岩来了许多“越南新娘”，截至当前已有 1000 多人。而在这 1000 多名“越南新娘”中，有近百人像江先生的妻子一样，突然“失踪”了。江先生花了 5 万元聘礼娶到的老婆，仅仅 20 天就跑了。① 9 名江西籍男子，通过相互之间的介绍，各自娶了自称是越南人的女子为妻，他们以为自此过上了婚姻生活，没想到 9 名女子在同一时间全部失踪，家中被洗劫一空。9 名男子向记者称，这些消失的“越南老婆”，最短的刚进门 3 天，最长的相处近 10 个月并怀有 8 个月身孕，9 名女子使得他们直接经济损失总计 20 多万元。② 2014 年 11 月 21 日前后，邯郸市曲周、肥乡、广平等地农村发生多起“越南新娘”集体消失事件。③ 这些涉嫌骗婚的越南妇女，有些有合法手续入境并与我国男子登记结婚，但相当一部分是没有履行结婚手续的“闪婚”。

（六）涉越婚姻对社会的影响

随着中越跨国婚姻逐渐成为一种常态，既给我国社会发展带来了一定的积极影响，但也对边境管控和边疆治理带来一定的问题。

1. 涉越婚姻对社会发展的积极影响

（1）促进边民互市，发展边境经济

中越跨国婚姻是两国人民友好往来的表现，中国和越南一直以来都存在边境商业贸易活动，这即使在战争时期也未曾完全中断，在边民互市中，因跨国

---

① 《“越南新娘”不辞而别是否骗婚难认定》，载 http：//www.lawtime.cn/info/hunyin/hynews/20111011157371.html，访问日期：2012 年 10 月 11 日。

② 《九名“越南新娘”同天失踪疑诈骗集团操纵》，载 http：//news.sohu.com/20080724/n258337997.shtml，访问日期：2012 年 12 月 15 日。

③ http：//hlj.ifeng.com/world/detail_2014_12/15/3287180_0.shtml，访问日期：2014 年 12 月 15 日。

婚姻建立起来的亲属关系起到了非常重要的促进作用，比如说建立起边民之间的互信互惠，宣传双方的国家政策、传递市场信息等，当前，边民互市的收入已经成为边境村民的主要经济来源之一。

（2）改善边民关系，促进两国文化交流

中越跨国婚姻维系了两国之间的良好民族关系，促进了边民之间的交往，他们通过婚丧嫁娶、节日庆典等活动进行文化的交流。中越边境的女性跨国婚姻移民，是从一种文化背景流入另一种文化背景的移民，她们的行为方式和价值观念差异在两国的文化冲突与融合中不断地进行调整，同时她们的行为方式与价值观念也影响着迁入地的边民。边境地区就是通过这些多种文化的相互交流融合，形成了富有生机的移民文化。研究发现，跨国婚姻还使得结婚双方的亲属及其家族之间的来往更加频繁，两国边民之间的亲情、友情更加浓厚，促进了边境地区的和谐发展和民族之间的融合。

（3）性别比例的协调互补

由于受各种因素影响，中越两国的人口性别比例均存在一定程度的失调，越南的女性稍多于男性，而我国的男性却略多于女性，两国边民的性别结构可以互补。因此，如果边民缔结合法的婚姻，可以说能起到一种弥补性别比例失调的平衡作用。

2. 涉越婚姻对社会发展的消极影响

（1）“三非”人员影响我国边境管理秩序，给社会治安管理增加困难

“三非”（非法入境、非法居留、非法就业）人员在出入境问题上将会对我国现有政策带来不利的影响，境内的越南妇女大多是通过非法渠道入境，给我国的边疆社会治理带来一定的难题。根据调研了解到，之前边境地区会有越南女子在晚上偷偷地越过国边境线，沿着山间的羊肠小道来到中国境内打工，这些人即使没有中国的身份证，也有专门的组织帮助她们，将她们运送到广东等地的黑工厂或者不需要身份证的小厂子里打工，因为在那里工作获得的薪水比越南高出好几倍，所以有较多人愿意冒着风险偷渡过来。还有一些人到中国境内之后从事各种犯罪活动，一些不法分子勾结境内外犯罪团伙贩卖人口、走私、贩卖毒品等，还有一些不法分子将部分越南妇女拐入中国境内，或卖与他人为

妻，或强迫其从事卖淫等违法犯罪活动，给两国边境的社会治安工作和边境贸易带来了不利的影响。[①] 但 2020 年新冠肺炎疫情发生后，为防止疫情蔓延，我国采取更加严格的措施，加强边境地区的管控，“三非”人员入境的现象减少了。

（2）家庭功能无法正常发挥

由于越南媳妇无法取得中国国籍，也不能在当地落户，因此不能分田地，这在一定程度上加重了家庭的负担。没有国籍的身份，导致其自身容易产生自卑心理，紧张的心情会加重全家人的心理负担。例如，在我们调研时接触到的一位越南妇女就是以上情况的真实写照，该越籍妇女张某为越南高平人，与丈夫于 1991 年 9 月 8 日以夫妻名义同居生活，育有三个孩子，夫妻家庭关系和睦，当时他们虽然家境贫寒，但也感觉过得幸福。2008 年 9 月 4 日，张某在靖西县龙邦镇边防派出所办理了户口登记和二代身份证。当时越南女子嫁到中国之后几年就可以落户并办理身份证，只需街道证明并花费 60 元就可以办理落户手续，享受国家给予的待遇。但是，由于 2015 年靖西撤县设市需要更换户口本，张某与丈夫王某到当地派出所更换时工作人员告知他们需要出示结婚证才可办理，两人便于 2018 年 2 月 7 日到靖西市民政局登记结婚，当时民政局的工作人员没有要求出具大使馆证明，仅凭身份证和户口本就为两人办理了结婚证。之后二人再到派出所办理户口更换时，被告知不可更换，原因是女方为越籍人员，没有经过合法手续无法取得身份证和户口，遂撤销了张某此前在中国获得的身份证和户口，张某成了黑户。事后他们也曾经向官方寻求过帮助，但都一无所获。现张某只能靠在镇子周边不需要身份证的地方打零工维持生计。张某表示自己年纪已经越来越大了，办不办户口没关系，只要孩子能够落户和上学，自己也不会被遣送回越南是最大的愿望。可见，跨国婚姻家庭的经济功能、心理功能均未能正常发挥，或多或少存在缺失。

（3）不利于政府对人口的管理

越南妇女非法入境群体的不断扩大及其在我国的非法生育，给边境治理带来极大的隐患。政府仅仅依靠遣返的方式对这些越南媳妇进行监管，必然难以

① 罗文青：《和平与交往广西边境地区跨国婚姻问题初探》，载《广西师范大学学报》（哲学社会科学版）2006 年第 1 期。

达到理想的效果，反而会导致越南媳妇本身与她所在家庭的逃避和抵制。例如，在“严禁严打”时期，边防检查站会对边境民众的户籍状况进行突击检查，这时，“越南新娘”就只能躲藏起来，甚至要逃回越南境内，等到检查完毕之后才悄悄地回来。这样的做法带来的后果是严重的，不利于对户籍的统计与管理以及对“越南新娘”身份的确切了解，影响边境人口的安全。

通过上述中越涉外婚姻的现状分析，我们可以看出，长期以来中越两国公民通婚的状况较为普遍。他们不管是登记结婚，还是不登记结婚，或是带来各种影响，甚至有骗婚的情形，中越涉外婚姻现象已经引起我国社会的广泛关注。

二、中越涉外婚姻的特点

1. 中越涉外婚姻受两国政治关系的影响和制约。从以上中越涉外婚姻的历史变化可以看出，当两国关系不友好时，涉外婚姻相对少；当两国关系友好时，涉外婚姻逐年递增。比如，20 世纪中期，越南于 1945 年独立，中华人民共和国于 1949 年成立，当时两国都忙于国内的事务，并且两国关系稳定，对边境地区的管理不够重视，边境地区的人民相互交往不太受限制。但到 70 年代后期，中国与越南关系恶化，双方加强对两国边境地区管理，边境地区的民众交流有所减缓，从越南嫁入中国或者从中国嫁入越南的公民都被本国政府遣送回国。从 90 年代开始，中越关系再次步入友好阶段，1991 年 8 月 10 日，中越两国副外长在各自首都同时发表声明，宣布中越两国即日起恢复两国之间的经济、贸易、交通、邮电等关系，两国关系开始正常化进程。也正是从这个阶段起，中越两国通婚数量又开始逐步增加。

2. 越南妇女嫁入中国的居多。如前所述，由于历史上越南长期战争，男女人口结构比例失衡，男少女多的现象明显。还有中越两国边境线长，除正常开放的口岸外，陆地的民间小道也多，这为越南女子进入我国通婚带来便利。再加上我国公民生活水平与广西、云南两省接壤的越南边境地区群众相比稍高。由于越南经济发展不平衡的现象较为突出，南北发展差异较大，加上历史因素的作用，致使越南与中国接壤的北部山区群众，生活仍然相对贫困。从中国的现实情况看，受“重男轻女”封建思想的影响，我国的人口性别比例也处于失调状态，男多女少，很多贫困地区的大龄男青年受经济条件限制在当地无法顺利找到结婚对象，国内的这个空缺为大量的越南妇女嫁到中国提供了一个很好的契机。因此，大量越南边境女子嫁入中国的现象较为普遍。例如，位于广西宁明县的A屯，共有31户家庭，其中6户家庭的妇女是中国公民，其余25户家庭主妇全部为边境线一侧越南谅山省禄平县下辖村民，越南嫁过来的妇女约占全村妇女的80%。

3.越南妇女嫁入我国存在大量不办理婚姻登记手续的现象。如前所述，由于法律意识淡薄和婚姻习惯，边境的许多越南女子嫁入中国，没有按我国法律规定办理登记结婚手续。像广西陆地边境线长，无天然屏障，边境一线较为明显的通道便道多达200余条，边境“一山两国”“一村（屯）两国”的现象随处可见。加上边境跨界民族长期交流交往，语言相通、生活习惯一样，许多还存在血缘、婚姻关系。因此他们按传统方式通婚较普遍。

4.大多涉越婚姻基础不牢固。据相关社会调查和报道，在众多中越涉外婚姻中，双方当事人从见面到结婚的时间普遍较短，以广西龙州县为例，在52户中越通婚家庭中，男女双方从见面到结婚所用时间不到一个月的有5户，一个月左右的有12户，三个月左右的有9户，半年左右的有11户。那么在认识的短短半年时间内便结婚的男女占据所调查对象的71.2%。① 可见，大部分中越涉外婚姻的男女双方都是在没有充分了解对方的情况下缔结的婚姻。另外，有相当多的中越涉外婚姻的缔结不是建立在感情的基础之上，有的是基于生活所迫，有的是贪图享乐，有的甚至是以婚姻的合法形式掩盖诈骗财物的非法目的。类似这样的涉外婚姻，难免易出现问题。

5.妇女和子女权益保障问题仍然很突出。据了解得知，越南妇女在中国孕育的子女可以跟随父亲在中国落户，取得中国国籍，相应地，也可以享受国家给予的各项待遇，如医疗保险、接受义务教育、边民补贴等。但是越南妇女婚前从越南带过来的子女无法在中国落户，他们没有身份证明，不能外出上学或者打工，也无法享受各种待遇。再者，许多越南妇女虽然已经嫁到中国好几年甚至十几年、几十年了，但还是无法摆脱心中的自卑情绪，提起她们外籍人员

① 党晶：《中越边境跨国非法婚姻移民问题研究》，2010年暨南大学硕士学位论文。

的身份会让她们变得沉默，这是她们对自身身份认同出现了偏差，她们渴望获得中国国籍，申请到居住地的户籍，得到当地居民的认可，享有中国公民应当享有的各项基本权利。因为没有身份证明，她们只能在狭小的范围之内活动，无法出远门，这就使她们变得更加寡言。另外，不仅是越南妇女自身，即使是当地的村民在接受调研时，对该话题表现极为敏感，也不愿过多地谈及此事。

6. 中越跨境婚姻家庭，追踪其家族成员婚姻史会发现血亲三代以上，几乎100% 的家族都曾与越南居民通婚。历史上，娶越南媳妇、嫁去越南、到中国上门、去越南上门的情况都普遍存在，有的家庭甚至出现父子两代或者兄弟几人都娶越南媳妇的情况。血缘关系、地缘关系的紧密相连，使跨境通婚成为一种传统的历史文化。这种现象在广西靖西每个边境乡镇均存在，多的一个乡镇有六七十个越籍女性以婚嫁形式居住在我国境内，少的乡镇也有十几人。嫁到中国的越南妇女经常往返于中越之间，对她们来说，国界只是一道矮矮的“跨栏”。我们在靖西市的调研采访到一位越南妇女农奶奶，今年 80 岁，21 岁时自越南嫁到靖西市安宁乡 A 村，现已在靖西生活了近 60 年，育有 5 个孩子，农奶奶年轻时就因丈夫意外去世而守寡，生活非常艰苦，因为家境贫寒没有什么人愿意嫁给自己家的儿子，所以农奶奶回越南探亲时经人介绍，给自己的二儿子娶了一个越南女子为妻（花费的彩礼少）。在 A 村边境线（越南一侧）的村落，长期以来都是中越双方的通婚圈，跨境联姻源远流长，富有代际传承的特点。A 村的村民从来没有觉得与越南村民的事实婚姻不合法，并且形成了大家承认的缔结婚姻模式，有些家族连续三代都是跨境婚姻组成的家庭。在这里跨境通婚已经成为一种稳定的择偶文化，与“合法婚姻”具有同样重要的意义，甚至相对于“合法婚姻”，他们对“事实婚姻”的认可度更高。

第二章 中越两国婚姻家庭法律制度总则的比较研究

2000年前后，中越两国都对本国的婚姻家庭法进行了一次大修改，但近年来随着社会的快速发展，越南和我国再次对婚姻家庭法律制度进行了修订。越南国会于2014年6月19日通过了新修订的《越南婚姻家庭法（草案）》，并于2015年1月1日生效。新修订的《越南婚姻家庭法》共133条，比旧法多了23条。2020年5月28日，我国第十三届全国人大三次会议表决通过了《民法典》，自2021年1月1日起施行。这是中华人民共和国成立以来，首次把长期独立于民法之外的《婚姻法》纳入《民法典》中。《民法典》婚姻家庭编的法律条文从2001年修正后的《婚姻法》51条，增加到79条。中越两国的新法在立法技术和立法内容方面均有重大改进，总体来说，立法技术更精练、立法内容更贴近社会。本章主要是从总则部分，对两国婚姻家庭法律制度做比较研究。

第一节 中越两国婚姻家庭法律制度总则的比较

法律的总则是该法律的序言，是对该法律立法目的、适用范围和基本内容纲领性、概括性的简短表述。一部法律的总则是它的总纲，贯穿于这部法律的始终，既具有统领和指导其他各章的作用，也有标明典则依据、导引法典、确立典则指导思想和确立调控领域法律原则等价值。具体而言，总则有四个方面作用：一是立法指导作用。总则确定整部法律的基调、框架、规范和指导思想，使立法形成一个有机的整体，避免互相矛盾冲突，达到内容完善。二是执法指导作用。法律只有正确实施才能达到立法的目的，而正确实施离不开总则。一方面，总则指导执法者执行具体条文；另一方面，执法者在具体条文中找不到与实际情况相合的条文时可以依据总则的相关规定做出相应的处理。三是对法律解释的指导作用。法律条文是抽象的，是对若干具体问题进行概括，得出一般性概念、原则，从而把法律与实际情况结合起来，使具体问题得到解决。多数情况，离开法的总则来解释法的具体条文，难以明了法条的真正含义，其对法条的解释甚至可能背离立法者原意，因为立法者制定的规则是以总则为依据并将精神贯彻于其中的。四是总则一般还规定其他章节不宜规定的重要事项，如立法目的、立法依据、适用范围等。

一、我国婚姻家庭法律制度总则概述

我国婚姻家庭法总则见于《民法典》婚姻家庭编第一章，即包括第 1040 条至第 1045 条，其中规定了婚姻家庭编的指导思想和立法依据，调整对象和适用范围，婚姻家庭编的基本准则，如婚姻自由、一夫一妻、男女平等等；在分则中则具体规定了结婚条件、家庭关系等内容。由此，我们可以看出，婚姻家庭编总则在婚姻家庭法律制度中起着统领的作用，总则中的基本规定是约束所有婚姻家庭关系的总括性规定，分则要在总则的精神和指导下制定具体的法条，并与总则的内容保持一致。例如，我国《民法典》婚姻家庭编总则第 1041 条中规定："……实行婚姻自由、一夫一妻、男女平等的婚姻制度。保护妇女、未成年人、老年人、残疾人的合法权益。"在分则第二章第 1046 条中规定："结婚应当男女双方完全自愿，禁止任何一方对另一方加以强迫，禁止任何组织或者个人加以干涉。"该条文与总则中的第 1041 条规定相呼应，是对第 1041 条规定的具体叙述。又如，第 1047 条①、第 1050 条②以及第 1052 条③的规定也是对总则第 1041 条内容规定的进一步说明。

---

① 《民法典》婚姻家庭编第 1047 条规定："结婚年龄，男不得早于二十二周岁，女不得早于二十周岁。"

② 《民法典》婚姻家庭编第 1050 条规定："登记结婚后，按照男女双方约定，女方可以成为男方家庭的成员，男方可以成为女方家庭的成员。"

③ 《民法典》婚姻家庭编第 1052 条规定："因胁迫结婚的，受胁迫的一方可以向人民法院请求撤销婚姻。请求撤销婚姻的，应当自胁迫行为终止之日起一年内提出。被非法限制人身自由的当事人请求撤销婚姻的，应当自恢复人身自由之日起一年内提出。"

二、越南婚姻家庭法律制度总则概述

越南脱离殖民地后于1958年制定了第一部具有社会主义性质的《越南婚姻家庭法》，但由于当时越南尚未完全统一，因此该法只能在越南北部实施。1986年越南通过了新的《越南婚姻家庭法》并于2000年修订，修订后的新法在立法体例上仍保留原来的体例，即单列婚姻家庭法独立于民法典之外，但已有了向民法典靠拢的趋势。2014年越南第十三届国会第七次会议通过了新修订的《越南婚姻家庭法》，并于2015年1月1日起实施。该法总则共有7条规定，分别为调整范围、婚姻家庭制度的基本原则、词语解释、国家和社会对于婚姻家庭的责任、保护婚姻家庭制度、适用民法典和其他有关法律、适用婚姻家庭风俗习惯等。

《越南婚姻家庭法》总则从婚姻、家庭、结婚类型以及代孕制度等方面，通过下定义的方式对法条中运用的词语语义进行了逐个解释，《越南婚姻家庭法》第3条中规定了代孕制度，如：人道目的的怀孕是指妇女不是为了商业目的，自愿帮助一对夫妻怀孕，而且此种情况下是由于该妻子既无法通过自然受孕也无法通过辅助生殖技术受孕才可以代孕。越南不承认商业代孕的合法性，我国目前未承认任何性质代孕的合法性，但在现实生活中代孕现象却不少见，出于解决实际问题的需要，可以参考越南法律的规定。又如，越南法律规定，家庭成员包括：夫、妻；亲父母，养父母，继父，继母，岳父母，公婆；亲生子女，养子女，继子女，媳妇，女婿；同父母的兄弟姐妹，同父异母的兄弟姐妹，同母异父的兄弟姐妹，同父母、同父异母、同母异父的人的姐夫，妹夫，嫂子，弟媳；祖父母，外祖父母；内孙，外孙；姑，姨，叔，舅，伯和侄子女。相较于我国民法典对家庭成员范围的规定，越南婚姻家庭法律所规定的范围更为清晰和广泛，值得我国学习参考。因为这有利于明确法条的适用范围及调整对象，也有利于执法、司法和守法方面对法条的理解和运用，防止执法机关和司法机关在适用法律时滥用自由裁量权。因为对于守法的公民而言，含义清晰的法条更容易使人接受，也能让他们在权利遭受侵害时得到更好、更全面的保护。

三、两国婚姻家庭法律制度总则的比较

古代时期的越南曾是中国的藩属国之一，其文化、社会生活等多方面都深深地受到中国的影响。作为毗邻国，中国和越南在民族传统习惯、文化和社会制度方面有诸多相似之处。因此越南在制定法律时不可避免地与中国的法律有异曲同工之处。例如，《越南婚姻家庭法》于 1960 年 1 月 13 日实施，该法后经 1986 年修改，形成 1986 年《婚姻家庭法》；并于 1993 年 12 月 2 日公布了《越南公民与外国人之间婚姻家庭法令》，专门规制越南公民和外国人之间的婚姻家庭关系。越南于 2000 年将 1986 年和 1993 年两部婚姻家庭法进行整合、统一为新的《婚姻家庭法》，自 2001 年 1 月 1 日起生效。[①] 我国于 1950 年 5 月 1 日颁行《婚姻法》，1980 年 9 月 10 日通过了中华人民共和国成立以来的第二部《婚姻法》，2001 年 4 月 28 日《婚姻法》修正案正式实施。2021 年 1 月 1 日生效的《民法典》把婚姻家庭编纳入其中，并做出了新的修改。可以看出，中越两国《婚姻法》颁布施行的时间节点接近，其法律体例在编排上也都大同小异。但是《越南婚姻家庭法》在 2014 年进行了修改，修改之后的《越南婚姻家庭法》总则与我国婚姻法律制度总则的内容出现了较大差别。因此，为了更好地了解中越之间婚姻家庭法律制度的规定，以便更好地完善和实施相关制度，有必要对两国的婚姻家庭法律制度的总则部分进行对比，相互借鉴学习。

（一）中越两国婚姻家庭法律制度的基本原则对比

法律的基本原则是指体现法的根本价值的法律原则，它是整个法律活动的指导思想和出发点，构成法律体系的神经中枢。当法律规则的内容有明显漏洞时，法律原则以补漏的方式直接产生法律效力；当法律规则之间出现冲突时，根据法律原则的一般规定来协调法律之间的冲突；当法律规则的内容出现缺失或不明晰时，可以通过法律原则来弥补。

我国《民法典》婚姻家庭编对于基本原则的规定包括第 1040 条、第 1041 条以及第 1043 条。第 1040 条规定：“本编调整因婚姻家庭产生的民事关系。”

---

① 汪传海、张静：《中越婚姻制度比较研究》，载《社科论坛》2009 年第 7 期。

而2001修正后的《婚姻法》第1条规定“本法是婚姻家庭关系的基本准则”，对婚姻法的调整范畴予以明确界定。《民法典》婚姻家庭编第1041条规定：“……实行婚姻自由、一夫一妻、男女平等的婚姻制度。保护妇女、未成年人、老年人、残疾人的合法权益。”对比之前的《婚姻法》第2条，少了“实行计划生育”这一规定，是基于我国当前社会人口发展的形势变化而改变的。生育权是个体所享有的基本人权和人格权，近年来在立法政策上从限制生育转向鼓励生育，这具有重大的进步意义。

《越南婚姻家庭法》第2条为基本原则，其中包括5个条款，第1款规定：“婚姻自愿，进步，一夫一妻，夫妻平等。”这一条款与我国《民法典》婚姻家庭编的规定基本相同，都强调了缔结婚姻的自愿性，一夫一妻制度以及男女平等的原则，与当代法律提倡的理念一致，是尊重个人意思自治的表现，也有利于婚姻生活的延续与和睦。第2款规定：“属于不同民族、宗教的越南公民之间，信仰宗教与不信仰宗教的越南公民之间，越南公民与外国人之间的婚姻都受到尊重并受法律保护。”第3款规定：“建设温饱、进步、幸福，家庭成员之间有义务互相尊重、关心、帮助，不区别对待子女的家庭。”第4款规定：“国家、社会、家庭有责任保护、辅助儿童、老年人、残疾人实现婚姻家庭权，帮助母亲履行好作为母亲的职责；实现家庭生育计划。”第5款规定：“继承、发扬越南民族婚姻家庭的美好文化、道德传统。”以上第2款、第3款规定相较于我国《民法典》婚姻家庭编的法条规定更为细致、具体，更加强调家庭成员的权利与义务，强调给予不同民族与宗教信仰的人缔结婚姻的自由及尊重。在保护儿童、老年人和妇女方面，两国的宗旨和倾向性是基本相同的，均特别强调对弱势群体的保护。单就这一基本原则而言，我国涵盖的主体范围较广，这主要表现在“未成年人”[①]一词上。固然，根据《儿童权利公约》，儿童是指18岁以下的任何人，但是我国一般观念认为，儿童是指14周岁以下的人，由于此种观念的存在，目前该基本原则的表述容易使得14周岁以上的未成年人被排除出特别保护的范围，不利于实现未成年人利益最大化。[②]但越南的法律

① 《民法典》婚姻家庭编第1041条第3款规定：“保护妇女、未成年人、老年人、残疾人的合法权益。”
② 华亿昕：《婚姻家庭编基本原则立法研究》，载《城市学刊》2019年第9期。

还指出了国家、社会、家庭帮助母亲履行好高贵的职能的义务，此处说明在越南女性作为母亲这个角色时在家庭中地位很高，是一种高尚的存在，越南对母亲在家庭中的定位的立法理念值得我们借鉴。但是其没有提到扮演其他角色的女性在家庭中应该享有何种权利以及如何行使权利。而我国的相应法律规定是笼统地概括为保护妇女的合法权益，包含的范围更广泛，不仅仅单纯地指明母亲这一角色担当，其他的女性在婚姻家庭之中也能得到应有的权益保护。不难看出，《越南婚姻家庭法》中提到了非常多的基本原则，更能反映其婚姻法和传统的关系（比如关于家庭成员互相帮助的义务，这就反映出其追求家庭美满幸福的理念）。不过，从制定法律的技术上来讲，中国采取正面和反面（第 1042 条是反面禁止，第 1041 条和第 1043 条都属于正面规定）的表述形式来反映基本原则，具有很多显著特征，比较便于理解和立法语言简单明了。[①]

家风指的是家庭或家族世代相传的一种生活作风或精神。家风是建立在民族文化之根上的集体认同，是每个个体成长的精神足印。家风是一个家族代代相传沿袭下来的体现家族成员精神风貌、道德品质、审美格调和整体气质的家族文化风格。家风对家族的传承、民族的发展都具有重要影响。我国《民法典》婚姻家庭编第 1043 条规定："家庭应当树立优良家风，弘扬家庭美德，重视家庭文明建设。夫妻应当互相忠实，互相尊重，互相关爱；家庭成员应当敬老爱幼、互相帮助，维护平等、和睦、文明的婚姻家庭关系。"而 2001 年修订的《婚姻法》还未有"树立优良家风"这一法律规定。现今已经将弘扬家风，传承美德写入《民法典》婚姻家庭编之中，这是我国法治进步的重要体现。在这个人口流动的社会，必须提高"树立优良家风"的政治地位和社会地位。随着人口流动加速，传统家族已被瓦解，家族影响日益被弱化，家庭单元也在日渐小型化，培育优良家风的意识在这些年不断被削减，优良家风的提倡显得尤为重要。李明舜教授认为，以法律的形式强调树立优良家风，宣示了国家的高度重视和强力倡导，可以强化家庭和家庭成员的责任感和义务感，推进家庭弘扬优良家

① 裴氏降香（BUITHIDANGHUONG）：《中越涉外结婚与离婚制度比较研究》，2014 年辽宁大学硕士学位论文。

风的知行合一。在杨尚东研究员看来，法治与德治相结合的重要途径之一，就是将社会主义核心价值观融入法治建设。将家风与家庭美德建设写入草案，是社会主义核心价值观与现代民法精神相辅相成、相得益彰的重要体现，也是新时代推进“德法共治”建设进程的具体举措。[①]注重优良家风立法，越南在这方面比我国更早将其纳入法律的正式规定之中，使它成为全体社会成员的一种行为准则，这种对传统文化的保护与传承的立法精神值得学习。越南早在2014年修订的《越南婚姻家庭法》中规定了“继承、发扬越南民族婚姻家庭的美好文化、道德传统”，这体现了越南婚姻家庭法与传统文化的对接，将本民族的优良传统文化融入法律规定之中，既有道德理念的滋养，又有法律的正式规定，与我国《民法典》婚姻家庭编的立法理念有着异曲同工之妙。

（二）两国婚姻家庭制度总则的差异性比较

婚姻和家庭是特殊的人际关系组合，是人类两性和血缘关系的社会形式。它们是人类社会发展到一定历史阶段的产物，并且是动态的，处在不断的变化之中，婚姻家庭制度的历史类型和社会制度的历史类型是一致的，我们通常以经济基础的类型作为划分婚姻家庭制度的历史类型的基本依据。因此要研究中越跨国婚姻问题，对比两国之间婚姻家庭制度的差异性显得尤为重要。

《越南婚姻家庭法》第4条规定是关于国家和社会对于婚姻家庭的责任，国家制定政策和办法，为男女公民建立自愿、进步的婚姻家庭创造条件；加强宣传婚姻家庭法律；说服人民破除落后的风俗习惯，发扬各民族美好的传统和体现各民族特色的风俗习惯。该规定体现了国家和社会对婚姻家庭应当承担的义务。康德曾说过：家庭乃是社会之缩影，事实上，家庭是具有自发维持能力的最小社会。家是最小国，家庭是社会建设的根基，要建设好国家与社会首先要建设好个人家庭，古语云：一室之不治，何以天下家国为。[②]因此国家要安定，就需要千千万万个组成国家的小家庭和谐稳定，才能为国家治理、社会进步奠定良好的基石。《越南婚姻家庭法》第4条第1款的内容中还强调了要发扬民

① 《树立优良家风写入民法典婚姻家庭编草案弘扬家庭美德体现社会主义核心价值观》，载http://www.ccdi.gov.cn/yaowen/201910/t20191027_203107.html，访问日期：2019年10月28日。

② ［宋］范晔：《陈王列传》，载《后汉书》卷六十六。

族美好传统和风俗习惯，这与前面的基本原则之中规定的“发扬美好文化、道德传统”相呼应，即不仅要弘扬家风，同时也要将各民族特色文化与优良传统融入婚姻家庭中，既有家风又有民族风尚，是独特的法律规定，具有重要的借鉴意义。我国《民法典》婚姻家庭编中没有在婚姻家庭总则之中明确体现“各民族美好传统和风俗习惯”的具体规定，仅是在《民法典》总则中第10条规定“处理民事纠纷，应当依照法律；法律没有规定的，可以适用习惯，但是不得违背公序良俗”。我国有56个民族，其中55个为少数民族，民族的多元化使得各民族皆存在本民族独特的风俗习惯和传统文化，国家法律在适用于民族地区时或多或少会受到当地风俗习惯的影响，如何使它们之间更好地融合，一直以来是理论研究和社会实践中需要解决的问题。《越南婚姻家庭法》给我们提供了一个范本，对于民族地区婚姻家庭应提倡其发扬本民族优良的传统文化，使其与现代法律相互衔接，更好地保护与促进民族地区的发展。其中第4条第3款进一步规定：机关、组织有责任教育、动员本单位的干部和职工以及全体公民建设家庭文化，进行婚姻家庭事务的咨询活动，及时调解家庭矛盾，保护家庭成员的合法权益。学校配合家庭对青少年进行婚姻家庭法律的宣传教育。保护婚姻家庭不仅是国家和社会的责任，各机关、组织也是维护社会和谐的主力军，各机关和组织是国家法律的执行者，如何将法律中对于保护家庭、解决家庭纠纷的规定具体实施从而实现法律与家庭的平衡，是它们所要实现的目标。

《越南婚姻家庭法》第5条内容为保护婚姻家庭制度，其中对9类情形下的行为予以禁止，主要是：虚假结婚、离婚；早婚和意识不自由的结婚；重婚；直系血亲、三代以内的旁系血亲之间，养父母和养子女之间，曾经是养父母和养子女之间，公公和儿媳、岳母和女婿之间，继父和继女、继母和继子之间的结婚或者以夫妻名义共同生活；意识不自由的离婚；骗婚；结婚时索要钱财；家庭暴力；商业目的或者因挑选胎儿性别的代孕；利用实施婚姻家庭权利为了贩卖人口、剥削劳工、性侵害或者其他谋取私利行为。我国《民法典》婚姻家庭编第1042条中规定的是：“禁止包办、买卖婚姻和其他干涉婚姻自由的行为。禁止借婚姻索取财物。禁止重婚。禁止有配偶者与他人同居。禁止家庭暴力。禁止家庭成员间的虐待和遗弃。”该条规定对禁止结婚的情形进行了详细列举，相比起我国《民法典》婚姻家庭编的新规定，《越南婚姻家庭法》的条款规定了虚假结婚、离婚，欺骗结婚、离婚，以及扩大了禁止结婚的亲属范围的内容。我国《民法典》在禁止结婚的条件中没有写明亲属范围，仅在第 1045 条中写明了“亲属包括配偶、血亲和姻亲。配偶、父母、子女、兄弟姐妹、祖父母、外祖父母、孙子女、外孙子女为近亲属。配偶、父母、子女和其他共同生活的近亲属为家庭成员”。这与越南法律的规定不大相同，因为这里的亲属并没有清楚地说明是否为禁止结婚的范围，还需要进行法律解释。对于欺骗结婚或离婚，越南作出了明确的规定，而我国法律对此也未有具体法条予以规定。

《越南婚姻家庭法》第 7 条规定了适用婚姻家庭风俗习惯，具体为:“在法律没有规定及各方没有约定的情形，则适用体现各民族本色、不违反本法第 2 条的基本原则，且不违反本法禁止规定的良好风俗习惯。”在此《越南婚姻家庭法》再一次强调了民族风俗习惯在婚姻家庭中的适用。我国《民法典》第 10 条规定：处理民事纠纷，应当依照法律；法律没有规定的，可以适用习惯，但是不得违背公序良俗。这说明在我国处理婚姻家庭纠纷或矛盾时，法律无具体规定的也应当可以适用习惯来解决，但在我国《民法典》婚姻家庭编的内容中，对此并没有进一步具体的规定。

第二节　中越两国婚姻家庭法律制度总则对比的启示

通过对比两国婚姻家庭法律的相关制度，我们看到其中具有的共性和存在的差异性。越南的法律规范对我国《民法典》婚姻家庭编总则部分具有重要借鉴意义，越南对于总则部分的规定较为详尽而具体，结合本国的实际情况和特点来制定相关的法条，对于其本国现存问题进行突出立法保护，例如，在基本原则之中，越南规定了建设温饱、进步、幸福的家庭，这是由于现阶段越南的经济发展状况而决定的，因此在该法律基本原则中必须将国家所追求的目标体现出来。我国《民法典》婚姻家庭编总则部分大体上沿袭了原有法律规定，结合我国社会发展的需要进行了一些增删。突出的亮点是：把“婚姻家庭受国家保护”明确写入总则的第 1041 条中；第 1043 条第 1 款把社会主义核心价值观融入法律中，明确规定了“家庭应当树立优良家风，弘扬家庭美德，重视家庭文明建设”。《越南婚姻家庭法》十分强调国家、社会对婚姻家庭应承担的责任。作为社会组成元素的一部分，婚姻家庭应受到更多的关注和保护，近年来我国新闻热点中时常出现的家暴、重婚等问题，证明了家庭是一个较为薄弱的群体，如果家庭纠纷得不到合理的解决，容易引发社会问题，进而影响社会的稳定与和谐。因此，我国婚姻家庭法律制度的总则部分更应该结合现实作长远规定，因为总则的精神贯穿整部法律，在分则条款无法解决问题的情况下可以适用总则。《越南婚姻家庭法》对整部法律里的重点法律概念做了详细解释，为之后分则部分的制定和实施奠定基础。我国法律对此没有相关的规定，所涉及的部分概念大多是通过司法解释的方式予以解释。对此，建议尽可能地减少正式法律出台之后，立即进行过多的法律解释的现象。对进一步细化我国婚姻家庭法律制度总则部分的思考，主要有如下几个方面：

一、立法技术方面

立法技术是指制定和变动规范性文件活动中所遵循的方法和操作技巧的总称。立法技术贯穿于立法活动的整个过程，它可以使立法活动具有更强的科学性，使法律规范的内容和结构更合理，使法律规范所表达的信息和行为指引更准确。立法技术分为法的结构营造技术和法的语言表述技术，而立法技术中的重要内容就包括立法语言的运用和法的精神实质设计技术，即立法语言的运用要做到明确、严谨。法的原则的设计技术要合理，符合实际情况。所谓明确就是要用明确肯定的语言表达明晰的概念，不能总使用概括性语言来进行相关规定；严谨就是要用逻辑严密的语言表达法律规范的内容。如我国《民法典》婚姻家庭编对于禁止结婚的亲属关系包含的范围，与越南相关法律规定相比是较为狭窄的。立法中规定应当树立优良家风的同时，是否也应当提倡继承和发扬各民族传统和美好的婚姻家庭风俗习惯呢？ 这些都是立法语言表达上仍值得探讨之处，还需要加以研究和进一步细化。

《越南婚姻家庭法》总则部分立法技术的超前性、完备性值得我国学习。首先，其总则中的法条均为列举式地一一进行具体规定，尤其是总则第3条词语解释，对婚姻家庭中的每一个法律概念，如婚姻、家庭、结婚、强迫结婚、阻挡结婚、虚假结婚、离婚、家庭成员包括哪些人以及代孕等进行了语义解释，明确了各个概念在法律中的含义，让执法、用法、守法的主体可以更好地理解和运用法律规定，使法律的良性功能在社会生活中起到维持秩序的稳定作用，法律与社会形成相互促进、和谐共存的局面。其次，越南对一些社会现象进行了法律规制。譬如代孕制度，越南法律承认出于人道主义的目的而代孕，但不承认商业代孕以及因商业目的、挑选胎儿性别、无性生殖目的的代孕。而在我国，无论是出于人道主义目的，还是商业代孕均不承认其行为的合法化，然而事实上法律并未能完全阻却此行为的发生，代孕现象在我国社会中隐蔽地存在。由于部分人受重男轻女的传统思想影响，以及部分不孕不育的夫妻为实现生育子女的愿望，铤而走险委托他人代孕，由此而产生纠纷并诉诸法院的案例不少。如果法律未结合社会发展的实际情况，对代孕现象进行合理的引导和规制，将不利于社会的稳定与发展。对于民间社会出现的一种行为，如何正确应对值得思考。如果完全无法制止，就应当结合社会实际，有条件地去应对它，并将它引导上正轨，从而在纠纷出现时有更好的解决依据和措施。最后，《越南婚姻家庭法》的总则框架设计较完备，我国《民法典》婚姻家庭编的总则体例架构上还不够细致，没有具体地将法条归类，越南婚姻家庭法律从调整范围、基本原则、词语解释、国家和社会责任、保护范围、适用的法律等方面按照法条的内容把各个法条归类，实现体例的完整性与规律性。

二、法律原则方面

法律原则是法的灵魂，在一部法律中起着核心作用。立法时通常把法律原则写在总则部分，统领该法律的具体规定。《越南婚姻家庭法》把“继承、发扬民族的美好文化、道德传统”列入基本原则之中。而我国原有的《婚姻法》在未纳入《民法典》时，并没有将传承家风、弘扬家庭美德等规定在法律总则之中。直到《民法典》婚姻家庭编立法时，才把注重优良家风建设、弘扬家庭美德、注重家庭文明建设等内容纳入其中。但我国立法并没有把“民族传统文化、体现民族特色”这一体现婚姻家庭传统特色的重要内容以法律的形式确定下来。我国是一个多民族国家，民族文化各不相同，法律有时无法解决所有的问题，也难以适用于所有的情形，因此当出现了法律所不能处理或者依照法律规定也得不到良好的解决效果时，可以允许有条件地运用适合民族特色的民事习惯来解决实际问题。因此，我国婚姻家庭领域的立法应将传统民族精神、传统伦理习俗与法律的规范性有机结合，以实现婚姻家庭的良性发展，使优良民俗习惯法律化，成为正式的法律条文，从而更好地实现其规范化和有序化。

三、总则保护婚姻家庭具体制度方面

婚姻不仅是男女两个人之间的私事，还是影响社会风气能否正确树立的公共之事。婚姻家庭法不同于一般民法，它不仅强调个人权利的申张，还强调个人对家庭与社会的义务，它不仅要求在立法上注重法律的规范性，还要求注重其对社会伦理价值观的引导。[①] 如前所述，《越南婚姻家庭法》总则部分对于婚姻家庭制度方面的规定在体系结构和内容上较为完整，既明确规定了个人所享受的权利和需要承担的义务，又规定了国家、社会对于保护婚姻家庭所应有的责任。具体来说：第一，《越南婚姻家庭法》第5条保护婚姻家庭制度中规定了禁止虚假结婚、离婚以及欺骗结婚、欺骗离婚，对此无论是我国原有的《婚姻法》，还是现行的《民法典》婚姻家庭编均没有进行明确规定。我国只在婚姻家庭编第二章中规定了胁迫结婚和一方患有重大疾病应当在结婚前如实告知却没有告知的情形，相较之下，我国的法律规定范围较窄，虽然这两种情形的产生条件都是具体的，但是并不能完全囊括社会中经常发生的问题，例如，为了可以多买一套房子而虚假离婚，但其实不符合购房条件，[②] 在这种情形下婚姻家庭法律应如何进行规制？我国原有的《婚姻法》并无相关规定，现行的《民法典》婚姻家庭编也未对此有回应。第二，在保护婚姻家庭制度中所包含的禁婚

① 周良勇：《中国与越南婚姻家庭制度比较研究》，载《宜春学院学报》2010年第10期。

② 如“环球网”2019年10月11日报道：“为了购房，小夫妻‘假离婚’？很遗憾，他们再也回不去了！”

条件，《越南婚姻家庭法》采用列举的方式明确禁止拟制或曾是拟制血亲关系和直系姻亲关系的人结婚[①]，我国《民法典》婚姻家庭编规定了一种情形，即直系血亲和三代以内的旁系血亲结婚。从禁婚亲的范围上看，我国的规定较为宽泛；对于继父母子女、养父母子女之间或者直系姻亲之间的通婚问题，仍然没有具体的规定，那么按照“法无明文规定即可为”的通常理解，这实质上不利于相关主体权益的保护，也与社会的伦理道德价值观不相符。通常做法律比较研究的目的，是对比双方立法中存在的差异，从中得到启发。《越南婚姻家庭法》总则在立法思想和立法技术上，均有值得我们参考学习之处，但我们要在带着批判的精神去对比研究的基础之上取其精华、去其糟粕，不断改进和完善我国婚姻家庭领域的相关法律制度。

① 《越南婚姻家庭法》第 5 条第 2 款第 4 项规定：“直系血亲、三代以内旁系血亲之间，养父母和养子女之间，曾经是养父母和养子女之间，公公和儿媳、岳母和女婿之间，继父和继女、继母和继子之间的结婚或者以夫妻名义共同生活。”

第三章　中越两国结婚、离婚法律制度比较研究

2014年修改后的《越南婚姻家庭法》以及我国的《民法典》婚姻家庭编有关结婚、离婚法律制度的规定与旧法相比有不少的变化。因此，为进一步深入了解两国有关结婚、离婚制度之法律规定，本章就中越两国现行婚姻家庭法律制度中的结婚、离婚法律制度进行比较研究。

第一节　中越两国结婚制度的比较

一、两国结婚实质要件的比较

中越两国关于结婚法律制度的相关规定，体现在2021年1月1日生效的《民法典》婚姻家庭编和2015年1月生效的《越南婚姻家庭法》中。法律概念是人们理解法律内涵的基础和前提，对于“结婚”的含义，中越两国的理解基本相同，只是表现形式有所不同。我国《民法典》的法律条文中，没有明确界定“结婚”这一法律概念的含义，但在法学理论中通常这样理解结婚的含义：“结婚，又称婚姻的成立或婚姻的缔结，它是男女双方依照法律规定的条件和程序，建立夫妻关系的民事法律行为。”[①]《越南婚姻家庭法》第3条第5款则对结婚的定义作了明确而具体的规定：“结婚是指男女之间依照法律规定的结婚条件和登记手续确定夫妻关系。”由上可见，越南法律对于“结婚”的界定和我国法学理论界的理解基本相同。对于结婚的条件，依据不同的标准会有不同的分类。法学理论界通常依据法律规定的内容将结婚条件分为实质要件（包括必备条件和禁止性条件）和形式要件两大方面，只有同时具备此两要件的婚姻才是法律认可的婚姻。中越两国婚姻家庭法对于公民结婚的实质要件均采用法条列举的

① 李明舜、林建军：《婚姻家庭与继承法》，北京交通大学出版社2014年版，第57页。

形式，从必备条件和禁止性条件两个方面予以明确规定。

（一）结婚的必备条件

我国《民法典》第1046条、第1047条分别从公民结婚的意愿、结婚的年龄等方面对结婚必备条件作了规定，而《越南婚姻家庭法》第8条第1项、第2项对此也有规定，它规定公民结婚必须遵守以下条件："男年满20周岁，女年满18周岁""男女双方自愿决定"。

（二）结婚的禁止条件

结婚的禁止条件，又称消极条件，或排除的条件、婚姻的障碍，即法律不允许结婚的情况。[①] 我国《民法典》第1048条规定："直系血亲或者三代以内的旁系血亲禁止结婚。"《越南婚姻家庭法》第8条第1款第4项则规定，属于本法第5条第2款规定的禁止结婚之各种情形的，不能结婚。具体来说，《越南婚姻家庭法》第5条第2款规定禁止以下行为：虚假结婚、虚假离婚；早婚、强迫结婚、欺骗结婚、干涉结婚；有配偶的人与他人结婚或像夫妻一样共同生活，或者是无配偶的人与有配偶的人结婚或像夫妻一样共同生活；直系血亲之间、三代以内旁系血亲之间、养父母与养子女之间、曾经是养父母与养子女之间、公公与儿媳之间、岳母与女婿之间、继父与继女之间、继母与继子之间结婚或像夫妻一样共同生活。

（三）结婚实质要件的比较及启示

中越两国有着相似的历史和文化传统，两国婚姻家庭法在结婚实质要件的规定方面存在诸多相似之处。当然，客观上由于两国立法技术和具体国情存在一定的差异，因而，两国法律在结婚实质要件的规定上难免会有所不同。

1. 相似之处

两国婚姻家庭法律都明确规定实行一夫一妻的婚姻制度。现代世界除部分国家因宗教信仰而有特别规定外，绝大多数国家均遵循一夫一妻的婚姻基本原则。我国《民法典》第1041条的法律原则性条款对此作了规定，而《越南婚姻

---

① 巫昌祯：《婚姻与继承法学》，中国政法大学出版社2011年版，第100页。

家庭法》不仅在第 2 条的法律原则中予以规定，还在第 5 条中进一步细化了此规定。

两国法律均规定公民结婚应符合法定婚龄。当今世界各国的法定婚龄立法情况并不一致。如果以 18 周岁为界限，大体可分为高、中、低三个婚龄层次，高等法定婚龄为男 20 周岁、女 18 周岁左右，如澳大利亚、美国部分州等；中等法定婚龄为男女各 18 周岁左右，如德国、英国、俄罗斯等；低等法定婚龄为男女均在 16 周岁以下，如希腊、阿根廷、西班牙等。[①] 中越两国根据本国的实际状况，在立法上均对公民结婚的年龄予以明确规定。

两国法律都规定结婚必须符合当事人的意愿，任何人都不得强迫或干涉。这是对结婚当事人的结婚意愿予以明确规定，是现代社会尊重个人意思自治的表现，也是对历史上存在的包办、买卖婚姻的否定。

两国法律都规定禁止一定范围内的亲属间结婚。在各国婚姻家庭法律制度立法中，绝大多数都有禁止一定范围内亲属间结婚的规定，只是基于各国的风俗习惯和社会具体存在的差异性，对禁止一定亲属间结婚的范围和程度有所不同。《越南婚姻家庭法》和我国《民法典》婚姻家庭编都规定禁止亲属关系中最亲近的直系血亲和三代以内旁系血亲结婚。

2. 差异之处

法定婚龄规定不一样。《越南婚姻家庭法》第 8 条第 1 款规定公民结婚的法定年龄为男年满 20 周岁，女年满 18 周岁，而我国《民法典》第 1047 条规定男女公民结婚的法定年龄，均比越南大两周岁。我国法律对公民结婚的年龄规定，属于较高的法定婚龄范畴。目前世界上，只有我国法律规定女子 20 周岁以上才可以结婚，而规定男子 22 周岁以上才可以结婚的国家，也是微乎其微。

违反结婚的意愿情形有所不同。越南法律在公民结婚的意愿方面除规定任何人不得强迫或干涉，还规定不得“欺骗”或“虚假结婚”；而我国法律对于违反公民结婚意愿的情形，仅仅规定不得强迫或干涉，不得胁迫。对于违背对方当事人意愿的“欺骗”结婚或双方为了达到某种目的的“虚假结婚”情形均

① 巫昌祯：《婚姻与继承法学》，中国政法大学出版社 2011 年版，第 99 页。

没有规定。

禁止结婚的条件和范围不同。《越南婚姻家庭法》第 5 条规定禁止结婚的情形有四种，其范围和内容均比我国规定得更为详细，更为贴近社会发展中出现的新情况、新问题。它明确禁止假结婚和欺骗结婚；禁止有配偶者与他人结婚或像夫妻一样共同生活；禁止一定范围内的亲属之间结婚或像夫妻一样共同生活。而我国《民法典》第 1048 条仅规定“直系血亲或者三代以内的旁系血亲禁止结婚”，对其他内容均没有规定。

3. 立法比较的相关启示

比较出真知，比较有启迪。通过上述比较研究，结合我国的实际情况，可以看出我国现行婚姻家庭法律制度在公民结婚的实质要件中，仍有进一步细化和完善之处。

一是关于我国结婚的法定年龄方面。一个国家法律对于公民结婚法定婚龄的规定，主要从本国社会发展的实际状况和公民的生理发展特点因素两方面考虑。越南婚姻家庭法律中关于公民结婚年龄的规定，体现了它与该国社会发展的传统和民族精神的结合。我国现行法定婚龄的规定是沿用 1980 年《婚姻法》的规定，1980 年《婚姻法》之所以这样规定，除考虑公民生理因素外，更多的是受 20 世纪 80 年代以来我国人口过快增长而实施计划生育政策的因素影响，将法定婚龄由 1950 年《婚姻法》规定的男 20 周岁、女 18 周岁修改为男 22 周岁、女 20 周岁。关于我国法定婚龄问题，一直以来社会各界都有不同的看法，部分学者以及部分全国人大代表都曾提出过修改法定婚龄的建议，但均没有推动此条法律的修改。当前，随着我国社会的快速发展，出现了一系列新情况、新问题。譬如，我国已逐渐步入人口老龄化的社会，它将成为我国日益严重的社会问题，较高法定婚龄的限定将进一步加深劳动力匮乏之困境。又如，我国社会尤其是广大农村地区，未达法定婚龄而无法履行结婚登记的男女同居现象依然大量存在，由此产生的纠纷，法律未能起到保护弱势一方权益的作用。一国法律不可能兼顾所有的个体，但应综合考虑它对一国社会人口可持续发展的影响以及对社会绝大多数主体的影响。法律规定的结婚年龄是公民可以结婚的最低年龄，是法律赋予公民结婚的一种权利，18 周岁以上的自然人属于成年人，其身心发展已达到结婚的条件，但并不意味着法律规定人人必须在此年龄结婚，公民何时行使这一结婚权，由公民依据个人的实际情况而定。因此，本书建议在综合考虑我国当前社会发展所面临的实际问题的基础上，借鉴他国法律和我国1950年《婚姻法》的规定，将公民结婚的法定年龄修改为：男子年满20周岁，女子年满18周岁。

二是关于禁婚条件方面。越南法律在禁止结婚的立法规定上，一方面，体现了其发扬和尊重本民族传统风俗习惯的立法目的，具有较为明显的伦理道德特性；另一方面，也充分体现出其立法技术所具有的科学性和完备性。越南法律明确禁止假结婚，禁止养父母与养子女之间、曾经是养父母与养子女之间，姻亲中的公公与儿媳之间、岳母与女婿之间结婚。立法通过详细列举的方式把社会中存在的禁婚情形予以细化规定，这值得我们参考。我国现行法律没有上述禁止性规定，并不代表我国社会实践中没有出现此类现象。近年来，随着我国社会的不断发展，部分公民为了个人私利而假结婚或假离婚的现象频频出现，[①] 从而挑战我国传统的伦理价值观，在一定程度上也给法律带来了挑战。前些年，针对社会上存在种种借结婚这一合法形式行获取不法利益之实的现象，理论界曾有不少学者提出建议我国法律增加禁止直系姻亲间结婚的规定，但没能引起立法者的重视和采纳。禁止直系姻亲间结婚，既是社会伦理的要求，也是为了防范某些公民为个人私利而利用特定亲属间的关系“假”结婚，从而在某种程度上损害到公共的利益，颠覆社会传统的伦理价值观。基于此，建议在禁婚亲的立法上进一步细化我国的法律，增加禁止直系姻亲中的公公与儿媳之间，岳母与女婿之间结婚或以夫妻名义共同生活的规定，同时增加禁止假结婚的相关规定。

二、两国结婚形式要件的比较

公民结婚除具备结婚的实质要件外，还要遵循法律制度规定的形式要件，才是社会制度认可的婚姻。综观世界各国对公民结婚的形式要件规定，通常有

① 近年来不断有报道公公娶儿媳，女婿娶岳母等姻亲结婚的事例，值得我们深思。如《钱江晚报》2013年5月29日报道：“公公与婆婆离了，儿子和儿媳离了几天后，公公与儿媳结婚了。”《羊城晚报》2012年8月17日报道：“女婿竟与丈母娘结婚。”

三种类型：仪式制、登记制、登记和仪式相结合制。[①]仪式制的最大优点是公示性较强，能让当事人充分感受到婚姻的神圣性，其存在的缺点是难以避免和克服重婚现象，故现代很多国家一般不采用纯粹的仪式制。登记制的优点主要是便于国家对公民婚姻进行管理和监督，证明力强，缺点是对普通大众的公示性不够强，缺少婚姻仪式的神圣性。登记和仪式相结合制既能克服前面两者所存在的不足，又能综合它们的优点，因此它是目前为止较好的一种结婚形式要件。

中越两国在结婚程序要件上的规定大体一致，均明确要求结婚当事人必须办理结婚登记。依据《越南婚姻家庭法》第 9 条的规定，结婚必须办理登记，并由结婚登记机关按照本法及户籍法律规定执行。没按本款规定进行结婚登记的婚姻都不具有法律效力。我国《民法典》第 1049 条也规定“要求结婚的男女双方应当亲自到婚姻登记机关申请结婚登记。符合本法规定的，予以登记，发给结婚证。完成结婚登记，即确立婚姻关系。未办理结婚登记的，应当补办登记”。但两国法律在结婚具体程序的要求上有些差别，具体表现在组织结婚登记仪式的规定不同。据越南 2005 年 12 月 27 号发布的《关于登记和户籍管理的议定》第 18 条第 3 款的规定，“办理结婚登记时，男女双方必须到场。登记工作人员要求男女双方明示自愿结婚的意愿，若双方同意结婚，则登记工作人员向男女双方颁发结婚登记证书”。而我国《民法典》和《婚姻登记条例》既没有在条款中明确规定，也没有在实践中要求结婚登记必须履行相应规范的仪式。不过随着我国社会的快速发展，人民群众对婚姻登记标准化、便利性以及维护婚姻家庭和谐稳定等方面的要求不断提高，民政部门的婚姻登记工作也与时俱进。民政部把原 2003 年 9 月 24 日实施的《婚姻登记工作暂行规范》修订为《婚姻登记工作规范》，并于 2016 年 2 月 1 日起实施。修订后的《婚姻登记工作规范》明确了婚姻登记机关应举办颁证仪式。目前我国各地的民政部门基本都在婚姻登记机关内设立颁证大厅，将简单的结婚登记发证程序转变为庄重神圣的颁证仪式，让结婚当事人在温馨、喜庆的颁证厅中了解了法律对于夫妻的权利和义务的规定，明确建立家庭所应当具备的责任和担当，并在庄严的国徽下作出为爱相守、呵护一生的承诺。

---

① 巫昌祯：《婚姻与继承法学》，中国政法大学出版社 2011 年版，第 105 页。

可见，越南法律对于公民结婚的形式要件要求较为严格，更注重严格规范结婚登记的程序，以便对结婚当事人的结婚意愿予以严格核定。据笔者调研，我国边境地区部分公民和越南公民在越南办理结婚登记的，他们深深地体会到越南的结婚登记要求更为严格和更为规范。在登记程序中特别注重仪式，工作人员也反复考察当事人的结婚意愿，这值得我们参考借鉴。长期以来，我国公民对结婚登记这一民事法律行为不是那么重视，也不关心其中的程序和仪式，通常仅将其作为结婚形式上的一个完成手续而已，大部分结婚当事人更注重婚姻仪式的环节。而婚姻登记机关之前也不太重视此行政程序行为，多是按常规工作流程去履行自己的工作职责罢了。但近年来，随着社会的快速发展，我国婚姻登记机关的工作程序也在不断地完善、不断地与时俱进，创新工作举措，在为当事人办理结婚登记的同时，增强结婚登记的仪式感，加入宣誓仪式的环节，这是值得肯定和推广的。因此，我国法律应进一步细化结婚登记的形式要件，增加对结婚登记仪式的规范化规定，使结婚登记仪式更加庄重神圣，从而进一步增强当事人对于“结婚”这一民事法律行为的家庭和社会责任感。

三、两国对欠缺结婚实质要件的婚姻认定的比较

对于欠缺结婚实质要件，但却因为各种缘由已经登记结婚了，应如何认定和处理此类婚姻，一直是实践中的难题。《民法典》在第1051—1054条中，对各种欠缺婚姻实质要件的情形加以规制。《越南婚姻家庭法》第3条第6款则明确规定，违法结婚是指男女双方在有职权的国家机关进行登记，但一方或双方违反本法第8条规定的结婚条件。可见，越南法律将欠缺结婚实质要件的婚姻定性为违法婚姻。对于违法婚姻，依据《越南婚姻家庭法》第10条的相关规定予以撤销。

（一）两国关于欠缺结婚实质要件的法律规定比较

1.法定事由不同。《越南婚姻家庭法》将违背该法第8条规定的结婚实质要件的情形，均规定为撤销违法婚姻的事由。我国《民法典》则将“受胁迫的婚姻”“未如实告知严重疾病的婚姻”列为可撤销的范畴，将其他欠缺结婚实质要件的婚姻列为无效婚姻的范畴。对比两国法律可知，越南法律对于欠缺结婚实

质要件的婚姻均认定为违法婚姻，是可以撤销的，其规定的法定事由比我国规定得更为详细，这体现了该国法律对欠缺结婚实质要件的婚姻效力认定更为严格，具有较强的国家干预性。

2. 请求权主体不同。对于欠缺结婚实质要件之婚姻而成立的相关请求权人，两国法律的规定明显不同。根据《越南婚姻家庭法》第 10 条规定，不同的请求事由，请求权主体也不同，既可以是当事人本人及其近亲属或法定代理人，也可以是有关的国家组织或社会组织，如关于家庭、儿童的国家管理机关或妇女联合会，等等。我国则通过《最高人民法院关于适用〈中华人民共和国民法典〉婚姻家庭编的解释（一）》对无效婚姻的请求权人作了明确的规定。① 此外《民法典》仅在第 1052 条、第 1053 条分别规定受胁迫的婚姻、未如实告知严重疾病的婚姻之当事人有权申请撤销婚姻。由上述相关规定我们可以看出，我国法律欠缺关于婚姻无效之请求权人的相关规定；对于因受胁迫和未如实告知重大疾病而成立婚姻的撤销请求权人，则仅限于受胁迫一方的配偶本人，这体现了我国现行法律尊重公民个人意愿和私权利，国家和组织干预性不强的特点。

3. 宣告机关不同。根据《越南婚姻家庭法》第 10 条规定，对于欠缺结婚实质要件的婚姻，由权利主体向法院提请，并由法院判决撤销违法婚姻。我国《民法典》第 1052 条第 1 款规定："因胁迫结婚的，受胁迫的一方可以向人民法院请求撤销婚姻。"第 1053 条第 1 款规定："一方患有重大疾病的，应当在结婚登记前如实告知另一方；不如实告知的，另一方可以向人民法院请求撤销婚姻。"我国《民法典》婚姻家庭编修改原《婚姻法》第 11 条的规定，删去了婚姻登记机关作为宣告机关的规定，这是一个进步。

4. 法律后果不同。对于欠缺结婚实质要件而成立的婚姻被宣告无效或撤销后，两国法律对其法律后果的规定有所不同，具体表现在两方面：一是婚姻效

① 《最高人民法院关于适用〈中华人民共和国民法典〉婚姻家庭编的解释（一）》第 9 条规定："有权依据民法典第一千零五十一条规定向人民法院就已办理结婚登记的婚姻请求确认婚姻无效的主体，包括婚姻当事人及利害关系人。其中，利害关系人包括：（一）以重婚为由的，为当事人的近亲属及基层组织；（二）以未到法定婚龄为由的，为未到法定婚龄者的近亲属；（三）以有禁止结婚的亲属关系为由的，为当事人的近亲属。"

力不同。根据《越南婚姻家庭法》第 12 条第 1 款的规定："违法结婚被撤销后，婚姻双方必须终止夫妻关系。"对被撤销的违法婚姻不具有溯及既往的效力，而我国《民法典》第 1053 条规定无效或被撤销的婚姻，自始无效，具有溯及既往的效力。二是财产关系认定不同。根据《越南婚姻家庭法》第 12 条第 3 款和第 16 条的规定，违法结婚被撤销后财产的处理以协商为原则，协商不成根据越南《民法典》和其他相关法律来处理，但要优先保护妇女和儿童的权益。我国《民法典》第 1054 条则规定，被宣告为无效或被撤销的婚姻，同居期间所得的财产，由当事人协议处理；协议不成时，由人民法院根据照顾无过错方的原则予以判决。此外在该条的第二款，还新增了无过错方的损害赔偿请求权。

（二）两国欠缺结婚实质要件比较的启示

通过对比两国欠缺结婚实质要件的相关制度，我们看到其中具有的共性和存在的差异性。通过比较可知，制度的构建应在实践中不断地予以完善。因此，本书认为可借鉴他国立法的长处，并结合我国的实际情况，进一步完善我国的相关法律制度。

1. 完善婚姻家庭立法技术。目前我国《民法典》对欠缺结婚实质要件的规定只有四个条款（第 1051—1054 条），上述条款显然过于简单和抽象，不足以完整地调整此类问题。因此，实践中只能通过最高人民法院发布司法解释进行细化规定。我国属于成文法国家，从成文法的立法技术来说，这显然不够完善。因此，为保证立法的前瞻性、完整性和准确性，建议今后修改法律时，可借鉴他国的立法，把欠缺结婚实质要件的相关原则性规定和技术性规定一并纳入婚姻家庭法律条款的调整范畴。

2. 区别对待因欠缺结婚实质要件被宣告无效或撤销的婚姻的法律后果。越南法律规定对于欠缺结婚实质要件的婚姻被撤销后，婚姻关系必须终止，从撤销之日起无效，体现出注重有效保护弱势的无过错方利益的立法目的，这值得我们参考。因此，我国《民法典》对于欠缺结婚实质要件的婚姻被宣告无效或撤销，其法律后果沿袭原《婚姻法》第 12 条的规定："无效或被撤销的婚姻，自始无效……"本书认为，对于欠缺结婚实质要件的婚姻被宣告无效或撤销，不应自始无效，而应依据其对社会的危害程度，以及当事人一方是否有过错予以区别对待，这样才能更好体现法律保护弱势一方主体的权益。笔者认同此观点，“对于认定自始无效的婚姻，必须是造成危害性较大的婚姻；而对于社会危害性较小的婚姻，应将其作为自始无效的例外性规定，从被宣告之日起无效，无溯及力”。①

中越两国婚姻家庭立法各有自身的优点和不足。总体来说，越南关于结婚制度的相关立法技术和立法内容，对我国婚姻家庭立法产生一定的启发，其中不乏也有值得参考之处。结婚制度作为婚姻家庭制度的重要内容，其合理性、科学性与否，关系到每一个公民的切身利益，也关系到国家和社会秩序的和谐稳定。因此，我们期望有更多的中国与东盟各国婚姻家庭法律制度的比较研究面世，通过比较，才能更好地了解彼此的相关法律制度，从中得到启发，进而完善本国的法律制度。

第二节　中越两国离婚制度的比较

离婚是社会学和婚姻家庭法学共同关注的问题，也是世界各国普遍关心的社会问题之一。离婚制度在一个国家的立法中占有重要地位。我国民政部发布的《2019 年民政事业发展统计公报》显示，当年依法办理离婚手续的夫妻 470.1 万对，比上年增长 5.4%，其中，民政部门登记离婚 404.7 万对，法院判决、调解离婚 65.3 万对。离婚率为 3.4‰，比上年增长 0.2 个千分点。根据民政部提供的自 2015 年至 2019 年的数据对比，我国的结婚率呈现下降的趋势，而离婚率却逐年上升。② 据资料显示，在越南 2000 年全国有 51361 起离婚案，2005 年有 65929 起离婚案，2008 年有 65351 起离婚案，2009 年有 79769 起离婚案，2010 年有 88591 起离婚案。③ 由上可见，中越两国的离婚率都呈逐年攀升的趋势。随着中国—东盟自由贸易区的建立，中国与越南的民事交往日益频繁，尤其是两国的涉外婚姻不断增多，使得婚姻家庭关系成为中越关系的重要内容之

① 刘余香：《我国无效婚姻和可撤销婚姻制度的缺陷和及其完善》，载《求索》2011 年第 4 期。

② 《2019 年民政事业发展统计公报》，载 http：//www.mca.gov.cn/article/sj/tjgb/，访问日期：2020 年 10 月 30 日。

③ 这是笔者于 2014 年 6 月访谈越南籍学生阮英德同学提供的资料。

一。因此探寻中越两国的离婚制度，相互取长补短、借鉴更新，不仅有利于睦邻双方法律事业的合作与发展，也有利于两国人民婚姻家庭的幸福与和睦。

一、两国离婚方式的比较

《越南婚姻家庭法》于 1960 年 1 月 13 日实施，经过 1986 年的修改，形成了 1986 年婚姻家庭法；在 2000 年将 1986 年和 1993 年的婚姻家庭法进行整合，并于 2001 年 1 月 1 日起生效，而 2014 年修改后的《越南婚姻家庭法》于 2015 年生效，均详细规定了离婚制度，此外，越南于 1993 年 12 月 2 日公布了《越南公民与外国人之间婚姻家庭法令》，专门规制越南公民和外国人之间的婚姻家庭关系。我国于 1950 年 5 月 1 日颁行中华人民共和国成立后的第一部婚姻法；1980 年 9 月 10 日通过了新的《婚姻法》。2001 年 4 月 28 日，《婚姻法》修正案正式实施。后来又分别于 2001 年 12 月 4 日、2003 年 12 月 4 日以及 2011 年 7 月 4 日颁布三部司法解释。2020 年 5 月 28 日通过的《民法典》将调整婚姻家庭方面的立法独立成编。以下有关中越两国离婚制度的比较，均以上述法律规定为依据。

（一）我国的离婚方式

根据我国《民法典》的规定，我国离婚方式主要有登记离婚和诉讼离婚两种方式，两者规定的条件和程序均有不同。

1. 登记离婚

登记离婚又称协议离婚，是指夫妻双方自愿离婚，并对离婚后子女抚养及财产分割问题达成协议，而依一定行政程序，向婚姻登记机关申请离婚，并办理离婚手续。根据我国《民法典》及相关的规定，准予离婚登记应具备以下条件：

（1）协议离婚的男女双方具有合法的夫妻身份。具有合法的婚姻关系是办理离婚的前提。即以协议离婚方式办理离婚的，仅仅限于依法办理了婚姻登记的婚姻关系当事人。离婚行为只能由夫妻双方本人进行，任何第三人都不得代替一方或双方登记离婚。办理离婚登记的夫妻双方应当提供结婚证，以便婚姻登记机关在办理离婚登记时验明双方的夫妻身份。

（2）协议离婚的双方当事人具有离婚的共同意愿，且双方当事人必须具有完全民事行为能力。双方自愿是协议离婚的基本前提，没有一致的离婚意愿当然谈不上协议离婚。协议离婚的另一前提是双方当事人达成了离婚的协议。这就要求双方当事人必须均具有完全的民事行为能力。只有具有完全的民事行为能力，才能独立自主地处理自己的婚姻问题。办理离婚登记的当事人属于无民事行为能力人或者限制民事行为能力人的，婚姻登记机关不予办理离婚登记。

（3）协议离婚的当事人具有合法的书面协议。我国《民法典》第1076条第2款规定："离婚协议应当载明双方自愿离婚的意思表示和对子女抚养、财产以及债务处理等事项协商一致的意见。"协议内容应包含对离婚后子女的抚养、教育、探望等问题，要在有利于保护子女合法权益的原则下做出合理的安排。对离婚后的财产分割问题，要在不侵害任何一方合法权益的前提下，对夫妻共同财产进行合法、无争议的处理。未达成离婚协议的，婚姻机关不予受理。

（4）男女双方应当共同到一方当事人常住户口所在地的婚姻登记机关办理离婚登记。办理离婚登记的内地居民应当出具本人的户口簿、身份证、本人的结婚证以及双方当事人共同签署的离婚协议书等证件及证明材料。此外，我国《民法典》第1077条新增了"离婚冷静期制度"的规定，该条立法明确规定："自婚姻登记机关收到离婚登记申请之日起三十日内，任何一方不愿意离婚的，可以向婚姻登记机关撤回离婚登记申请。前款规定期限届满后三十日内，双方应当亲自到婚姻登记机关申请发给离婚证；未申请的，视为撤回离婚登记申请。"鉴于此，双方应于提交离婚申请30日后，再次亲自前往婚姻登记机关办理离婚登记，婚姻登记机关查明双方确实是自愿并对子女和财产问题已有适当处理时，发给离婚证。

2. 诉讼离婚

诉讼离婚是指夫妻一方当事人基于法定离婚原因，向人民法院提出离婚诉讼，人民法院依法通过调解或者判决而解除当事人间的婚姻关系的一种离婚方式。[①] 由此可见，我国的诉讼离婚又有通过调解或判决方式解除婚姻。

① 法律出版社编委会编：《婚姻法操作小全书》，法律出版社2009年版，第86页。

我国的诉讼离婚主要适用于以下四类离婚纠纷：（1）夫妻一方要求离婚，另一方不同意离婚的；（2）夫妻双方都愿意离婚，但在子女抚养问题、财产问题上不能达成协议的；（3）夫妻双方都自愿离婚且对子女抚养问题、财产问题达成协议，但未依法在中国内地办理结婚登记的；（4）一方或双方当事人为限制民事行为能力人或无民事行为能力人的。

此外，对于符合登记离婚条件的协议离婚，如果双方当事人基于某种原因不愿意进行离婚登记的，也可以适用诉讼离婚。

在我国，离婚案件属于民事案件。因此，离婚起诉须符合《民事诉讼法》规定的条件。人民法院受理离婚案件后，首先应当对当事人进行调解，使当事人消除分歧，达成共识，从而和好或最终达成离婚的协议。如夫妻双方感情确已破裂，调解不成，再进行判决。如果当事人对判决不服，可向上一级人民法院提起上诉，进行二审诉讼程序。

（二）越南的离婚方式

根据《越南婚姻家庭法》的相关规定，夫、妻或夫妻双方有权要求法院判决离婚。法院应按照民事诉讼法的相关规定受理离婚要求，法院受理离婚要求后，应当按照民事诉讼法的规定进行调解，调解不成时，在保护妻子和子女正当权益的基础上确认当事人的离婚协议或作出判决。由此可见，在越南，只有法院才有离婚宣告权，即无论双方是否同意离婚，并就离婚后果达成协议，都不能通过婚姻登记机关解除婚姻。这与我国既可以到法院请求判决离婚，又可以到民政部门办理协议离婚是不同的。根据《越南婚姻家庭法》第55条、第57—59条的相关规定，越南离婚制度有协议离婚与判决离婚两种方式。

1. 协议离婚

《越南婚姻家庭法》第55条规定："夫妻双方都要求离婚的情况下，如双方自愿离婚并且在确保妻子和子女的正当利益的基础上，已经协商好财产分割、子女抚养的，则法院准予离婚……"由此可见，越南协议离婚的条件主要有以下几个方面：（1）要求离婚的双方当事人之间具有合法有效的婚姻关系；（2）夫妻双方同时要求离婚；（3）协议离婚的双方当事人为自愿离婚；（4）夫妻双方已经就财产分割及子女抚养问题达成协议，且该协议能保障妻子和子女的正当权益。只有同时具备以上四个条件，法院才会确认离婚协议。

2. 判决离婚

《越南婚姻家庭法》第 55 条还规定："……如不能协商或者已经协商，但不确保妻子和子女的正当利益，则法院判决不准予离婚。"第 56 条第 1 款规定："夫或妻一方要求离婚，法院调和不成时，如有根据证明夫妻一方对另一方实施家庭暴力或者严重违反夫妻的权利义务致使婚姻情况恶化，无法维持共同生活、不能达到婚姻目的，则法院应当判决离婚。"越南的判决离婚主要适用于以下两类离婚纠纷：（1）夫、妻一方要求离婚；（2）夫妻双方同时要求离婚且均为自愿离婚，但对财产分割及子女抚养问题不能达成协议。

（三）两国离婚方式的比较及启示

通过对比中越两国的离婚方式，我们不难看出，中越两国均存在协议离婚与诉讼离婚两种方式，但我国婚姻登记机关有权对协议离婚进行登记离婚，人民法院有权对离婚案件进行调解或者判决。而越南只有法院才有离婚宣告权，婚姻登记机关无权办理离婚手续。

在我国，协议离婚完全尊重双方当事人的意愿，只需双方当事人达成离婚的共同意愿并对离婚后的子女抚养、财产分割和债务履行等问题达成合法协议，便可到婚姻登记机关申请登记离婚，这种离婚方式手续简便，可节省时间及费用，充分体现了以人为本的理念。同时，也由于当事人无须到法庭陈述具体离婚理由，从而更有利于保护婚姻当事人的个人隐私。当然，我国的登记离婚制度也存在诸多不足之处。例如，根据我国目前实施的《婚姻登记条例》的规定，婚姻登记机关应对离婚登记当事人出具的证件、证明材料进行审查并询问相关情况。这种审查仅是一种形式审查，这就不可避免会产生轻率离婚、胁迫离婚甚至假离婚等问题。

越南法律对于夫、妻或夫妻双方只能向法院提出离婚要求的规定，使得越南公民离婚在程序上更加严谨，它必须经过该国的法院才能解除婚姻。越南在离婚制度上，鼓励基层调解的做法值得我们学习。《越南婚姻家庭法》第 52 条规定："国家和社会鼓励对要求离婚的夫妻进行基层调解。调解工作依照基层调解法律规定进行。"实践中通过基层调解，可使得一些有离婚要求的夫妻重归于好，这样既可节省司法资源，也可维护社会的稳定。

我国原《婚姻法》第32条第1款规定"男女一方要求离婚的，可由有关部门进行调解或直接向人民法院提出离婚诉讼"。但我国《民法典》第1079条把原《婚姻法》的规定作了修改，明确把《婚姻法》第32条的"有关部门"改为"有关组织"，即"夫妻一方要求离婚的，可以由有关组织进行调解或者直接向人民法院提起离婚诉讼"。此条款的修改，实质上与越南法律的规定有着共性之处，都是鼓励有关组织对有离婚意向的夫妻进行调解，充分发挥基层组织的调解作用。或者是通过建立专门的离婚调解组织，聘请具有经验及专业知识的调解员对申请离婚的夫妻进行诉前调解（这些做法已在实践中开展，成效显著）。实践证明，加大有关组织的离婚调解职能和调解力度，从而在一定程度上减少我国的离婚率或降低离婚的矛盾和风险具有明显的成效。

二、两国离婚法定理由的比较

（一）我国离婚的法定理由

我国《民法典》第1079条第2款规定："人民法院审理离婚案件，应当进行调解；如果感情确已破裂，调解无效的，应当准予离婚。"由此可见，我国离婚的法定理由是"感情确已破裂"，即我国采用的是感情破裂原则。

破裂主义属于自由离婚主义的主张，它产生于20世纪60年代至70年代。破裂主义又称无责主义或者破绽主义、破裂原则，指夫妻一方或双方得以婚姻关系破裂，夫妻不能共同生活且无须继续维持为由诉请离婚。破裂离婚主义主张离婚的标准不在于婚姻当事人在婚姻存续期间的行为是否有过错，而在于是否有婚姻关系破裂这个客观事实的存在。世界上大多数国家的婚姻法都纷纷采纳了这一立法主义，以充分保障离婚自由。但是，感情确已破裂该如何认定呢？

我国《民法典》第1079条第3款、第4款、第5款规定："有下列情形之一，调解无效的，应当准予离婚：（一）重婚或者与他人同居；（二）实施家庭暴力或者虐待、遗弃家庭成员;(三)有赌博、吸毒等恶习屡教不改;(四)因感情不和分居满二年;(五)其他导致夫妻感情破裂的情形。一方被宣告失踪，另一方提起离婚诉讼的，应当准予离婚。经人民法院判决不准离婚后，双方又分居满一年，一方再次提起离婚诉讼的，应当准予离婚。”这些规定构成了我国离婚标准的完整体系。早在1989年，最高人民法院在总结审判经验的基础上，公布了《关于人民法院审理离婚案件如何认定夫妻感情确已破裂的若干具体意见》(现已失效)。该意见列举了14种情形来确认夫妻感情确已破裂。意见指出:“人民法院审理离婚案件，准予或不准离婚应以夫妻感情是否破裂作为区分的界限。判断夫妻感情是否确已破裂，应当从婚姻基础、婚后感情、离婚原因、夫妻关系的现状和有无和好的可能等方面综合分析。”这几个方面是一个相互联系、相互影响的综合整体，应当全面综合地分析。

(二)越南离婚的法定理由

《越南婚姻家庭法》第56条第1款规定:“夫或妻一方要求离婚，法院调和不成时，如有根据证明夫妻一方对另一方实施家庭暴力或者严重违反夫妻的权利义务致使婚姻情况恶化，无法维持共同生活、不能达到婚姻目的，则法院应当判决离婚。”从该条规定中我们可以看出，越南离婚的法定理由是无法继续共同生活，婚姻之目的无法实现。

对于该条规定中的“问题严重”，根据越南的相关法律规定，“问题严重”主要指以下几个方面:

1. 夫妇双方没有呵护、爱惜，不管对方怎么生活，虽然他们的情况已经由亲人或机关、组织调和多次了，但没有效果。

2. 夫妻之间经常有打骂、虐待的行为，比如丈夫经常对妻子拷打或对妻子冲犯人品的行为，或者妻子也对丈夫这样。这种情况被亲人或机关、组织调和多次但没有效果。

3. 夫妻之间不忠贞于对方，他们的情况被亲人或机关、组织调和多次但没有效果。①

① 越南法官会议－越南最高人民法院于2000年12月23日发布的指引关于2000年婚姻家庭法的规定。

（三）两国离婚法定理由的对比及启示

中越两国在关于离婚法定理由的规定上，都采取了概括主义与具体列举主义相结合的立法方式。中国的法定离婚理由是“感情确已破裂”，采用的是感情破裂原则。而越南的法定离婚理由是无法继续共同生活，婚姻之目的无法实现，也是采取的破裂主义，但其婚姻关系破裂原则不同于感情破裂原则。

对于如何确定“感情确已破裂”，我国于 1989 年公布的《关于人民法院审理离婚案件如何认定夫妻感情确已破裂的若干具体意见》虽然列举了 14 种确认感情破裂的情形，但是在具体实践中哪些情形可以作为判决离婚的标准，还要由审理案件的法院根据具体情况自由裁量。而且感情是主观的，不同的人心中衡量感情的尺度也不尽相同。法官作为一段婚姻经历的局外人，对夫妻双方既不了解，也无法经历双方当事人之间的感情历程，仅凭诉讼中当事人双方的陈述，事实上很难准确判断他们的感情现状。因此，在我国司法实践中，通常出现离婚案件一审不判决离婚的情形。此外，感情是许多人走向婚姻的促进因素，但感情并不是婚姻维系的唯一因素。现实生活中有很多夫妻之间并没有感情，但还在维系着婚姻。因此，本书认同学术界大多数人的观点，将“感情确已破裂”作为我国的法定离婚理由，不够科学合理，建议将“感情破裂”修改为“婚姻关系破裂”。

三、两国离婚法律后果的比较

（一）两国离婚涉及的子女问题

离婚涉及的子女问题具体包括离婚后的父母子女关系，离婚后对子女的日常照顾、抚养及探望等方面。关于离婚后父母与子女关系的法律规定，各国都趋于一致，即都规定父母子女间关系不因父母离婚而受到影响。我国《民法典》第 1084 条第 1 款规定：“父母与子女间的关系，不因父母离婚而消除。离婚后，子女无论由父或者母直接抚养，仍是父母双方的子女。”而《越南婚姻家庭法》虽无明文规定，但是在越南父母与子女间关系也不会因父母离婚而受到影响。

1. 我国法律对离婚时子女相关问题的规定

夫妻离婚后不能消除父母子女间的关系，但抚养子女的方式会发生变化，即由共同抚养转化为由一方单独抚养。这就涉及子女由谁来抚养的问题。我国《民法典》第1084条第2款、第3款规定："离婚后，父母对于子女仍有抚养、教育、保护的权利和义务。离婚后，不满两周岁的子女，以由母亲直接抚养为原则。已满两周岁的子女，父母双方对抚养问题协议不成的，由人民法院根据双方的具体情况，按照最有利于未成年子女的原则判决。子女已满八周岁的，应当尊重其真实意愿。"1993年最高人民法院出台了《关于人民法院审理离婚案件处理子女抚养问题的若干问题意见》（以下简称《子女抚养意见》）对此问题作出了详细的解释。

抚养权确定由哪方行使后，就要解决子女抚养费的负担与分配问题。我国《民法典》第1085条规定："离婚后，子女由一方直接抚养的，另一方应当负担部分或者全部抚养费。负担费用的多少和期限的长短，由双方协议；协议不成的，由人民法院判决。前款规定的协议或者判决，不妨碍子女在必要时向父母任何一方提出超过协议或者判决原定数额的合理要求。"根据这一规定，子女抚养费的确定方式有父母协商和法院判决两种。《子女抚养意见》对子女抚养费的数额、给付期限、给付办法作了进一步的规定。基本内容为：子女抚育费的数额，可根据子女的实际需要、父母双方的负担能力和当地的实际生活水平确定。有固定收入的，抚育费一般可按其月总收入的20%至30%的比例给付。负担两个以上子女抚育费的，比例可适当提高，但一般不得超过月总收入的50%。无固定收入的，抚育费的数额可依据当年总收入或同行业平均收入，参照上述比例确定。有特殊情况的，可适当提高或降低上述比例。抚育费应定期给付，有条件的可一次性给付。对一方无经济收入或者下落不明的，可用其财物折抵子女抚育费。①

父母离婚后，不直接抚养子女的一方依法享有对未与之共同生活子女进行探望、看望以及交往的权利，即其享有探望权。我国《民法典》第1086条规定："离婚后，不直接抚养子女的父或者母，有探望子女的权利，另一方有协助

① 《关于人民法院审理离婚案件处理子女抚养问题的若干问题意见》第7条、第8条、第9条。

的义务。行使探望权利的方式、时间由当事人协议；协议不成的，由人民法院判决。父或者母探望子女，不利于子女身心健康的，由人民法院依法中止探望；中止的事由消失后，应当恢复探望。”

2. 越南法律对离婚时子女相关问题的规定

对于子女由谁来抚养的问题，《越南婚姻家庭法》第 81 条规定：“离婚后，父母依据本法、民法典及其他有关法律规定仍然有权利和义务照顾、抚养和教育未成年子女、无民事行为能力或者无劳动能力且无财产养活自己的成年子女。夫妻应就离婚后直接抚养子女的人、对子女的权利和义务协商一致，协商不成的，法院根据对子女各方面权益的有利条件决定直接抚养人，子女年满 7 岁以上的，应当考虑子女的意愿。未满 36 个月的子女由母亲直接抚养，但母亲不具备直接照看、照顾、抚养、教育的条件或者父母另有其他符合子女权益的约定除外。”

对于抚养费的分配及承担问题。《越南婚姻家庭法》第 81 条第 1 款规定：“离婚后，父母依据本法、民法典及其他有关法律规定仍然有权利和义务照顾、抚养和教育未成年子女、无民事行为能力或者无劳动能力且无财产养活自己的成年子女。”第 82 条第 2 款规定：“不直接抚养子女的父母有义务供养子女。”

《越南婚姻家庭法》第 82 条对探望权也作出了相应的规定：离婚后，不直接抚养子女的一方有权看望子女；任何人都不得干涉权利人实现此权利。若不直接抚养子女的一方滥用看望权而干涉或对子女的照顾、抚养和教育造成不利之影响，则直接抚养人有权要求法院判决限制对方的看望权。

（二）两国离婚涉及的财产分割问题

离婚不仅引起夫妻人身关系的消灭，而且也终止了夫妻间原有的财产关系，引起一系列的财产后果，包括夫妻财产的分配、配偶间的扶养、离婚损害赔偿、债务清偿等问题。

1. 我国法律对离婚后涉及的财产分割问题

我国《民法典》以婚后所得共同财产制作为法定夫妻财产制，这就意味着离婚时在夫妻名下的财产并不都是其共同财产。根据我国《民法典》及相关规定，夫妻离婚时分割的是夫妻共同财产，因此要与家庭财产区别开来。

我国《民法典》第 1087 条第 1 款规定：“离婚时，夫妻的共同财产由双方协议处理；协议不成的，由人民法院根据财产的具体情况，按照照顾子女、女方和无过错方权益的原则判决。”由此可见，在我国，离婚时财产分割有协议分割与判决分割两种方式。根据婚姻家庭编的立法精神，财产分割时要坚持男女平等，保护子女和女方的权益，照顾无过错方，有利生产、方便生活的原则，合情合理地进行分割。

夫妻离婚时不仅要对共同财产作出合理的分割，对于共同债务也要做出合理的处理。夫妻共同债务为法定连带债务，离婚引起的身份关系的解除，并不影响债权人在这一连带债权关系中的地位。我国《民法典》第 1089 条规定：“离婚时，夫妻共同债务应当共同偿还。共同财产不足清偿或者财产归各自所有的，由双方协议清偿；协议不成的，由人民法院判决。”

2. 越南法律对离婚后涉及的财产分割问题

在越南，法定夫妻财产也是以婚姻存续期间夫妻共同所得财产为共同财产。《越南婚姻家庭法》第 59 条第 1 款对分割进行了原则性规定：“适用法定财产制度的，财产处分由当事人协商；协商不成的，则法院根据夫妻一方或夫妻双方的请求，适用本条第 2、3、4 款规定及本法第 60、61、62、63、64 条的规定予以处理。适用约定财产制度的，财产处分适用该约定；约定不充分或不明确，则适用本条第 2、3、4、5 款及本法第 60、61、62、63、64 条的相应规定处理。”此外，在分割时还应注意以下问题，例如在该条第 2—5 款规定，夫妻共同财产应当对半分割但应当考虑以下要素：（1）夫、妻各自家庭境况；（2）夫、妻对创建、维护和发展共有财产的贡献，夫、妻在家庭中的劳动被视为有收入的劳动；（3）保护各方生产、经营和工作的正当利益以保障各方能够继续劳动创造收入；（4）各方侵犯夫妻权利义务的过错。夫妻共有财产可以实物分割，若不能实物分割则按价值分割；获得实物一方应当向对方支付超出其应得部分之实物的价值。夫、妻个人财产归各自所有但该财产已经合并到共有财产的情形除外。在共有财产和个人财产合并、混合而夫、妻要求分割财产的情况下，则获得自己对该财产贡献的财产价值部分，但夫妻另有约定除外。保护妻、未成年子女、已成年但已丧失民事行为能力或者没有劳动能力且没有财产来养自己的子女的合法权益。将其与我国财产分割相比，越南的财产分割在原则上也是采用对半分割，注重保护妻子、未成年子女及残疾、无民事行为能力且无劳动能力和经济来源的成年子女的合法权益。

在离婚财产处分问题上，《越南婚姻家庭法》第 62 条对夫妻离婚时土地使用权的分割问题进行明确而具体的规定。如规定离婚时，属于夫妻单方的土地使用权仍然归单方所有。规定夫妻共同的土地使用权依以下方式分割：（1）对于种植一年生作物、养殖水产的土地，若双方都有需要并且都有条件直接使用土地，则可以协商分割；若双方协商不成，则要求法院依照本法第 59 条的规定作出判决。若只有一方有需要并且有条件直接使用土地，则该方可以继续使用，但应当对另一方所享有的土地使用权份额作价值补偿。（2）若夫妻的种植一年生作物、养殖水产的土地使用权与家庭户的土地使用权共有，则离婚时，可以将夫妻土地使用权分出，然后按照本款第 1 项的规定进行分割。（3）对于种植多年生植物的农业土地、林业土地、宅基地的使用权，可以依照本法第 59 条的规定进行分割。（4）其他各类土地使用权的分割可以依照土地法和民法规定。而我国《民法典》仅在第 1087 条第 2 款规定："对夫或者妻在家庭土地承包经营中享有的权益等，应当依法予以保护。"在此仅作了概括性表述，至于如何进行具体的保护，则仍缺乏规定。

（三）两国离婚法律后果的比较及启示

中越两国对于离婚后子女的抚养、探望以及共同财产、债务分割等问题均作出了具体规定，虽然条文内容不尽相同，但均体现了对妇女和孩子权益的保护。将子女最大利益优先考虑原则写进立法是世界的趋势，而离婚女子作为社会上的一个特殊群体，也应受到保护。我国的《民法典》也强调对妇女和子女合法权益的保护，但与《越南婚姻家庭法》的条文相比，我国的保护力度还有进一步提升的空间。特别是越南离婚财产中关于妇女土地使用权益方面具体而详细的规定，值得我们参考借鉴。

离婚是婚姻关系的终止，是相关公民和家庭的重大变故，牵涉到复杂的伦理关系和道德风尚，也涉及一个国家或者地区的社会关系的稳定，因此一直为法律所严格规范。比较研究的目的是找出自身存在的差距，并从中得到启发。由于越南的立法历史并不长，还存在某些立法技术比较落后的特点，[①]因此，我们在比较离婚法律制度时，应当取其精华，去其糟粕，不断地结合我国的实际，细化和完善我国的离婚法律制度。

① 周良勇：《中国与越南婚姻家庭制度比较研究》，载《宜春学院报》2010年第10期。

第四章　中越两国夫妻财产制度比较研究

1950年4月13日我国第一部《婚姻法》通过，该部法律的制定以男女婚姻自由、男女权利平等为基本原则，仅规定了夫妻双方对于家庭财产享受平等的所有权与处理权，即确立了一般共同共有的夫妻财产制，未对夫妻财产制给予足够重视。1980年9月10日第二部《婚姻法》通过，该部法律在继承法定夫妻财产制的基础上，首次确立了夫妻约定财产制。2001年4月28日，第九届全国人大常委会第二十一次会议对1980年《婚姻法》进行修正，此次修正在确立法定财产制和约定财产制的基础上，更加细致地对法定财产制的内容作出了明确规定，即进一步细化了共同财产制和个人特有财产制，我国《民法典》自2021年1月1日起施行，《婚姻法》废止，原来《婚姻法》中婚姻家庭有关的内容，被吸纳入《民法典》的婚姻家庭编中。《越南婚姻家庭法》中对夫妻财产制的规定也经历了不断调整的过程，1959年《越南婚姻家庭法》明确了夫妻共同财产的范围，1986年《越南婚姻家庭法》进一步扩大了夫妻共同财产的范围，并对夫妻一方所有的财产进行了规定，2000年《越南婚姻家庭法》继承以前的立法精神，详细地规定了夫妻共同财产和一方所有财产的范围、夫妻财产的权利和义务及夫妻财产的分割。但是前三部法律都没有涉及夫妻约定财产的内容，直到2015年生效的《越南婚姻家庭法》第一次规定了结婚双方可以选择约定财产制度，并对夫妻财产制度约定的基本内容和无效情形作出了明确规定。中越两国夫妻财产制度的不断改进和完善，对维护本国的婚姻家庭和社会关系的稳定具有重要的意义。对比中越两国夫妻财产制度，既具有一定的实践运用意义，又能从中获得一定的启示，为相关法律的进一步完善提供理论借鉴。

第一节 中越两国夫妻共同财产制的比较

夫妻共同财产制是夫妻双方财产的一部或全部依法合并为共有财产，按共同共有原则行使权利，承担义务，在婚姻关系终止时加以分割。[①]相比于其他夫妻财产制，夫妻共同财产制的主要优势体现在其承认家事劳动的价值，在一定程度上赋予妇女特殊保护，实现了现代夫妻财产制度的立法从男女形式上的平等走向实质平等。我国和越南的婚姻家庭法均以夫妻共同财产制作为重要的法定财产制类型，我国《民法典》对夫妻共同财产制的规定主要体现在婚姻家庭编第三章“家庭关系”中，具体明确了夫妻共同财产的范围和夫妻对共同财产的权利。2015 年《越南婚姻家庭法》承继和发展 1986 年和 2000 年《越南婚姻家庭法》有关夫妻共同财产制度的内容，在第三章第三节“夫妻财产制度”中对夫妻共同财产的范围、夫妻对共同财产的权利和义务及夫妻共同财产的分割作了全面规定。

一、两国夫妻共同财产范围的比较

夫妻共同财产的范围是夫妻共同财产制的重要内容，是区分夫妻共同财产的边界，规定夫妻共同财产的范围主要是解决哪些财产是夫妻共同财产这一问题。从立法技术看，在划分夫妻共同财产的范围上，有的国家和地区采用列举式，有的采用概括式。我国和越南婚姻法都采用例示式，即先概括性地描述共同财产的范围，同时具体列举几项典型的共同财产项目。[②]

（一）我国夫妻共同财产的范围

我国《民法典》对夫妻共同财产的规定，除了个别表达稍做修改外，其余的内容基本上是承袭了原《婚姻法》第 17 条的规定。根据我国《民法典》第 1062 条规定，夫妻在婚姻关系存续期间所得的下列财产为夫妻共同财产：（1）工资、奖金、劳务报酬。工资、奖金是指企业、事业单位、国家机关、社

① 裴桦：《夫妻共同财产制研究》，法律出版社 2009 年版，第 15 页。
② 裴桦：《夫妻共同财产制研究》，法律出版社 2009 年版，第 88 页。

会团体等依据国家有关规定或劳动合同的规定，直接支付给本单位劳动者的劳动报酬。同时，根据我国社会生产生活的实际情况，夫妻共同财产不仅包括夫妻双方的工资、奖金，还包括津贴、分红、福利及临时劳动等获得的劳务报酬。（2）生产、经营、投资的收益。生产的收益主要是针对农业人口而言的，经营的收益主要指从事商业活动产生的收益，涵盖领域广泛，形式复杂多样。按照我国原《婚姻法》的规定，婚姻关系存续期间，不论是夫妻一方单独或双方共同进行生产、经营活动，所取得的收益均应归夫妻共同所有。（3）知识产权的收益。知识产权的收益是公民转让或许可他人使用自己的著作权、专利权、商标专用权和发明权所得的收入。根据相关司法解释，婚姻存续期间，实际取得或者已经明确可以取得的财产性收益，为夫妻共同财产。（4）继承或者受赠的财产，但是遗嘱或赠与合同中确定只归夫或妻一方的财产，属于一方个人财产。（5）其他应当归共同所有的财产。由于夫妻财产的种类逐渐增多，《民法典》中难以逐一列举，因此设置了这一弹性条款，并通过司法解释对该条款进行了细化规定，规定其他应当归共同所有的财产包括：（1）一方以个人财产投资取得的收益；（2）男女双方实际取得或者应当取得的住房补贴、住房公积金；（3）男女双方实际取得或者应当取得的养老保险金、破产安置补偿费。

（二）越南夫妻共同财产的范围

《越南婚姻家庭法》第 33 条规定：（1）夫妻共有财产包括婚姻存续期间夫妻共同创造，由劳动、生产、经营活动、从个人财产产生的孳息、利息和其他合法收入，但规定在本法第 40 条第 1 款的情形除外；夫妻共同继承或者被赠与的财产和其他夫妻约定为共有财产的财产。夫妻婚后获得的土地使用权是夫妻共有财产，但夫或妻一方个人继承、被赠与或者通过个人财产的交易获得的财产除外。（2）夫妻共有财产属于合一共同所有，用于保障家庭的需求，实施夫妻的共同义务。（3）没有根据证明正在争执的财产是夫妻个人财产的情况下，该财产被视为共同财产。

根据这一规定，《越南婚姻家庭法》规定的夫妻共同财产主要包括：（1）婚姻存续期间夫妻共同创造，由劳动、生产、经营活动、从个人财产产生的孳息、利息和其他合法收入；（2）夫妻共同继承或者被赠与的财产；（3）夫妻约定为共有财产的财产；（4）夫妻婚后获得的土地使用权，但夫或妻一方个人继承、被赠与或者通过个人财产的交易获得的财产除外；（5）推定的夫妻共同财产。推定原则是 2000 年《越南婚姻家庭法》新纳的原则，2015 年《越南婚姻家庭法》沿用这一原则，对于不能证明为夫妻一方所有的财产，法律推定为夫妻共同财产。

（三）两国夫妻共同财产范围的对比及启示

越南与我国关于夫妻共同财产范围的规定大致相同。不同的是，《越南婚姻家庭法》突出了对土地使用权的重视，强调除夫或妻一方个人继承、被赠与或者通过个人财产的交易获得的以外，夫妻婚后取得的土地使用权为夫妻共有财产。越南是以农业为主的国家，土地使用权对广大民众的意义重大，因此《越南婚姻家庭法》对婚姻存续期间夫妻取得的土地使用权的归属作了详细规定。我国作为农业大国，农村人口约占全国人口的 70%，农业人口占产业总人口的 50%，我国农村土地的使用实行家庭承包经营制，土地使用权对广大农村人口极其重要，对于农村的土地使用权如何保护，我国原《婚姻法》中没有具体规定，仅在第 39 条第 2 款中规定："夫或妻在家庭土地承包经营中享有的权益等，应当依法予以保护。"而我国《民法典》则在第 1087 条第 2 款中涉及土地使用权的保护问题，也只是重复了此概括性的规定。相比较而言，我国婚姻家庭法中关于夫妻土地使用权的规定相对简单，可操作性不强，而《越南婚姻家庭法》的规定则更有利于保护夫妻双方尤其是妻子一方的权益。

从形式要件看，《越南婚姻家庭法》第 34 条第 1 款规定：法律规定必须登记所有权、使用权的夫妻共有财产的，所有权、使用权证书上必须写夫妻两人的姓名，除夫妻另有约定。由此可见，除夫妻另有约定外，对于必须登记所有权、使用权的夫妻共同财产，《越南婚姻家庭法》规定了更为严格的形式要件，要求必须在权利证书上写明夫妻双方的姓名。严格的形式要件有利于增强权利人的权属观念和法律意识，值得我国借鉴。

二、两国法律对夫妻共同财产的权利和义务的比较

夫妻对共同财产的权利和义务是涉及夫妻日常生活的重要问题，实践中存在许多夫妻一方不当使用共同财产的情况，超越权限对共同财产进行处分或逃避应承担的义务，从而影响正常家庭生活，引发矛盾纠纷，危及夫妻感情和社会稳定。夫妻对共同财产的权利和义务是对夫妻行为的约束，关系着夫妻共同财产的走向，法律必须对此予以明确。

（一）越南法律对夫妻共同财产的权利和义务

根据《越南婚姻家庭法》的规定，夫妻对共同财产的创造、占有、使用和处分，享有平等的权利和义务，不区别家务劳动和有收入的劳动。共同财产的占有、使用和定夺，须经过夫妻协商。对于不动产、依法必须登记所有权的动产、正作为家庭主要收入来源的财产，若对其进行处分必须有夫妻的文字协议。若夫妻约定一方因经营目的使用共有财产，则该方有权自己实施财产的交易，但该约定必须为文字形式。

《越南婚姻家庭法》第 37 条详细规定了夫妻对共同财产的六项义务：（1）由夫妻协商设立的交易发生的义务，夫妻依法共同承担损害赔偿责任；（2）由夫或妻为满足家庭基本需求而实施的义务；（3）由占有、使用、处分共有财产产生的义务；（4）为维持、发展共有财产或者创造家庭主要收入来源而使用个人财产的发生义务；（5）民法典规定的父母赔偿子女造成损害的损害赔偿义务；（6）有关法律规定的其他义务。

（二）我国法律对夫妻共同财产的权利和义务

我国《民法典》第 1062 条第 2 款规定：夫妻对共同财产，有平等的处理权。一般认为，处理权包括占有、使用和处分的权利。[①] 如何理解该规定？原《最高人民法院关于适用〈中华人民共和国婚姻法〉若干问题的解释（一）》第 17 条专门就此规定作了司法解释，即夫妻处理共同财产均享有平等的权利，双方对共同财产平等地享有占有、使用、收益和处分的权利，夫妻因日常生

① 裴桦：《夫妻共同财产制研究》，法律出版社 2009 年版，第 244 页。

活需要而处理共同财产的，可以不经过对方同意自行决定，非因日常生活需要对夫妻共同财产做重要处理决定的，夫妻双方应当平等协商，取得一致意见。夫妻在对共同财产享有权利的同时，还应承担相应的义务，通常可理解为：一是夫妻各方均有义务如实地将自己拥有的除特有财产以外的全部财产纳入共同财产，任何一方不得隐瞒财产，故意减少或漏报财产，以图私利，损害配偶他方的应得利益；二是夫妻任何一方都应尊重对方对共有财产享有的权益，并协助对方行使权利和履行财产义务，不得无故拒绝对方处理夫妻财产关系上的合理要求；三是夫妻双方对共同财产所负债务有平等的清偿责任。①

夫妻承担的共同债务的义务问题是一个较为复杂的问题。原《婚姻法》仅在第 41 条对此作了简要规定，明确了离婚时原为夫妻共同生活所负的债务，应当共同偿还的义务，但对于如何认定共同债务法律不明确，实践中只能通过司法解释明确。为回应社会经济发展中出现的新情况、新问题，《民法典》完善了此立法，在第 1064 条明确规定了夫妻共同债务的认定问题，即“夫妻双方共同签名或者夫妻一方事后追认等共同意思表示所负的债务，以及夫妻一方在婚姻关系存续期间以个人名义为家庭日常生活需要所负的债务，属于夫妻共同债务。夫妻一方在婚姻关系存续期间以个人名义超出家庭日常生活需要所负的债务，不属于夫妻共同债务；但是，债权人能够证明该债务用于夫妻共同生活、共同生产经营或者基于夫妻双方共同意思表示的除外”。据此法律规定，认定夫妻共同债务主要依据两个方面：一是夫妻双方是否有共同举债的合意，无论是事前共同签字还是事后追认，强调的都是双方的主观合意，即双方是否认可该债为共同债务；二是该借款是否用于家庭共同生活，如果借款用于家庭共同生活支出或共同投资等，则认定为夫妻共同债务。我国通过立法增加对夫妻共同债务的明确规定，增强了《民法典》的可操作性。

（三）对两国夫妻共同财产比较的启示

夫妻对共同财产的权利方面，我国和越南婚姻家庭法都规定婚姻存续期间夫妻对共同财产享有平等的权利。我国《民法典》对夫妻共同财产的处分

① 姚秋英：《婚姻效力研究》，中国政法大学出版社 2013 年版，第 218 页。

权问题规定得十分原则，《越南婚姻家庭法》则详细地规定了夫妻对共同财产平等享有创造、占有、使用和处分的权利。值得关注的是，《越南婚姻家庭法》所规定的夫妻占有、使用、处分共有财产都必须由夫妻协商决定，尽管夫妻可以约定一方为经营目的自行处分共有财产，该约定也必须以文字形式作出。对于重大财产，包括不动产、依法必须登记所有权的动产、为家庭主要收入来源的财产，《越南婚姻家庭法》单独列明并规定了严格的形式要件，要求对其进行处分必须有夫妻的文字协议。可以看出，《越南婚姻家庭法》规定的夫妻共同财产的处理必须由双方共同商定，达成一致意见，必要时必须达成文字约定，我国婚姻家庭法司法解释规定夫妻仅在非因日常生活需要对夫妻共同财产作出重要处理决定时，才须夫妻协商形成一致意见。越南婚姻家庭法体现了婚姻对夫妻双方主观意愿的充分尊重，对维护家庭这一最小社会单位的稳定具有一定的意义。

《越南婚姻家庭法》第 37 条明确规定了夫妻对共同财产的各项义务。根据我国相关司法解释和《越南婚姻家庭法》的内容，两国在夫妻共同财产的义务上有诸多相似之处，包括家庭生活费用由共同财产负担，共同财产不足时由个人财产分担，夫妻为共同生活所负债务由共同财产清偿，不足时由个人财产承担连带责任。但是从立法层面看，继 2000 年与我国先后对婚姻法进行重大调整之后，越南国会于 2014 年再次作出修改，新的《越南婚姻家庭法》较之以往有多处改进，在立法技术上更加成熟，内容上更加完善。

三、两国法律对婚姻关系存续期间分割共同财产的比较

婚姻存续期间能否分割共同财产历来备受争议，不可分割说认为婚姻存续期间夫妻共同财产均不得进行分割。该观点主张夫妻共同财产是共同共有关系，如果夫妻共同共有的财产关系消灭，夫妻之间的人身关系也随之消灭。在婚姻存续期间分割夫妻共同财产会引发夫妻矛盾，破坏婚姻家庭生活的稳定。可以分割说认为婚姻存续期间可以分割共同财产，但对于是否应当设置一定的条件尚未达成统一的认识。世界各国立法采取的态度各不相同，《越南婚姻家庭法》作了明确规定，我国《婚姻法》一直以来对此没有规定，直到 2011 年的《最高

人民法院关于适用〈中华人民共和国婚姻法〉若干问题的解释（三）》第4条才规定婚姻关系存续期间，有两种情形之一夫妻一方可以请求分割共同财产。而《民法典》第1066条则把此条司法解释规定的内容纳入立法中，从立法层面明确规定了婚内夫妻共同财产分割制度。

（一）越南对婚姻存续期间分割共同财产的规定

《越南婚姻家庭法》中关于婚姻存续期间分割共同财产的规定共有5条，第38条规定：在婚姻关系存续期间，夫妻有权协商分割一部分或者全部共有财产；若夫妻不能协商，则有权要求法院判决。共有财产的分割必须制作书面文本。人民法院可以依照离婚时财产分割的规定予以分割。

第39条对四种情形下共同财产分割发生效力的时间作了规定：（1）婚姻存续期间共有财产分割的有效力的时间是由夫妻协商并被记录在书面文本的时间；若书面文本不确立有效力的时间，则有效力的时间从立书面文本之日起算。（2）被分割的财产依法律规定交易时必须遵守一定形式的情况下，夫妻财产分割从协商遵守法律规定的形式开始有效。（3）夫妻共有财产分割由法院判决的，则共有财产分割从法院的判决书、决定发生法律效力之日起开始有效。（4）夫、妻与第三人发生在财产分割有效之前的权利义务仍然具有法理价值，除各方另有约定外。

关于婚姻存续期间分割共同财产产生的法律后果，《越南婚姻家庭法》第40条规定：夫妻共同财产分割时，除夫妻另有约定外，分割后的财产以及分割后各自财产产生的收益或利润，均为各自财产。未分割的财产部分仍然是夫妻共同财产。但是夫妻之间的协议，不改变夫妻之间原有的与第三人之间的财产权利和义务。

婚姻存续期间夫妻分割共同财产后，可以协商决定终止财产分割的效力，这一规定体现在《越南婚姻家庭法》第41条：婚姻存续期间分割共有财产之后，夫妻有权以书面形式约定终止共有财产分割的效力。除夫妻另有约定外，已分割的部分财产仍属于夫、妻个人所有，在分割共有财产的效力终止之前发生关于财产的权利义务仍然有效。共有财产分割依法院判决书、决定实施的，则共有财产分割的效力终止的协商必须得到法院的公认。

在特定情形下，即使夫妻在婚姻存续期间约定对共同财产进行分割，也不能产生分割共同财产的法律效力，夫妻分割共同财产的行为无效。对此《越南婚姻家庭法》第 42 条规定，以下情形婚姻存续期间分割共有财产无效：1. 严重影响家庭利益，以及未成年子女、已丧失行为能力或者无劳动能力和没有财产养活自己的子女的利益。2. 为了避免以下义务：（1）抚养、供养义务；（2）损害赔偿义务；（3）被法院宣告破产时的清算义务；（4）向个人、组织还债的义务；（5）纳税义务或者对于国家的其他财政义务。

（二）我国对婚姻存续期间分割共同财产的规定

根据我国物权法理论，夫妻共同财产的共有关系属于共同共有关系，一般情况下共有关系存续期间不得请求分割共同财产，即在婚姻关系存续期间不得请求分割夫妻共同财产。婚姻关系终止时，应当对共同财产进行分割。但是在实际生活中，家庭财产主要由夫或妻一方掌握的情况大量存在，如果在任何情况下都不允许另一方请求分割共同财产，不利于对另一方合法权益的保护。因此，最高人民法院《关于适用〈中华人民共和国婚姻法〉若干问题的解释（三）》第 4 条规定："婚姻关系存续期间，夫妻一方请求分割共同财产的，人民法院不予支持，但有下列重大理由且不损害债权人利益的除外：（一）一方有隐藏、转移、变卖、毁损、挥霍夫妻共同财产或者伪造夫妻共同债务等严重损害夫妻共同财产利益行为的；（二）一方负有法定扶养义务的人患重大疾病需要医治，另一方不同意支付相关医疗费用的。"《民法典》第 1066 条则从立法的层面，明确规定了夫妻婚姻存续期间分割共同财产制度。①

（三）两国制度的对比及启示

2000 年《越南婚姻家庭法》在第 29 条、第 30 条明确规定了婚姻存续期间分割共同财产的一般原则、措施及夫妻对分割后的财产的权利和义务。2015 年

① 《民法典》第 1066 条规定："婚姻关系存续期间，有下列情形之一的，夫妻一方可以向人民法院请求分割共同财产：（一）一方有隐藏、转移、变卖、毁损、挥霍夫妻共同财产或者伪造夫妻共同债务等严重损害夫妻共同财产利益的行为；（二）一方负有法定扶养义务的人患重大疾病需要医治，另一方不同意支付相关医疗费用。"

《越南婚姻家庭法》第38—42条规定全面涵盖了婚姻关系存续期间分割共同财产的一般原则、分割共同财产效力发生的时间、分割共同财产的法律后果、分割共同财产的终止和无效情形，反映了越南夫妻财产制度立法的重大进步。对比中越两国制度可以看出，我国和越南对婚姻存续期间分割共同财产的态度大不相同。根据《越南婚姻家庭法》的规定，越南在原则上允许夫妻在婚姻存续期间请求分割共同财产，只要不违背照顾家庭生活和保护子女权益原则，或非因逃避特定义务等事由，夫妻均可在婚姻存续期间协商分割共同财产，协商不成的，可以请求人民法院判决。我国原则上不允许在婚姻存续期间分割共同财产，只有在特殊情形下，夫或妻一方的行为损害另一方合法权益时，才允许受到损害一方请求分割共同财产。我国《民法典》对此也有明确的规定，但相关规定还有进一步细化之处。具体包括：（1）确定分割共同财产效力发生的时间。可以参考越南婚姻家庭法的规定，根据我国的现实需要确定不同情形下共同财产分割产生效力的时间。（2）明确夫妻对分割后财产的权利和义务。权利和义务是夫妻财产制度中的重要内容，婚姻存续期间分割共同财产是我国共同共有关系的例外情形，本身具有复杂性，法律必须明确夫妻对分割后财产的权利和义务。（3）完善共同财产分割无效的情形。特殊情形下婚姻存续期间分割财产侵犯了社会公共利益或夫妻另一方的权益，不得产生财产分割的效力。

第二节　两国夫妻个人财产制的比较

夫妻个人财产制是对共同财产制的限制和补充，夫妻个人财产是指夫妻在实行共同财产制的同时，依照法律规定或者夫妻双方约定，各自保留一定范围的财产为个人所有，独立享有对该项财产的占有、管理、使用、收益和处分权。[①] 根据产生的原因不同，个人财产可以分为法定的个人财产和约定的个人财产。我国和越南婚姻家庭法对夫妻个人财产制的规定，都经历了不断发展完善的过程，对比两国规定可以从中汲取立法经验，为不断完善和细化夫妻个人财产制的立法提供有益帮助。

---

① 杨大文：《亲属法》，法律出版社2004年版，第133页。

一、越南夫妻个人财产制的内容

（一）夫妻个人财产的范围

《越南婚姻家庭法》第 43 条对夫妻个人财产的范围进行了明确界定，具体包括:（1）夫妻婚前所有的财产，即夫妻一方在婚姻关系成立以前取得所有权的财产，为夫妻个人财产。（2）婚姻存续期间个人继承及单独赠与的财产。夫或妻一方继承或受赠与的财产，不属于《越南婚姻家庭法》第 33 条所规定的由夫妻劳动或收入创造的财产，所有权归属于一方所有。（3）婚姻存续期间夫妻共同财产分割后所得的财产。共同财产分割后夫妻一方取得的财产及各自财产产生的收益和利润属于一方个人财产。（4）满足夫妻个人基本需求的财产。这一规定符合实践需要，有利于保障夫妻的个人生活和自由权利。（5）由夫妻个人财产创造的财产。但是在婚姻存续期间，除共同财产被分割外，夫妻个人财产产生的收益和利润属于夫妻共同财产。（6）其他依法属于个人所有的财产。这一规定是概括性条款，用以概括法律条文无法完全列举的其他应当归属于个人所有的财产。根据越南婚姻家庭法的规定，夫妻可以书面形式约定财产的归属，即夫妻可以约定财产属于夫妻共有还是个人所有，因此个人财产还应当包括夫妻协议约定属于个人财产的财产。

（二）夫妻对个人财产的权利和义务

夫妻对个人财产的权利。依据《越南婚姻家庭法》第 44 条规定，夫、妻对个人财产享有以下权利:（1）夫、妻有权占有、使用和处分自己的个人财产；合并或者不合并个人财产于共有财产。（2）夫或妻不能自己管理个人财产并不委托别人管理的，则另一方有权管理该财产。财产管理必须保障所有财产方的利益。（3）关于财产的个人义务由自己的个人财产清算。（4）夫妻个人财产的孳息、收益是家庭唯一的生活来源，则该财产的处分必须由夫妻协商一致。越南夫妻对个人财产享有占有、使用和处分的权利，但如果个人财产的孳息、收益是家庭的唯一来源，则须由夫妻二人协商处分。对于个人财产的管理权虽然没有明确规定，但根据上述第 2 款规定，可以认为夫妻个人财产的管理权当然由其个人享有，财产所有人一方不能管理个人财产且没有委托他人管理的，另一方有权管理该财产。夫妻可以协商约定将个人财产和共同财产进行合并，除夫妻另有约定或者法律另有规定，并入共有财产后的个人财产的义务由共有财产实施。

夫妻对个人财产的义务。夫妻对个人财产承担以下义务：（1）夫妻各方结婚前已经具有的义务；（2）占有、使用、处分个人财产的义务，但是在夫妻个人财产的孳息、收益是家庭生活的唯一来源，或者为维持、发展共有财产或者创造家庭主要收入来源时，在保管、维持、修补夫妻个人财产过程中发生的义务，不属于夫妻个人义务；（3）由一方设立的不是为了家庭需求的交易所产生的义务；（4）因夫妻一方的违法行为产生的义务。

二、我国夫妻个人财产制的内容

夫妻个人财产制有利于保护夫妻一方的个人财产，明确规定夫妻个人财产制，是世界各成文法国家所共同关注的内容之一，我国法律对此也不例外。我国《民法典》对法定的夫妻个人财产制的规定，基本是对原《婚姻法》第18条规定的继承。《民法典》第1063条规定："下列财产为夫妻一方的个人财产：（一）一方的婚前财产；（二）一方因受到人身损害获得的赔偿或者补偿；（三）遗嘱或者赠与合同中确定只归一方的财产；（四）一方专用的生活用品；（五）其他应当归一方的财产。"此外，我国《民法典》还规定夫妻约定婚姻存续期间的财产为一方个人财产，因此夫妻个人财产还应包括约定的个人财产。《民法典》第1065条第3款规定：夫妻对婚姻关系存续期间所得的财产约定归各自所有的，夫或妻一方对外所负的债务，相对人知道该约定的，以夫或者妻一方所有的财产清偿。据此，相对人知道夫妻约定财产归各自所有的，夫或妻一方对其所负债务，应由夫妻个人财产清偿。这一规定既有利于保护没有欠债一方对个人财产的合法权益，也能够有效防止夫妻为规避对外的财产责任而对财产作出约定，损害相对人的利益。

三、两国夫妻个人财产制的对比

（一）两国夫妻个人财产范围的比较

1. 相似之处

（1）夫妻个人财产包括法定的夫妻个人财产和约定的夫妻个人财产。法定的夫妻个人财产是指法律规定所确认的为夫妻一方所有的财产。约定的夫妻个人财产是指由夫妻约定为一方个人所有的财产。我国和越南婚姻家庭法都对夫妻个人财产的范围作出了明确规定，同时两国都允许夫妻协商确定财产归共同所有或个人所有，因此夫妻个人财产均可以通过法定和约定两种方式取得。

（2）一方婚前财产属于个人财产。一方在婚前取得财产的所有权不因婚姻关系的缔结而发生变化，在时间上以结婚登记之日为界，结婚登记之日以前取得的财产为婚前财产。我国和越南婚姻家庭法都明确规定，一方婚前财产为个人财产。

（3）夫妻一方继承或受遗赠的财产属于个人财产。我国《民法典》第 1133 条规定：自然人可以依照本法规定立遗嘱处分个人财产，并可以指定遗嘱执行人。自然人可以立遗嘱将个人财产指定由法定继承人的一人或者数人继承。自然人可以立遗嘱将个人财产赠与国家、集体或者法定继承人以外的组织、个人。因此财产所有人可以在遗嘱中将个人财产指定为夫或妻一方所有，遗嘱生效后，遗嘱中指定的夫或妻一方享有继承或受遗赠财产的所有权。《民法典》第 657 条规定：赠与合同是赠与人将自己的财产无偿给予受赠人，受赠人表示接受赠与的合同。由此可见，赠与合同是赠与人与受赠人之间达成的协议，赠与人将财产赠与夫或妻一方的，赠与的财产属于一方所有。我国《民法典》第 1063 条所规定的遗嘱或者赠与合同中确定只归夫或妻一方的财产为夫妻一方财产，与《民法典》继承编和合同编的规定相一致，《越南婚姻家庭法》虽在表述上与我国略有不同，但也明确规定夫妻一方继承或受遗赠的财产属于个人财产，充分保障了原财产所有人对个人财产的处分权利。

2. 差异之处

（1）关于夫妻一方专用的物品。我国《民法典》规定一方专用的生活用品为个人财产，即这类财产归属于个人所有要满足两个条件：一是必须为生活用品，二是该生活用品为一方专用。对一方专用的生活用品，通常理解为它具有较强的专属于个人使用的特点，应当属于个人所有的财产。本书赞同此说法：一方专用的生活用品，是指专供夫或妻一方个人生活使用，具有严格个人单方使用性质的生活用品，没有必要或可能为双方共有。[①]《越南婚姻家庭法》规定满足夫妻个人基本需求的财产为夫妻个人财产，即只有满足夫妻个人基本需求的财产为个人财产，相比于我国规定的一方专用的生活用品范围更小。

（2）关于婚姻存续期间分割后的财产。《越南婚姻家庭法》允许夫妻在婚姻存续期间分割共同财产，因此夫妻个人财产还包括共同财产分割后归属于一方的财产。我国原来的《婚姻法》原则上不允许婚姻存续期间分割夫妻共同财产，现在《民法典》明确对此作了规定。

（3）关于因身体受到伤害获得的费用。这是由于个人人身权受到侵害获得的损害赔偿金，与受害人人身密不可分，应当属于受害人一方所有。特别是医疗费和残疾人生活补助费，用以支付受害一方的医疗费用和保障受害人的基本生活，只能作为夫妻一方个人财产。我国《民法典》规定一方因身体受到伤害获得的医疗费、残疾人生活补助费等费用为夫妻个人财产。越南婚姻家庭法中对此没有明确规定。

（二）个人财产制比较的启示

《越南婚姻家庭法》明确规定了夫妻对个人财产的权利和义务，这是我国原《婚姻法》立法的薄弱环节。夫妻对个人财产的权利和义务既直接关系到夫妻双方的财产利益，也影响到涉及夫妻财产的交易安全，世界上许多国家和地区的立法中都有详细的规定。2015 年《越南婚姻家庭法》在原有规定的基础上进行修改和完善，形成了比较完备的规范。我国《民法典》明确规定了夫妻个人债务的承担规则，但没有规定夫妻对个人财产的权利，这对于维护夫妻关系的稳定，减少夫妻之间的财产纠纷有一定的影响。因此，建议细化我国《民法典》的规定，明晰法律对夫妻个人财产的权利和义务的规则，增设如下内容：1. 夫妻对其个人财产享有以下权利：（1）夫妻对其个人财产享有占有、使用、处分权。（2）夫妻对其个人财产享有管理权，管理权一般由自己行使，不能行使的，可以委托他人代为行使。夫妻一方不能自己管理个人财产又没有委托他人管理的，另一方有权代为管理。（3）夫妻一方处分个人财产影响正常家庭生活的，

---

① 姚秋英：《婚姻效力研究》，中国政法大学出版社 2013 年版，第 210 页。

应征得另一方的同意。2. 夫妻对其个人财产承担以下义务：（1）夫妻各方在婚前产生的义务；（2）清偿个人债务的义务；（3）因个人违法行为而产生的义务。

第三节　两国夫妻约定财产制的比较

夫妻约定财产制，通常是指法律允许夫妻用协议的方式，对夫妻在婚前和婚姻关系存续期间所得财产的所有权的归属、管理、使用、收益、处分以及对第三人债务的清偿、婚姻解除时财产的分割等事项作出约定的财产制度。[①] 夫妻约定财产制与法定财产制相对应，法定财产制是依照法律规定处理夫妻财产的夫妻财产制度。随着社会的不断发展，夫妻财产不断丰富，类型多样，因而夫妻财产关系越来越复杂，法定财产制难以解决夫妻财产关系中的所有问题。夫妻约定财产制以夫妻意思自治为前提，基于夫妻双方的意思表示，可以有效减少夫妻之间的财产纷争，解决实践中出现的新问题。

一、越南的夫妻约定财产制

2015 年《越南婚姻家庭法》中第一次出现夫妻约定财产制，是越南首次在婚姻家庭法中对夫妻约定财产制予以认可，《越南婚姻家庭法》第 47—50 条对夫妻约定财产制作了详细规定。具体而言，越南夫妻约定财产制的内容主要有：

（一）夫妻约定财产制的有效条件

《越南婚姻家庭法》第 47 条规定：若结婚双方选择约定财产制度，则该约定必须在结婚之前以有公证或者证实的书面形式成立。夫妻约定财产制度从结婚登记之日起设立。可以看出《越南婚姻家庭法》并没有明确规定夫妻约定财产制度的有效条件，仅规定夫妻约定财产制必须要有经过公证或者证实的书面协议。但是《越南婚姻家庭法》在第 50 条又规定了不遵守民法和其他有关法律的有效条件的夫妻财产约定无效，因此越南婚姻当事人对夫妻财产的约定，还应当符合民法或其他相关法律所规定的有效条件。

---

① 黄薇：《中华人民共和国民法典婚姻家庭编解读》，中国法制出版社 2020 年版，第 120 页。

（二）夫妻约定财产制的基本内容

《越南婚姻家庭法》第48条第1款规定：夫妻财产制度约定的基本内容包括：（1）确定为共有财产和个人财产的财产；（2）夫妻对于共有财产、个人财产及其相关交易的权利义务，保障家庭基本需求的财产；（3）财产制度终止时财产分割的条件、手续以及原则；（4）其他相关内容。夫妻有权修改、补充财产制度的约定内容，修改、补充约定内容也必须以经过公证或证实的书面形式作出。

（三）夫妻约定财产制的无效情形

《越南婚姻家庭法》第50条第1款规定，有以下情形之一，夫妻财产制度的约定被法院宣告无效：（1）不遵守交易规定在民法和其他有关法律的有效力条件；（2）违反本法第29、30、31、32条其中一项规定；（3）约定内容严重损害父母、子女及其他家庭成员的被供养权、继承权和其他合法权益。

二、我国的夫妻约定财产制

我国《民法典》第1065条规定：男女双方可以约定婚姻关系存续期间所得的财产以及婚前财产归各自所有、共同所有或者部分各自所有、部分共同所有。约定应当采用书面形式。没有约定或约定不明确的，适用本法第1062条、第1063条的规定。夫妻对婚姻关系存续期间所得的财产以及婚前财产的约定，对双方具有法律约束力。夫妻对婚姻关系存续期间所得的财产约定归各自所有的，夫或者妻一方对外所负的债务，相对人知道该约定的，以夫或者妻一方的个人财产清偿。

（一）夫妻约定财产制的有效条件

我国《民法典》也没有详细规定夫妻约定财产制的有效条件，但是约定是一种民事法律行为，应当符合民事法律行为的构成要件。根据《民法典》第143条有关民事法律行为的规定，以及第1065条有关夫妻约定财产的规定，总结出夫妻约定财产制的有效条件应该是：（1）财产约定时，夫妻双方具有完全民事行为能力；（2）夫妻双方的意思表示真实；（3）夫妻双方的约定不违反法律、行政法规的强制性规定，不违背公序良俗;（4）约定必须以书面形式作出。

（二）夫妻约定财产制的类型

我国《民法典》采取的是选择式的夫妻约定财产制，一般有三种类型：（1）分别财产制。分别财产制是指夫妻双方约定，一方无论是婚前还是婚后取得的财产全部归各自所有。（2）一般共同制。一般共同制是指夫妻双方约定，婚前和婚后所得的财产全部归双方共同所有，但是夫妻个人特有财产除外。（3）限制共同制。限制共同制是指夫妻可以约定婚前或婚后取得的财产部分归共同所有，其他部分归各自所有。婚姻当事人可以从上述三种财产制类型中有选择地进行财产约定。

（三）夫妻约定财产制的效力

根据前述《民法典》第1065条的规定，夫妻约定财产制的效力表现在以下三个方面：第一，约定财产制的优先效力。夫妻对其财产有约定的从其约定，没有约定或约定不明确的，适用法定财产制，因此约定财产制的效力优先于法定财产制。第二，约定财产制的对内效力。夫妻对财产的约定一经作出，即产生法律效力，对双方具有约束力，双方应当按照约定的内容行使权利、履行义务；婚姻关系解除时，对财产的分割有约定的按照约定处理，没有约定或约定无效的，适用法定夫妻财产制。第三，约定财产制的对外效力。夫妻双方对财产的约定能否对外产生法律效力具有严格的限制条件，即相对人知道该约定的，可以产生法律效力，相对人不知道该约定的，对其不发生法律效力。

三、两国夫妻约定财产制的比较

（一）两国夫妻约定财产制的比较

两国有关夫妻约定财产制的规定在法律条文数量和内容上都有所不同，但其中也有相似之处，主要体现在：一是约定财产制的效力高于法定财产制。夫妻约定财产制是意思自治原则在婚姻法领域的体现，我国和越南婚姻家庭法都规定夫妻对财产有约定的，从其约定，没有约定或约定不明确的适用法定财产制，这一立法设计体现了两国对夫妻双方享有的财产管理权、使用权和处分权的尊重。二是都规定夫妻财产的约定必须采用书面形式。夫妻财产约定是要式法律行为，我国和越南婚姻家庭法都明确要求夫妻约定财产必须以书面形式作出，立法用意是保证夫妻之间的约定具有明确的书面证据，规范夫妻约定财产的行为，确保夫妻按照约定的内容进行财产的处分。

（二）启示

通过对比两国制度，从中可以发现，《越南婚姻家庭法》虽然在 2015 年才增加了夫妻约定财产制的内容，但是整体上比较完善，有值得借鉴之处。具体而言：

1. 建立夫妻约定财产制的公示制度

夫妻约定财产制充分保障了夫妻处分财产的自由，夫妻财产约定产生的法律后果意义重大。因此，在许多国家和地区的立法中，都对夫妻约定财产制规定了严格的要式条件，即除采用书面形式外，夫妻财产的约定还必须进行登记或者公证公示。公示制度最基本的功能在于，第三人可以通过合法途径知悉夫妻之间对于财产的约定，从而对第三人产生对外效力，保障交易安全。《越南婚姻家庭法》明确规定夫妻财产的书面约定，必须经过公证或证实，而我国原《婚姻法》或现行《民法典》婚姻家庭编只规定约定财产应当采用书面形式，但没有具体规定夫妻财产约定成立的公示程序，建议进一步细化它。

2. 明确夫妻财产约定的内容

我国《民法典》第 1065 条第 1 款仅规定男女双方可以约定婚姻存续期间所得的财产及婚前财产的所有权归属，而对于夫妻财产管理、收益、处分等权能未予规定。婚姻存续期间夫妻对财产的管理权、收益权、处分权如何行使，也是夫妻约定财产制应当解决的重要问题，《越南婚姻家庭法》中不仅规定了夫妻可以约定财产的归属，也规定了夫妻可以约定对共有财产、个人财产及相关交易的权利和义务，还规定了夫妻可以约定保障家庭基本需求的财产的承担，及财产的清算与分割。从立法上给予婚姻当事人引导，具有更强的规范性、实用性和可操作性。

3. 增设夫妻财产约定的补充和修改条件

世界上大多数国家都允许夫妻对财产作出约定后进行变更或者撤销，例如《瑞士民法典》第 181 条规定：婚姻财产契约的缔结、变更及废除，需经过公证并经过当事人及法定代理人署名后，始得生效。[①] 可见瑞士允许变更或撤销夫妻财产契约，且变更或者撤销的条件和缔结时相同。《越南婚姻家庭法》也规定夫妻有权修改、补充财产约定的内容，补充和修改的条件和订立时一致，即必须有经过公证或证实的书面形式。据此，《越南婚姻家庭法》也允许夫妻变更财产约定的内容。从现实情况看，夫妻在作出财产约定后，由于种种情况，原先约定的内容不再适应当事人新的需求，应当允许夫妻在一定条件下作出补充或修改，对于减少夫妻矛盾，维护家庭关系具有积极作用。

夫妻财产制度是婚姻家庭生活正常运转的保障，是婚姻家庭制度的重要内容。《越南婚姻家庭法》在第三章第三节（第 28—50 条）专门规定了夫妻财产制度，我国在《民法典》婚姻家庭编第三章家庭关系中第 1062 条、第 1063 条、第 1064 条、第 1065 条、第 1066 条有具体规定。总体来看，《越南婚姻家庭法》对夫妻约定财产制的规定较为详细全面，尤其是 2015 年修改之后的立法，在借鉴许多国家立法经验的基础上，调整了夫妻财产制度的内容，形成了比较完整的夫妻约定财产制。现实中夫妻财产关系呈现出复杂化、多元化的特点，滞后的法律规定难以真正有效回应。

---

① 《瑞士民法典》，殷根生译，法律出版社 1987 年版，第 35 页。

第五章 中越涉外婚姻法律适用制度比较研究

中越两国具有密切的历史渊源关系，尤其在越南改革开放后，随着两国经济交往和人员往来日益密切，两国公民通婚现象逐年增多。但是由于两国调整婚姻家庭关系的法律制度存在很大差异，两国公民缔结的婚姻中不断出现问题和纠纷，两国之间的法律冲突现象也逐渐凸显。而当前国际上基本没有形成调整此类法律冲突的统一实体规范，主要是借助各国的冲突规范。冲突规范是一种间接的调整方式，通过指引当事人选择适用某一国的实体规范，从而确定当事人之间的权利和义务。用冲突规范解决涉外婚姻家庭关系法律冲突，是各国涉外民事法律关系适用法中最主要的方法。我国于 2010 年 10 月 28 日在第十一届全国人民代表大会常务委员会第十七次会议上通过，并于 2011 年 4 月 1 日实施的《涉外民事关系法律适用法》(以下简称《法律适用法》)，是我国第一部较为完备的解决法律冲突的国际私法规范，在内容上有许多创新之处，其中就包括第三章对婚姻家庭的规定。《法律适用法》第三章详细规定了涉外婚姻家庭关系的冲突规范，我国涉外婚姻家庭关系法律适用有了明确的指引。越南则在《越南婚姻家庭法》中以专门一章，即第八章涉外婚姻家庭关系作了详细规定，是越南调整涉外婚姻家庭关系法律冲突的主要依据。两国法律规定既有共性之处，又形成了各自不同的特色，通过对两国涉外婚姻制度进行总体的对比和研究，能够总结两国制度之间的相同和差异，为两国立法和司法实践的完善提供有益借鉴，不断加深对两国法律制度的认识，推动对两国法律制度的研究进一步向纵深发展。

第一节 中越涉外结婚法律适用比较

由于世界各国在历史背景、文化传统、风俗习惯、道德观念、社会制度等方面存在诸多差异，各国对结婚制度的规定也各不相同。随着现代社会全球化、国际化的不断推进，世界各国跨国婚姻的数量不断增长，各国之间难免产生法律冲突，因此解决涉外结婚制度法律冲突的法律适用法应运而生。涉外结婚制度的法律适用问题主要涉及结婚的实质要件和形式要件，结婚的实质要件是指婚姻双方当事人缔结有效的婚姻必须具备或满足的实体上的法定条件。[①]结婚的实质要件是婚姻成立和产生效力的前提。结婚形式要件是婚姻关系成立应当遵守的法定程序，具有重要的公示意义，世界上大多数国家法律都规定了婚姻的成立必须符合一定的形式要件。不同国家在结婚实质要件和形式要件方面规定的差异，不利于跨国婚姻效力的确认，从而阻碍了跨国婚姻的缔结，因此从这两方面入手有利于化解当前涉外结婚制度法律冲突的窘境。我国《法律适用法》和越南《婚姻家庭法》都对涉外结婚的法律适用提供了明确的指引，通过对两国有关法律规定进行全面的分析和比较，有利于帮助缔结婚姻的两国公民确定有效的法律适用规则，并对两国跨国婚姻实践问题的解决具有一定的参考价值，同时对维护两国的交往秩序和两国跨国婚姻关系的稳定具有重要的意义。

一、我国涉外结婚法律适用制度

（一）结婚的实质要件

当前世界各国对结婚实质要件的冲突规范，主要采用婚姻缔结地法主义和属人法主义两种立法模式。《法律适用法》通过之前，关于涉外婚姻结婚实质要件的法律适用，主要依据 1986 年《民法通则》第 147 条的规定，即“中华人民共和国公民和外国人结婚适用婚姻缔结地法律……”，这一规定采用了婚姻缔结地法主义，没有完全涵盖涉外婚姻的各种情形，具有一定的局限性。《法律适用法》在原有规定的基础上进一步改革和发展，作出第 21 条规定：“结婚条件，适用当事人共同经常居所地法律；没有共同经常居所地的，适用共同国籍国法律；没有共同国籍，在一方当事人经常居所地或者国籍国缔结婚姻的，适用婚姻缔结地法律。”这里的“条件”，应当理解为结婚的实质要件。[②]这一规定扩

① 黄进、姜茹娇主编：《〈中华人民共和国涉外民事法律关系适用法〉释义与分析》，法律出版社 2011 年版，第 111 页。

② 杜涛：《国际私法原理》，复旦大学出版社 2018 年版，第 154 页。

大了涉外婚姻关系的范围，明确了不同情形下结婚条件的适用规则，确立了以属人法为主导，与婚姻缔结地法相结合的立法模式。[①]

《法律适用法》第21条规定了多个可以适用的法律，同时也规定了严格的先后顺序。即当事人应首先选择适用共同经常居所地的法律，共同经常居所地是当事人共同的生活中心，与双方当事人均有着密切的联系，以此确定当事人婚姻的效力最为合理。当事人没有共同经常居所地的，适用共同国籍国法律。当事人与国籍国法律在价值理念上有着明显的一致性，以此确定结婚的条件符合当事人的心理预期。当事人没有共同国籍的，适用婚姻缔结地法律。婚姻缔结地法律是当事人共同属人法的重要补充，这里的婚姻缔结地仅指一方当事人的经常居所地或者国籍国，也就是说，当事人既没有共同经常居所地，也没有共同国籍国，并且在一方当事人经常居所地或国籍国缔结婚姻的，适用婚姻缔结地法律。如果当事人的婚姻缔结地既不是一方当事人的经常居所地，也不是国籍国，该适用哪国法律，该条未作具体规定。根据《法律适用法》第2条第2款的一般规定，应当根据最密切联系原则确定适用的法律，即应当适用与涉外婚姻关系有最密切联系的法律。

（二）结婚的形式要件

关于涉外结婚形式要件的冲突规范，各国普遍采用的是适用婚姻缔结地法律。根据婚姻缔结地的法律确定结婚的形式要件具有一定的合理性，婚姻缔结地法律是当地风俗习惯和价值观念的综合体现，按照当地法律规定的程序和方式缔结婚姻，容易获得批准和承认，结婚手续办理机构操作也更加便利。但是仅以单一的连结点确定涉外结婚形式要件的依据，在一定程度上限制了涉外婚姻的成立，也容易出现"跛脚婚姻"，破坏涉外婚姻家庭关系的稳定，造成消极的社会效果。

我国原《婚姻法》和现行《民法典》婚姻家庭编均规定公民结婚的形式要件采用登记制，即要求结婚的男女双方到婚姻登记机关进行结婚登记，才可产生婚姻缔结的效力。我国结婚的形式要件简便易行，体现了促进婚姻有效的原

① 黄进、姜茹娇主编：《〈中华人民共和国涉外民事法律关系适用法〉释义与分析》，法律出版社2011年版，第114页。

则，这与国际上趋行的有利生效原则不谋而合。冲突法和实体法的立法态度相一致，采取的是可选择性连结点的立法模式。我国《法律适用法》第22条规定："结婚手续，符合婚姻缔结地法律、一方当事人经常居所地法律或者国籍国法律的，均为有效。"这一规定在条文措辞上采用"结婚手续"一词，与国际私法中"结婚的形式要件"不完全一致，但是根据目的性解释，这里的"结婚手续"，应当理解为结婚的形式要件。根据第22条规定，涉外结婚的形式要件满足婚姻缔结地法律、一方当事人经常居所地法律或者国籍国法律之一的，即为有效。可见，在涉外婚姻法律关系中，我国不因当事人婚姻缔结地、一方经常居所地或国籍所属国的法律在结婚形式要件上规定的差异，而否认涉外婚姻的效力。

二、越南涉外结婚法律适用制度

《越南婚姻家庭法》第126条规定："1. 越南公民与外国人之间结婚的，各方应当遵守各自国家有关结婚条件的法律规定；在越南的国家主管机关结婚的，则外国人还应当遵守本法关于结婚条件的规定。2. 在越南居住的外国人在越南主管机关结婚的，应当遵守本法关于结婚条件的规定。"根据这一规定，越南公民与外国人结婚时，应当遵守各自国家法律关于结婚条件的规定；若双方选择在越南结婚，应当遵守越南婚姻家庭法规定的结婚条件。双方都是外国人在越南结婚的，应当遵守越南婚姻家庭法关于结婚条件的规定。该条规定没有明确本条说明的是结婚的实质要件还是形式要件，其他法条也没有辅以明确的区分，因此这里的"条件"既包括结婚的实质要件，也包括结婚的形式要件。

此外，《越南婚姻家庭法》第3条第25款规定："涉外婚姻家庭关系是指至少一方是外国人或者越南人在国外定居的婚姻家庭关系；婚姻家庭关系参加各方是越南公民，但设立、变更、终止该关系的根据是国外法律，发生在国外或者相关财产在国外。"根据这一规定，越南的涉外婚姻包括以下四种情况：（1）越南公民与外国人在越南境内结婚；（2）常驻越南的外国人在越南结婚；（3）越南公民与外国人在越南境外结婚；（4）越南公民与越南公民在境外结婚。

根据上述两条规定，对四种不同的情况予以分析。第一，越南公民与外国人在越南境内结婚，结婚条件应当遵守越南婚姻家庭法的规定，同时外国人一方还应当遵守其国家法律的规定；第二，常驻越南的外国人在越南结婚，结婚条件应当适用越南婚姻法，同时必须遵守各自国家婚姻法的规定；第三，越南公民与外国人在越南境外结婚，越南公民一方应当遵守越南婚姻法规定的结婚条件，外国人一方应当遵守其国家婚姻法关于结婚条件的规定；第四，越南公民与越南公民在境外结婚，越南婚姻法没有规定此情形下结婚条件应当适用哪国法律的，可以到越南驻该国领事机构办理领事婚姻。

三、两国涉外结婚法律适用制度对比

我国《法律适用法》对结婚的实质要件和形式要件进行区分，分别就法律适用情形作了细致的划分。在涉外结婚的实质要件上，我国立法协调了单纯适用属人法和婚姻缔结地法各自的利弊，采用有条件选择适用的冲突规范。在涉外结婚的形式要件上，我国采取的态度较为宽松，当事人可以无条件地选择适用的法律。也就是说，无论涉外结婚的实质要件还是形式要件，我国法律都没有规定仅可以适用一个国家的法律。但是这种可供选择的范围不是没有边界，而是有一定的限制，即涉外结婚当事人可以选择适用的法律包括双方共同国籍国法律、共同居所地法律、一方当事人经常居所地法律、一方当事人国籍国法律、婚姻缔结地法律。双方当事人应当在规定的范围内选择适用的法律，只是实质要件的法律适用应当按照严格的先后顺序，而结婚的形式要件只要符合其中一个法律的，即为有效。

《越南婚姻家庭法》对本国公民之间缔结婚姻分别规定了实质要件和形式要件，但在涉外结婚的冲突规范中，没有对涉外结婚的实质要件和形式要件进行划分，只有“结婚条件”这一概括性的定义。越南关于涉外结婚条件的法律适用，采用单一的准据法，即适用当事人本国法。相比较而言，我国的规定比较详细，实施步骤明确简便，便于法律适用的实践。越南的规定相对简单，没有区分涉外结婚中的各种情况，可能会在法律适用的实践中产生问题，造成“跛脚婚姻”，也容易出现当事人规避越南法律的情况。

第二节　中越涉外离婚法律适用比较

跨国婚姻数量的增长是各国交流逐渐密切的重要体现，但由于不同国家的公民在文化观念上的差异，在婚姻家庭关系中产生的危机逐渐凸显，离婚数量也随之逐年上升。中国与越南陆海相连，两国民事交往密切，特别是在我国广西、云南等边境地区，越南新娘占据一定的比重，婚姻关系俨然成为两国关系的重要问题之一。尽管两国在历史发展、文化传统方面存在许多相似之处，两国法律规定相互之间也有一定的借鉴，但两国社会的现实情况和经济发展程度存在差异，因此，两国实体法对离婚制度的具体规定形成了各自不同的性质和特征，法律适用的冲突问题在所难免。当前涉外离婚制度的法律适用没有统一的实体规范，中越两国也没有签订关于涉外离婚制度法律适用的双边协定，但是两国都制定了相应的冲突规范进行调整。从司法实践看，涉外离婚制度的法律适用已经成为实践中的焦点问题，因此有必要对两国法律条文进行深入分析，为解决司法实践中遇到的问题提供理论借鉴。并通过对两国法律规定进行比较研究，促进两国在涉外离婚领域的交流与合作，为两国法律冲突规范的完善提供理论参考。

一、我国关于涉外离婚法律适用的规定

（一）协议离婚

我国《法律适用法》第 26 条规定："协议离婚，当事人可以协议选择适用一方当事人经常居所地法律或者国籍国法律。当事人没有选择的，适用共同经常居所地法律；没有共同经常居所地的，适用共同国籍国法律；没有共同国籍国的，适用办理离婚手续机构所在地法律。"该条是意思自治原则在涉外离婚冲突规范中的体现，赋予协议离婚的当事人选择法律适用的权利，但对选择的范围进行了限制，即只能选择适用一方当事人经常居所地法律或者一方当事人国籍国法律，二者没有先后顺序，当事人可以自由选择。据此可以推定，如果当事人有共同经常居所地或者国籍国的，当事人当然可以选择适用共同经常居所地法律或者国籍国法律。协议离婚的当事人没有对法律适用作出选择的，应当

适用哪国法律，该条规定了严格的条件和先后顺序：应当优先适用双方共同经常居所地法律，如果当事人没有共同经常居所地，适用双方共同国籍国法律，没有共同国籍的，适用办理离婚手续机构所在地法律。

（二）诉讼离婚

《法律适用法》第 27 条规定："诉讼离婚，适用法院地法律。"该条规定采用法院地法的立法模式，确定了单一的连结点。即在涉外婚姻家庭关系中，夫妻双方选择诉讼离婚的，只能适用法院地法律。这一规定包括离婚当事人双方都是外国人，但是在我国定居并向我国法院起诉离婚的情况。这是因为在我国定居的外国人与我国具有密切的联系，向我国法院起诉离婚，适用我国的法律规定有利于维护我国的社会秩序。但是，如果当事人都是外国人，婚姻也在国外缔结，我国法院可以拒绝受理。[①] 同时，如果定居在国外的我国公民，在国外法院起诉离婚的，也适用法院地法律。

二、越南关于涉外离婚法律适用的规定

《越南婚姻家庭法》第 127 条规定："1. 越南公民与外国人之间离婚、常住在越南的外国人之间离婚的依照本法规定，在越南的主管机关予以解决。2. 越南公民要求离婚时不常住在越南的，则离婚可以适用夫妻共同常住国家的法律；若没有共同常住地，则适用越南法律。3. 发生争议的不动产在外国的，适用不动产所在地法律解决。"该条规定了几种不同的情形：一是涉外离婚当事人一方为越南公民，一方为外国人的，适用越南的法律规定；二是离婚当事人双方均为外国人，但其中一方在越南常住的，适用越南的法律规定；三是离婚当事人均为越南公民，但不在越南常住的，可以选择适用夫妻共同常住国家的法律，双方没有共同常住地的，适用越南的法律规定；四是当事人因离婚发生不动产争议的，适用不动产所在地的法律规定。

三、两国涉外离婚法律适用对比

根据我国《法律适用法》的规定，涉外婚姻家庭关系的当事人可以选择协

① 杜涛：《国际私法原理》，复旦大学出版社 2018 年版，第 163 页。

议离婚或者诉讼离婚，并对两种离婚方式的法律适用分别进行规定，这在世界各国立法中并不多见。对于涉外协议离婚法律适用的规定，最突出的特点是纳入了意思自治原则，允许当事人协议选择适用的法律，协议离婚本身就是基于夫妻合意自由选择的离婚方式，允许当事人约定法律适用也比较妥当。尽管夫妻双方可以按照意思自治，对离婚制度的法律适用作出选择，但是婚姻关系与财产关系和人身关系都有密切的关系，也与一国的社会风俗有着紧密的联系，应当对当事人的意思自治进行一定的限制，因此我国《法律适用法》对可选择适用法律的范围作了进一步界定。如果涉外离婚当事人选择诉讼离婚方式，《法律适用法》强制性规定了只能适用法院地法律，不允许当事人进行约定或选择，排除了对外国法律的适用。

根据《越南婚姻家庭法》的规定，越南也存在协议离婚和诉讼离婚两种离婚方式，但是在涉外离婚法律适用的规定中，没有分别规定，而是采取单边冲突规范，一律适用夫妻一方或双方住所地法律。越南公民与外国公民离婚，双方在越南常住的，或者外国公民之间离婚，在越南常住的，直接适用越南的法律规定。不在越南常住的越南公民离婚，适用双方共同常住地国家的法律，如果没有共同常住地，仍然适用越南的法律规定。同时越南婚姻法结合了适用不动产所在地法律主义，对涉外夫妻双方发生争议的不动产在国外的情况进行特别说明，规定适用不动产所在地的法律。

第三节　中越涉外亲子关系法律适用比较

亲子关系又称父母子女关系，是指父母和子女间的权利义务关系。[①] 亲子关系是婚姻家庭关系中的传统话题，近年来，随着非婚同居关系、代孕关系、同性婚姻、辅助生殖技术等现象的出现，传统婚姻家庭法的适用面临着巨大的挑战，各国纷纷就婚姻家庭关系中出现的新问题对婚姻家庭法进行了修订。随着跨国婚姻、跨国扶养、跨国非婚同居、跨国收养关系的发展，涉外亲子关系的法律纠纷也日益频繁发生，逐渐成为涉外婚姻家庭关系纠纷中的重要问题，因

① 杜涛：《国际私法原理》，复旦大学出版社 2018 年版，第 164 页。

此各国也逐渐加强对涉外亲子关系法律适用的立法。关于涉外亲子关系法律适用，世界各国的普遍立法趋势是采用属人法为连结点，主要有三种类型：一是适用子女的属人法，二是适用父母一方或双方的属人法，三是适用与父母子女关系联系最密切的法律。[①] 三种立法例反映了各国不同的立法意图，也体现了各国对父母或子女一方的倾斜性或兼顾性保护。我国《法律适用法》和《越南婚姻家庭法》中都有涉及涉外亲子关系法律适用的规定，但是两国的立法模式和立法态度完全不同，通过对比，深入理解两国的相关法律条文，厘清两国涉外亲子关系法律适用的差异，指导构建更加完善的涉外亲子关系法律适用体系。

一、我国关于涉外亲子关系法律适用的规定

我国《法律适用法》第 25 条规定："父母子女人身、财产关系，适用共同经常居所地法律；没有共同经常居所地的，适用一方当事人经常居所地法律或者国籍国法律中有利于保护弱者权益的法律。"该条没有区分婚生子女和非婚生子女，顺应了《民法典》第 1071 条第 1 款的规定："非婚生子女享有与婚生子女同等的权利，任何组织或者个人不得加以危害和歧视。"我国规定的涉外亲子关系的法律适用，应当从以下几个方面理解：

第一，不区分父母子女人身关系和财产关系。世界各国的国际私法立法中，有的国家对父母子女人身关系和财产关系规定了不同的严格程度，更多数国家在涉外亲子关系立法中不予区分。由于父母子女人身关系和财产关系没有明确的区分，通常情况下是一个不可分割的整体，对二者进行区分容易增加操作难度。因此我国没有采用父母子女人身关系和财产关系分开立法的模式，而是适用统一的冲突规范。

第二，适用最密切联系原则。父母子女人身和财产关系首先适用当事人共同经常居所地法律，当事人共同经常居所地是父母子女之间行使权利和履行义务的中心，与父母子女关系具有最密切的联系，父母子女关系通常和居所地的

① 黄进、姜茹娇主编：《〈中华人民共和国涉外民事法律关系适用法〉释义与分析》，法律出版社 2011 年版，第 132 页。

道德风俗和社会秩序密切相关，以此确定父母子女关系的准据法更为合理。

第三，采用多个连结点，有条件地选择适用。在涉外亲子关系的冲突规范中，各国越来越倾向于确定多个连结点，这一立法模式有利于增强法律适用选择的灵活性。但同时又强调优先适用与当事人具有最密切联系的国家法律。我国规定当事人没有共同居所地的，可以适用一方当事人经常居所地或者国籍国法律中有利于弱者权益保护的法律。这条规定提供了包括当事人共同居所地、一方居所地、一方国籍国在内的多个连结点，可以在符合规定条件的前提下选择适用。

第四，明确有利于弱者利益保护原则。在扶养关系中，被扶养人通常处于弱者地位，因此在涉外扶养关系的法律适用中，我国规定选择适用多个连结点中最有利于保护被扶养人权益的法律。和扶养关系不同，亲子关系中难以确定哪一方当事人处于绝对弱势地位，在不同情形下父母和子女的地位可能发生转换，因此在涉外亲子关系的法律选择上，《法律适用法》使用“有利于保护弱者权益”这一表述，有利于兼顾涉外亲子关系中父母和子女的权益保护。

二、越南关于涉外亲子关系法律适用的规定

《越南婚姻家庭法》第 128 条规定：（1）在没有争议的情况下，越南的户籍登记机关依照关于户籍的法律规定解决越南公民与外国公民之间、越南公民之间（其中至少一方在国外常驻）、外国人之间（其中至少一方在越南常驻）的父母、子女身份识别问题。（2）属于本法第 88 条第 2 款、第 89 条、第 90 条、第 97 条第 1 款和第 5 款、第 98 条第 3 款和第 5 款、第 99 条规定情形与其他有纠纷的涉外父母、子女身份识别由越南有审权的法院解决。

该条规定了涉外父母、子女身份识别的管辖机关，对父母、子女身份没有争议的，由越南的户籍登记机关按照越南法律中关于户籍的规定予以解决。存在以下争议的，由越南主管法院解决：（1）父母不承认是自己的子女，且没有证据，必须由法院确认的；（2）子女不承认自己父母的，父母可以要求法院确认该人是自己的子女；（3）被确定为他人父母，父母不承认的，可以要求法院确认该人不是自己的子女；（4）子女要求确认父母的；（5）代孕人将孩子交给委

托方之前，请求确认相当于父母的权利义务的；（6）代孕委托方拒绝收养孩子，代孕方要求法院强制其认收孩子的；（7）代孕委托方不及时认收孩子或者违反抚养、照顾孩子的义务的；（8）代孕方拒绝交出孩子，委托方要求法院强制其交出孩子的；（9）代孕方尚未交出孩子，委托代理方夫妻均死亡或者丧失行为能力，代孕方又不收养孩子，孩子的监护和供养关系中涉及父母、子女身份识别的。

三、两国涉外亲子关系法律适用对比

父母子女人身关系包括姓名权、居所决定权、保护与身份代理的权利与义务、教育子女的权利与义务、子女交还请求权、交往权等，父母子女财产关系包括财产管理权、财产及收益的使用权与处分权等。[①] 我国《法律适用法》使用父母子女人身关系和财产关系这一概括性的表述，涵盖了涉外亲子关系中的各种情况。关于涉外亲子关系的法律适用，《法律适用法》没有区分人身关系和财产关系，规定二者适用同一法律，并且仍然采用有顺序的选择性冲突规范。可供选择的法律范围包括一方经常居所地法律、双方共同经常居所地法律、一方或双方国籍国法律。《法律适用法》对涉外亲子关系法律适用的规定，同时采纳了最密切联系原则和有利于弱者利益保护原则，即优先适用与父母子女具有最密切联系的共同经常居所地法律，没有共同经常居所地的情况下，强调选择适用有利于对弱者权益保护的法律。

《越南婚姻家庭法》仅规定了涉外亲子关系中父母、子女的身份识别问题，父母、子女对身份没有争议的，适用越南本国法中有关户籍的规定，有争议的，由越南具有管辖权的法院处理。越南对父母、子女身份识别的法律适用采用单一的连结点，只能适用越南的法律规定或由越南法院解决争议。由于越南承认代孕的合法性，并在《越南婚姻家庭法》第94—100条中就代孕的各项问题作出细致的规定，因此，《越南婚姻家庭法》在冲突规范中也对涉外代孕关系的法律适用作出特别规定，用以解决跨国代孕中产生的矛盾和纠纷。

① 黄进、姜茹娇主编：《〈中华人民共和国涉外民事法律关系适用法〉释义与分析》，法律出版社2011年版，第129页。

第四节　中越涉外夫妻财产关系法律适用比较

夫妻财产关系历来在婚姻家庭关系中占据重要的地位，夫妻财产纠纷也是婚姻家庭纠纷的主要内容，在涉外婚姻家庭关系中，夫妻财产关系的确定首先要解决适用哪国法律的问题。涉外婚姻夫妻双方的国籍、住所、经常居所地、财产所在地通常分处于不同的国家，因此各国立法基于不同考虑，分别采用了属人法、法院地法、财产所在地法、最密切联系地法、意思自治原则确定夫妻财产关系适用的法律。中国和越南婚姻法中关于夫妻财产制的规定存在差异，前文已对此进行详细探讨，此处不再赘述。两国规定的不同是产生法律冲突的主要原因，在两国公民缔结的婚姻家庭关系中，确定夫妻财产关系的法律适用对维护婚姻家庭的和谐稳定具有重要的意义。两国关于涉外夫妻财产关系的冲突规范都经历了不断改进的过程，我国和越南分别在《法律适用法》和《越南婚姻家庭法》中作了不同程度的规定，形成了比较明确的冲突规范指引。对两国规定进行比较研究，主要出于两方面考虑：一是为两国涉外夫妻财产制度法律适用的完善提供方向；二是在缔结婚姻的两国公民发生财产纠纷时，为如何确定应当适用的法律规定提供解决方案。

一、我国关于涉外夫妻财产关系法律适用的规定

我国《法律适用法》将夫妻人身关系和财产关系相区别，分别作了专门规定，对涉外财产关系的法律适用，体现在第 24 条："夫妻财产关系，当事人可以协议选择适用一方当事人经常居所地法律、国籍国法律或者主要财产所在地法律。当事人没有选择的，适用共同经常居所地法律；没有共同经常居所地的，适用共同国籍国法律。"该条引入了意思自治原则，规定夫妻双方可以协议约定财产关系的法律适用，并优先适用当事人约定选择的法律，但限制了选择适用的范围，即当事人只能约定选择一方当事人经常居所地法律、国籍国法律或者主要财产所在地法律。

当事人没有选择适用法律的，优先适用双方共同经常居所地法律，没有共

同经常居所地的，适用共同国籍国法律。这一规定和涉外夫妻人身关系的法律适用规则相一致，这是基于夫妻财产关系和人身关系具有密切的联系。如果夫妻双方没有事先就财产关系的法律适用作出约定，并且双方没有共同经常居所地，但是有两个以上共同国籍的，应当如何适用法律，该条未作规定，可以结合《法律适用法》第 19 条的规定进行处理。即夫妻双方有两个以上共同国籍的，适用双方有经常居所的国籍国法律，在所有国籍国均没有经常居所的，适用与夫妻财产关系具有最密切联系的国籍国法律。如果夫妻双方没有约定财产关系的法律适用，且双方没有共同经常居所地和共同国籍国的，如何适用法律，该条也没有明确。根据《法律适用法》第 2 条的规定，应当适用与涉外夫妻财产关系有最密切联系的法律。

二、越南关于涉外夫妻财产关系法律适用的规定

《越南婚姻家庭法》中有关涉外婚姻家庭关系的规定，明确规定夫妻财产制度的，只有第 130 条，该条规定，越南的主管机关适用本法和越南其他有关法律解决对涉外婚姻适用夫妻约定财产制度和涉外的不办理结婚登记而以夫妻名义同居关系。该条是对涉外婚姻中夫妻财产约定制度的适用所作的专门规定，同时规定了解决这一问题的管辖机关和法律适用。在涉外婚姻关系中，夫妻双方请求解决适用夫妻财产约定制度的，由越南的主管机关管辖，并且应当按照《越南婚姻家庭法》或者其他有关法律的规定进行处理。

关于涉外婚姻关系中夫妻财产关系的法律适用，越南婚姻家庭法没有明确说明。但是根据《越南婚姻家庭法》第 122 条第 1 款的规定，涉外婚姻家庭关系，除另有规定外，适用越南关于婚姻家庭的法律规定。夫妻关系是婚姻家庭关系的重要内容，越南婚姻家庭法规定的夫妻关系包括夫妻财产关系，因此推定涉外婚姻中夫妻财产关系适用越南的法律规定。同时《越南婚姻家庭法》第 122 条又规定："……越南社会主义共和国参加的国际条约的规定与本法规定不一致的，适用该国际条约的规定……" 如果越南婚姻家庭法或者其他法律文本援引其他国家法律，则适用其他国家的法律，但是不得违背《越南婚姻家庭法》第 2 条规定的基本原则。其他国家的法律又援引回越南法律

的，适用越南婚姻家庭法。如果越南参加的国际条约属于援引外国法律的情形，则适用外国法律的规定。

三、两国涉外夫妻财产关系法律适用对比

我国对夫妻财产关系法律适用的规定，兼采有限的意思自治原则、属人法原则、最密切联系原则、主要财产所在地法原则。我国婚姻法承认夫妻约定财产制的效力，冲突法也与实体法的精神相契合，允许涉外夫妻双方在规定的范围内约定选择财产关系的法律适用。可约定适用的法律范围包括一方当事人经常居所地法律、国籍国法律或者主要财产所在地法律。当事人没有协议约定的，按照顺序适用双方共同经常居所地和共同国籍国法律。我国的规定既符合涉外财产关系的法律适用应当明确、便于操作的要求，也符合国际上冲突规范连结点越来越具有灵活性的立法走向。

《越南婚姻家庭法》没有关于涉外夫妻财产关系法律适用的专门规定，仅涉及夫妻约定财产制的适用。越南规定夫妻约定财产制的适用，由越南主管机关按照越南的法律规定处理。但是根据《越南婚姻家庭法》第 122 条第 1 款的概括性规定，涉外夫妻财产关系应当适用越南的法律规定。可见，关于涉外夫妻财产关系的法律适用，除另有规定外，越南均排除其他国家法律的适用，只适用本国规定。这里的另有规定，是指越南参加的国际条约反致使用越南法律，以及越南法律援引其他国家法律的情况。在这两种情形下，分别适用国际条约和其他国家法律的规定。

第五节　中越涉外扶养关系法律适用比较

扶养是指一定的亲属之间基于身份关系，有经济能力的人对于无生活能力的人给予扶助以维持其生活的一种法律制度。[①] 在扶养关系中，提供扶养的一方为扶养义务人，即扶养人，接受扶养的一方为扶养权利人，即被扶养人。基于扶养权利人和扶养义务人身份关系的特殊性，大部分国家法律都对扶养问题

① 杜涛：《国际私法原理》，复旦大学出版社 2018 年版，第 170 页。

进行专门规定。由于种种原因，各国法律的规定不可能完全一致，主要表现在扶养义务人的范围、扶养义务人和扶养权利人的顺位、扶养的程度和扶养费数额上的不同。并且随着扶养关系中涉外因素的介入，不得不面临对扶养关系如何选择适用法律的问题。法律适用的选择对涉外扶养关系的调整具有决定性的意义，适用不同的法律会产生不同的处理结果，因此各国法律又对涉外扶养关系的法律适用进行专门规定。各国关于涉外扶养关系的法律适用主要有五种立法模式：扶养权利人属人法、扶养义务人属人法、法院地法、最密切联系地法、最有利于扶养权利人的法律。我国和越南法律都有涉外扶养关系法律适用的规定，现将两国规定进行梳理和对比分析。

一、我国关于涉外扶养关系法律适用的规定

《法律适用法》出台以前，《民法通则》中涉外扶养关系法律适用的规定就已经相当明确。《民法通则》第 148 条规定：“扶养适用与被扶养人有最密切联系的国家的法律。”同时最高人民法院的司法解释进一步明确最密切联系的国家的范围。根据我国的相关司法解释，这里的扶养关系，包括父母子女之间的扶养关系、夫妻之间的扶养关系和其他有关人员之间的扶养关系。[①]《民法通则》第 148 条采用最密切联系原则，确定了单一的连结点。而《法律适用法》第 29 条规定：“扶养，适用一方当事人经常居所地法律、国籍国法律或者主要财产所在地法律中有利于保护被扶养人权益的法律。”该条规定较之于《民法通则》第 148 条更加简要明确，规定了一方当事人经常居所地、国籍国、主要财产所在地三个连结点，体现了国际私法中连结点灵活化的发展趋势。[②]同时该条规定可选择适用的法律都与当事人具有密切的联系，体现了对最密切联系原则的适用。该条还规定选择适用最有利于保护被扶养人权益的法律，这是由于被扶养通常居于弱势一方，应当受到法律的倾斜性保护。通过对比《民法通则》和《法律适用法》的相关规定，关于涉外扶养关系的法律适用，我国立法越来越注重对弱者利益的保护，体现了国际私法中有利于弱者利益保护的发展趋势。

① 韩德培主编：《国际私法》（第二版），高等教育出版社、北京大学出版社 2007 年版，第 238 页。
② 黄进、姜茹娇主编：《〈中华人民共和国涉外民事法律关系适用法〉释义与分析》，法律出版社 2011 年版，第 162 页。

二、越南关于涉外扶养关系法律适用的规定

根据《越南婚姻家庭法》第 3 条第 24 款的规定，供养是指某人基于婚姻关系、血缘关系或者扶养关系，通过出钱或者其他财物，以满足未与其共同生活的未成年人、无劳动能力且无财产的成年人、具有经济困难的人的基本生活需要。因此越南婚姻家庭法规定的供养关系，是基于婚姻关系、血缘关系或者抚养关系而产生的，被供养人通常处于弱势地位。

关于涉外扶养关系的法律适用，《越南婚姻家庭法》第 129 条第 1 款规定："供养义务适用要求供养人居住的国家的法律规定。要求供养人没有在越南的居住地的，适用要求供养人国籍国的法律。"这里的"扶养请求人"与我国法律术语的表达不完全一致，按照我国的民法话语体系，应当理解为"被扶养人"。根据这一规定，涉外扶养关系适用被扶养人住所地法律，但同时又规定，在要求供养人（即被扶养人）没有在越南的住所的情形，适用要求供养人作为公民的国家的法律。该条内容较为简单，采用的是适用被扶养人属人法的规则，但是在实践中又可以区分为几种不同的情况，现结合《越南民法典》第 672 条的规定予以分析：

第一，被扶养人在越南有住所，且只在越南有住所的，适用越南的法律规定；第二，被扶养人有多个住所，且在越南有住所的，应当根据最密切联系原则，适用与被扶养人关系最紧密的居住国法律；第三，被扶养人在越南没有住所且是有国籍人，被扶养人只有一个国籍的，适用其国籍国法律；第四，被扶养人在越南没有住所，但被扶养人为多国籍人的，适用发生涉外扶养关系时被扶养人有国籍的国家以及居住国的法律；第五，被扶养人在越南没有住所且为多国籍人，其中有越南国籍的，适用越南的法律规定；第六，被扶养人在越南没有住所且是无国籍人的，适用涉外扶养关系发生时被扶养人居住国的法律。

三、两国涉外扶养关系法律适用对比

我国《法律适用法》没有对扶养关系进行分类，而是将扶养关系看作一个整体概念。对涉外扶养关系法律适用的规定，也是采用有条件地选择冲突规范。可以选择的法律范围包括一方当事人经常居所地法律、国籍国法律和主要财产

所在地法律。这里的“有条件”不是指法律适用的选择顺位，而是指涉外扶养关系选择适用的法律应当符合一定的标准，这一“标准”就是指应当选择有利于保护被扶养人权益的法律。被扶养人的弱者地位决定了我国《法律适用法》赋予其特殊保护，符合我国的立法传统。这意味着，涉外扶养关系的确定和纠纷的解决，管辖机关可以在规定的范围内，选择对被扶养人最有利的法律，体现了我国冲突法规范对实质正义的追求。

《越南婚姻家庭法》对涉外扶养关系法律适用的规定，主要适用被扶养人的属人法，并确定了住所地法为主、国籍国法为补充的标准。两国法律规定都有一定的优势和不足，适用被扶养人的属人法，是因为扶养制度就是以保护被扶养人的利益为立法原意，更容易保护被扶养人利益的实现。但是各国规定的不同，比如对住所和经常居住地认定标准的不统一，在实践中存在巨大的阻碍。适用最有利于保护被扶养人利益的法律，是对有利于弱者利益保护原则的直接表达，但是也有其自身的弊端，主要表现在忽视了对扶养人利益的保护。无论采取哪种立法模式，都不可能实现完全的公平和正义，需要在实践中逐步探索和完善。

总体而言，我国专门制定了《法律适用法》，调整包括婚姻家庭关系在内的各种涉外民事关系的法律适用，越南则以一章内容规定在婚姻家庭法中，法律条文相对简单，没有形成完整的涉外婚姻家庭关系法律适用的冲突规范体系。我国《法律适用法》中引入的意思自治原则、最密切联系原则、有利于弱者利益保护原则，在越南的相关规定中也没有体现。此外，从连结点的选择上，我国大多选择多个连结点，兼顾了涉外婚姻家庭关系法律适用的确定性和灵活性，越南则以适用本国法为主，法律适用的灵活性不够明显。希望两国在此后的立法和司法中，从两国制度对比中得到借鉴，健全涉外婚姻家庭关系法律适用的规定。

第六章　中越涉外婚姻程序制度研究

在政治、历史、经济等多重因素的共同作用下，中越跨国涉外婚姻显然已经成为我国政府不可忽视的边境管控问题。近年来，中越涉外婚姻逐步发展到内陆地区，由此衍生的许多社会管理问题也引起社会各方面的广泛关注。目前，中越跨国婚姻存在的重要问题在于实践中出现的大规模“事实婚姻”，即没有配偶的男女，未进行结婚登记，便以夫妻关系同居生活，群众也认为是夫妻关系的两性结合。目前我国《民法典》虽然已经不再承认事实婚姻。但这种以夫妻名义进行的非婚同居状态却与事实婚姻性质相同，给我国的社会管理带来极大的不便，同时也给当事人合法权益的保障带来巨大隐患。那么存在大量“事实婚姻”的原因何在？在笔者的调查研究过程中发现，涉外婚姻程序制度是当事人不愿意进行结婚登记的重要原因之一。婚姻程序制度包括结婚程序、离婚程序和再婚程序。而我国对于涉外婚姻程序制度中的离婚程序规定较为明确、具体，并且操作流程也比较简单、快捷，对于感情确已破裂的夫妻解除婚姻关系不存在太大的影响和阻碍。《中国边民与毗邻国边民婚姻登记办法》第 12 条规定，中国边民与毗邻国边民在中国边境地区自愿离婚的，应当共同到中国边民常住户口所在地的婚姻登记机关办理离婚登记。第 13 条规定，办理离婚登记的双方当事人应当出具的证件、证明材料为：（1）本人的结婚证；（2）双方当事人共同签署的离婚协议书。除上述材料外，办理离婚登记的中国边民还需要提供本人的居民户口簿和居民身份证，毗邻国边民还需要提供能够证明边民身份的有效护照、国际旅行证件或者边境地区出入境通行证件。离婚协议书应当载明双方当事人自愿离婚的意思表示以及对子女抚养、财产及债务处理等事项协商一致的意见。第 14 条规定，办理离婚登记的当事人有下列情形之一的，婚姻登记机关不予受理：（1）未达成离婚协议的；（2）属于无民事行为能力或者限制民事行为能力人的；（3）其结婚登记不是在中国内地办理的。第 15 条规定，婚姻登记机关应当对离婚登记当事人出具的证件、证明材料进行审查并询问相关情况。对当事人确属自愿离婚，并已对子女抚养、财产、债务等问题达成一致处理意见的，应当当场予以登记，发给离婚证。经调查研究，在司法实践中，对于涉外离婚程序的现有规定，并没有给婚姻关系双方当事人的离婚造成太大困扰。但我国涉外结婚登记程序的规定却给欲缔结婚姻的男女双方造成诸多不便，并引发了一系列社会问题。鉴于中越涉外婚姻程序制度中结婚程序制度影响范围比较广，而结婚程序与复婚程序相似。故本章主要对中越涉外婚姻程序制度中的结婚程序进行详细论述，介绍中越涉外结婚程序制度的主要内容，结合司法实践指出其存在的问题并提出完善建议。另外，由于婚姻关系的建立，涉越南一方的入籍问题，将对中越涉外婚姻的稳定性具有重要的影响，因而我们在探讨相关程序问题时，试图对此加以一并研究和探讨。

第一节　中越涉外结婚程序制度的内容

一、中越涉外结婚程序制度的法律适用

我国于2010年10月28日颁布的《法律适用法》第21条规定：结婚条件，适用当事人共同经常居所地法律；没有共同经常居所地的，适用共同国籍国法律；没有共同国籍，在一方当事人经常居所地或者国籍国缔结婚姻的，适用婚姻缔结地法律。第22条规定：结婚手续，符合婚姻缔结地法律、一方当事人经常居所地法律或者国籍国法律的，均为有效。《越南婚姻家庭法》第126条第1款规定，越南公民与外国人之间结婚时，各方必须遵守各自国家的婚姻法；若在越南结婚，则外国人还必须遵守本法关于结婚条件的规定。外国人之间在越南结婚时，必须遵守本法关于结婚条件的规定。

如前所述，《越南婚姻家庭法》第9条第1款规定：结婚必须办理登记，并由结婚登记的有权国家机关按照本法及关于户籍的法律规定进行。不依照本款规定登记结婚的婚姻无法律效力。而我国《民法典》第1049条规定：要求结婚的男女双方应当亲自到婚姻登记机关进行结婚登记。符合本法规定的，予以登记，发给结婚证。完成结婚登记，即确立婚姻关系。未办理结婚登记的，应当

补办登记。可见越南和我国结婚的形式要件均是要求到有关部门进行结婚登记。因此，中越涉外婚姻的男女双方如在中国境内缔结婚姻，需要按照我国的法律到相关部门履行登记手续。

二、中越涉外结婚登记需要提交的材料

根据《中国边民与毗邻国边民婚姻登记办法》第 6 条规定，办理结婚登记的中国边民应当出具下列证件、证明材料：（1）本人的居民户口簿、居民身份证；（2）本人无配偶以及与对方当事人没有直系血亲和三代以内旁系血亲关系的签字声明。办理结婚登记的毗邻国边民应当出具下列证明材料：（1）能够证明本人边民身份的有效护照、国际旅行证件或者边境地区出入境通行证件；（2）所在国公证机构或者有权机关出具的、经中华人民共和国驻该国使（领）馆认证或者该国驻华使（领）馆认证的本人无配偶的证明，或者所在国驻华使（领）馆出具的本人无配偶的证明，或者由毗邻国边境地区与中国乡（镇）人民政府同级的政府出具的本人无配偶证明。

第 7 条规定，办理结婚登记的当事人有下列情形之一的，婚姻登记机关不予登记：（1）未到中国法定结婚年龄的；（2）非双方自愿的；（3）一方或者双方已有配偶的；（4）属于直系血亲或者三代以内旁系血亲的；（5）患有医学上认为不应当结婚的疾病的。

第 8 条规定，婚姻登记机关应当对结婚登记当事人出具的证件、证明材料进行审查并询问相关情况，对当事人符合结婚条件的，应当当场予以登记，发给结婚证。对当事人不符合结婚条件不予登记的，应当向当事人说明理由。

三、外国人入境、入籍的程序

2012 年 6 月 30 日通过的《出境入境管理法》第 15 条规定，外国人入境，应当向驻外签证机关申请办理签证，但是本法另有规定的除外。

第 18 条规定，外国人申请办理签证，应当向驻外签证机关提交本人的护照或者其他国际旅行证件，以及申请事由的相关材料，按照驻外签证机关的要求办理相关手续、接受面谈。

第 22 条第 3 项规定，持联程客票搭乘国际航行的航空器、船舶、列车从中国过境前往第三国或者地区，在中国境内停留不超过二十四小时且不离开口岸，或者在国务院批准的特定区域内停留不超过规定时限的，可以免办签证。

第 38 条规定，年满十六周岁的外国人在中国境内停留居留，应当随身携带本人的护照或者其他国际旅行证件，或者外国人停留居留证件，接受公安机关的查验。在中国境内居留的外国人，应当在规定的时间内到居留地县级以上地方人民政府公安机关交验外国人居留证件。

《外国人在中国永久居留审批管理办法》第 6 条第 1 款第 5 项规定，中国公民或者在中国获得永久居留资格的外国人的配偶，婚姻关系存续满五年、已在中国连续居留满五年、每年在中国居留不少于九个月且有稳定生活保障和住所的，可以申请永久居住。

第 9 条规定，申请人申请时需如实填写《外国人在中国永久居留申请表》，并提交下列材料：（1）有效的外国护照或者能够代替护照的证件；（2）中国政府指定的卫生检疫部门出具的或者经中国驻外使、领馆认证的外国卫生医疗机构签发的健康证明书；（3）经中国驻外使、领馆认证的国外无犯罪记录证明；（4）四张二英寸近期正面免冠彩色照片；（5）本办法规定的其他有关材料。申请人属于配偶的还需提交婚姻证明以及中国籍配偶的常住户籍证明。

第 18 条规定，公安机关自受理外国人在中国永久居留的申请之日起六个月以内做出批准或者不批准的决定。

第二节　中越涉外结婚程序制度存在的问题

一、中越边民涉外婚姻缔结程序不够人性化

针对涉外婚姻数量的不断增加，我国积极通过立法、司法等手段对涉外婚姻进行管理及调整。2012 年 8 月 8 日中华人民共和国民政部令第 45 号公布了《中国边民与毗邻国边民婚姻登记办法》，并于 2012 年 10 月 1 日起施行。该办法对中国边民与毗邻国边民的婚姻缔结程序及要求进行了明确的规定。在越南，针对外籍配偶婚姻的法律规范也进行了详细且复杂的规定。结合中越两国对涉外

婚姻缔结程序的规定进行解读分析，笔者认为中越边民涉外婚姻缔结程序在人性化方面仍有所欠缺，使中越涉外婚姻的缔结变得复杂而难以实现。

中越边民涉外婚姻的缔结，具有鲜明的时代特殊性，具有一定的不可逆转性，是时代发展的一种反映。在中越两国共同发展的历史进程中，两国公民的通婚由少量发展到大量、由分布于边境变成进入内陆、由起初的对社会稳定没有影响至如今给社会管理造成一定的困扰。国家和政府已经不能再回避对于此问题的解决。中越涉外婚姻的缔结，尤其是大量存在的没有经过合法登记的中越涉外婚姻，牵涉着家庭的和谐、夫妻间权利的实现和义务的履行、未成年子女的抚养等问题，对中国社会的稳定造成了非常不利的影响，甚至在一定程度上影响到我国与越南之间的和平友好关系。当前，我们需要能够进一步维护中越涉外婚姻家庭关系各方面的权利与利益的相关法律和法规。目前，不论是我国还是越南，都制定有相关涉外婚姻缔结的法律规定，但就实践结果来看，现行的法律、法规并没有真正实现其应有的价值，没有及时保障婚姻当事人的合法权益。

就涉外婚姻缔结程序而言，中国的结婚登记制度较为简化，具有较高的应用效率。相对而言，越南涉外婚姻缔结程序则非常复杂。涉及多个申请程序、材料的提交与认定比较复杂。首先，要进行合法公证结婚的资料认证；然后，进行结婚档案登记，办理结婚登记手续；接着需要在越南举行结婚登记仪式，签署结婚证明书与结婚册之后，婚姻产生法律效果。其中每个婚姻缔结程序又包括详细的步骤及细则，需要提交复杂的证明材料，并且会受到登记机关认真的审核与认定。①

复杂的婚姻缔结程序在保障涉外婚姻缔结合理、合法的同时，也给中越涉外婚姻带来了一定的困难，增加了男女双方的婚姻缔结成本。而且，缺乏人性化的办理过程，有可能激化婚姻缔结的内在矛盾，为以后的家庭生活埋下隐患。复杂的婚姻缔结程序间接地致使一些不法分子规避法律程序，通过偷渡等非法

① 《越南婚姻家庭法》第 9 条第 1 款规定，结婚必须办理登记，并由结婚登记的有权国家机关按照本法及关于户籍的法律规定进行。其中没有规定具体申请程序、需要提交的材料。越南政府第 68 号（涉外婚姻法）法律条文规定了详细的程序要求。https：//www.doc88.com/p-9485497666834.html，访问日期：2013 年 3 月 12 日。

手段将越南的适龄女子带往中国缔结婚姻，在缺乏法律保护的情况下，这种非法的婚姻给中国家庭及社会所带来的危害则更大。

二、涉外婚姻缔结所需的证明材料多、手续复杂

《中国边民与毗邻国边民婚姻登记办法》第 11 条规定的涉外婚姻登记所需要提交的材料，对比国内婚姻登记手续，可以发现涉外婚姻缔结所需的证明材料多、手续复杂，导致越南妇女嫁入中国却不办理婚姻登记的现象较为突出。由于中越涉外婚姻在祖祖辈辈中都有延续，而现代法治的建立却仅仅从近几十年才开始，越南妇女嫁入中国却不办理婚姻登记和入籍已然成为一种习惯[①]。并且，部分嫁到中国的越南妇女由于长期生活在偏远的边境山区，很少与外界交流和接触，这些跨国婚姻当事人并没有意识到法律手续不完善会对自身权益的保障造成多严重的损害。她们甚至认为办不办结婚登记、加不加入中国国籍都区别不大。

婚姻的双方当事人因为法律意识不强、法律知识有限，加之婚姻缔结所需的证明材料多、手续复杂，一些问题一旦涉外，法律程序就变得异常复杂和麻烦，有些问题甚至连专业人士都未必能全面掌握，更不用说身处偏远边境山区的边民，因此，很多中越涉外婚姻当事人根本不知道婚姻登记和入籍手续应当如何办理。同时，经济条件有限也成为不办理合法手续的原因之一，他们难以支付办理婚姻登记和入籍手续的费用。笔者调研中发现，有些边民也有过办理婚姻登记手续和企图申请入籍的想法，但了解到办理婚姻缔结需要那么复杂的手续和数目不小的费用后，就纷纷退却了。据笔者访谈广西宁明爱店镇的张某夫妇，他们是该镇办理结婚登记手续为数不多的夫妇之一。通过他们的经历证实了办证手续和入籍手续的复杂。张某（男）,36 岁，中国人，壮族，中专文化；阮某（女），24 岁，越南人，京族，高中文化；俩人于 2010 年 10 月在越南登记结婚。登记的手续：男方需提供身份证复印件、宁明司法部门的未婚公证书、户照复印件；女方要到县一级司法部门认证未婚，到省级部门登记，其间越南的公安机关会询问女方是不是自愿结婚到中国，这样的询问和审查在登记手续

---

① 林婧：《中国婚姻制度区际法律冲突及其解决》，载《法制与社会》2010 年第 18 期。

中多次被涉及。俩人婚后定居中国广西宁明爱店镇，因此女方需定期办签证手续，刚开始是一个月来回一次，2013 年之后到中国驻越大使馆办理证明，后到崇左出入境管理局签证，居住期限是 1 年。当事人感慨此类涉外婚姻的缔结程序和婚后生活着实不太便利。

三、涉外婚姻缔结后入籍周期过长

中国公民或者在中国获得永久居留资格的外国人的配偶申请永久居留证的条件为：婚姻关系存续满五年、已在中国连续居留满五年、每年在中国居留不少于九个月且有稳定生活保障和住所。

受理外国人在中国永久居留申请的机关是设区的市级人民政府公安机关，直辖市公安分局、县级公安局；审核外国人在中国永久居留申请的机关是各省、自治区、直辖市公安厅、局；审批外国人在中国永久居留申请的机关是公安部。

申请时需填写《外国人在中国永久居留申请表》，并提交下列材料：有效的外国护照或者能够代替护照的证件；中国政府指定的卫生检疫部门出具的或者经中国驻外使、领馆认证的外国卫生医疗机构签发的健康证明书；经中国驻外使、领馆认证的国外无犯罪记录证明；四张二英寸近期正面免冠彩色照片；中国籍配偶的常住户籍证明或者外国籍配偶的《外国人永久居留证》、婚姻证明、经公证的生活保障证明及房屋租赁或者产权证明。外国有关机构出具的上述证明需经中国驻该国使、领馆认证。

从以上法律规定可知，中越边民跨国婚姻中的越南妇女要加入中国国籍，一般可以有两种选择：一是作为“中国人的近亲属”，二是“定居在中国”。但是具体的条件和申请程序目前还没有出台，实践可操作性很差。

涉外婚姻缔结后过长的入籍周期，引发了一系列问题。第一，在入籍之前的五年甚至更长的时间之中，婚姻双方中来自外籍一方在我国的各项社会权益得不到应有的保障，如合法就业、社会福利补贴、合作医疗、养老保险等。第二，过长的入籍周期给涉外婚姻及家庭带来了一定的不稳定性隐患。第三，子女问题。之前对于涉外事实婚姻家庭中的学龄和学龄前儿童，由于父母没有合法的婚姻，过长的入籍周期导致他们因为不能入户口，而没有合法的身份证明，给升学造成了一定的困难。但据了解近年来，针对这一问题，对出生在我国境内的孩子的户口管理问题予以放宽，边境地区儿童的户口和上学问题基本全部解决了。

第三节　完善中越涉外结婚法律制度的建议

中越涉外婚姻缔结登记制度以及在入籍上存在的问题，给中越涉外婚姻双方当事人的婚姻稳定、家庭和谐造成重大不利影响，为了能够及时弥补法律上存在的缺陷和漏洞，保障当事人合法权益，有必要对中越涉外婚姻缔结程序制度以及入籍制度进行修改和完善。

一、完善双方涉外婚姻法律制度

基于中国社会的迅猛发展，我国与外国之间的交流与合作日益频繁，中国人与外国人的接触与相处越来越密切，涉外婚姻的数量不断增大，因此，有关涉外婚姻方面的法律制度也在不断增加。中国和意大利于 1889 年签订《中意人民互相嫁娶归夫管辖来往照会》，这是中国较早的涉外婚姻立法。① 如今，我国在调整中越边境跨国婚姻问题上颁布了一定数量的法律法规，但这些相关的法律法规却过于纷繁复杂，导致很多涉外婚姻当事人不愿意进行结婚登记，造成了中越涉外婚姻以大量的“事实婚姻”方式存在，直接影响着边境地区的社会治安、经济进步。同时还制约着中越两国的邦交发展②。中越边境跨国婚姻与非法移民、人口走私等非传统安全问题一同对边境地区社会治安构成了一定的影响。

针对中越跨国婚姻问题，我国政府虽然制定了一系列的法律、法规以规范跨国婚姻。但从目前实施情况来看，有很多具体问题仍然没有完全解决，如计划生育、妇女儿童权益、犯罪、教育等，同时，一些有关跨国婚姻的法律、法规还缺乏与越南方的交流，在具体内容上，两国规定差异显著。这需要中越双方共同努力，共同完善双方的涉外婚姻法律制度，共同协调解决问题，在涉外

① 中国青少年研究网，http：//www.cycs.org/Article.aspID=171，访问日期：2014 年 5 月 11 日。
② 龙耀：《中越边境跨国婚姻问题的法制新思考》，载《广西社会科学》2013 年第 9 期。

结婚登记程序上，要以民为本，简化手续。对于涉外婚姻登记的办理，可在现有法律规定的情形下，适当变通和简化一些程序，缩短从结婚登记到入户的办理流程时间，大幅度减免部分贫困边民相关办理费用，从而让边民真正感受到遵守法律所带来的好处①。比如，政府可针对这些事实上的中国公民，婚姻关系达五年以上的事实婚姻，适当考虑向边境地区边民跨国婚姻倾斜给他们以方便快捷的方式办理。边境地区一般较为偏远，甚至公路都不通，而且边民经济比较困难，有必要采取一些便民措施，比如，让乡镇民政部门履行婚姻登记的代受理职责。

另外，对于中越边境涉外婚姻问题，笔者认为应当秉持疏、堵结合的原则，以此来创新和加强边境社会管理。在此过程中，边境政府也应当积极作为，对中越边境出现的非法涉外婚姻有效防治。第一，政府部门应当针对边境涉外婚姻进行科学、辩证的看待。一方面要看到涉外婚姻的合理性、缓释社会冲突的作用，另一方面还要看到其长期非法存在给社会造成的影响。基于此，在处理中越边境涉外婚姻问题时，应当加强对跨国婚姻的民间程序、边民意识观念的管理和提升，并且对其进行有效的疏引，从而使他们能够有效保障自身合法权益；同时，应当对因非法涉外婚姻带来的走私、买卖婚姻等违法行为进行严厉的打击。第二，立足实际，正视当前我国边境法律法规不完善这一现实。对于基层政府部门而言，其最了解边境涉外婚姻现状，因此应当发挥主观能动性，通过对行政运行机制、模式进行创新和改进，有效解决中越边境涉外婚姻问题。比如，基层政府应当立足实际，积极吸取行政管理的民主化、科学化以及法治化经验，多倾听边境居民的心声，加强干群交流，以此来落实各项法律法规。在制定边境涉外婚姻的政策、行政法规时，要做好调研工作，让边境居民积极参与到民主决策中来，兼顾多方群体利益，在宪法基础上，依法制定、灵活实施。

---

① 王晶：《涉外婚姻法律适用问题研究——兼评〈中华人民共和国涉外民事关系法律适用法〉的相关规定》，载《南阳师范学院学报》2011 年第 8 期。

二、调整入籍法律法规，加强入籍条件及程序的管理

关于入籍问题，我国仅在《国籍法》中有所涉及，具体条件、程序等没有作出明确的规定，因此实际操作比较困难。目前来看，虽然有很多中越边民涉外婚姻当事人希望能够加入中国国籍，但是实际上几乎没有人能够真正实现，究其原因，主要是申请入籍周期长、程序复杂。针对这一问题，笔者认为明确入籍条件、程序，对于稳定中越边境秩序、高效处理中越边境涉外婚姻问题，具有举足轻重的作用。

同时，在明确入籍的条件、合法程序过程中，需充分考虑边境地区的居民涉外婚姻问题，比如越南地区的很多妇女已嫁给中国籍男子，并且成为中国丈夫的妻子、中国孩子的母亲，而且还长期定居在中国领土范围内，俨然已经成为实然上的中国公民。如果她们的基本权益不能得到保障，则在她们生老病死时，也就无法得到社会、政府的帮助，更不用说就业、福利等领域的待遇。然而，作为中国家庭的一员，上述问题实际上还是由中国家庭承受，这看起来是非常矛盾的问题。针对这一问题，笔者认为我们应当积极、充分地考虑已嫁入国内的越南妇女入籍问题，使涉外婚姻登记向边境地区倾斜，在入籍条件、入籍程序层面，根据情况，可在一定程度上倾斜。同时，针对涉外婚姻中的越南妇女，临时居留制度制定过程中，也应当有进一步改进和完善的空间。就现行临时居留制度而言，不利于涉外婚姻家庭和社会秩序的稳定。基于此，笔者赞同将涉外婚姻中关于临时居留的期限 12 个月延期没有次数限制，每次延期为 12 个月，以此来完善临时居留制度适用空间。①

三、建立官方跨国婚姻法治管理体系

关于涉外婚姻的社会功能，存在功能替代问题，即利用“民间法”来取代“国家法”，从社会效用的研究视角来看，涉外婚姻实际上是民俗法对国家法缺位、空白的一种补充和功能替代。正如默顿在对帕森斯传统功能主义改良中认为的那样，传统的功能主义理论假定功能不可或缺性存在瑕疵，该假设认为事物的功能是不可或缺的；在默顿看来，这是经验性假设，不能作为公设，在对

① 龙耀：《中越边境跨国婚姻问题的法制新思考》，载《广西社会科学》2013 年第 9 期。

其进行批判的过程中还提出功能替代、功能选择以及功能对等概念；同一事项可以拥有多种不同的功能，而同一功能需求也可由多个事项实现和满足。他将系统的功能需求和对特殊结构的需求这两个概念清楚地区别开来，从而推翻了以往功能分析中“不可或缺性”假设。[①] 事实上，“功能替代”与社会安全阀门机制的功能非常相似，因当前国内绝大多数中越边境涉外婚姻家庭没有严格按照涉外婚姻法程序办理手续，越南妻子、子女得不到国家的承认，无法入户，称之为“黑婚”。然而，从这一现象背后，深层次的视角来看现实问题，其中所隐含的是社会制度体系的部分功能失效。比如，受计生制度的约束、传统封建礼教的影响，中越边境地区的男女比例出现了严重的失调；以前经济贫困的中越边境居民，难以承担在国内婚娶的费用，甚至找不到合意的对象，以至于非法涉外婚姻频发。从这一层面来讲，中越边境地区的“黑婚”盛行，实际上所反映的是边境居民的婚娶问题在国家现实法律制度无法解决的情况下，形成了一种约定俗成的“民俗法”，并且以此替代了国家法之功能。随着边境地区“黑婚”现象的频繁发生，边境居民在一定程度上被迫选择了约定俗成的民间涉外通婚制度和规范，以此来满足其求偶需求。

实践中可以看到，虽然上述途径得不到国家认可，但是却在某个历史时期一定程度上解决中越边境居民求偶、生育问题过程中，发挥着一定的作用。民间法替代国家法之功能，有其自身的价值；然而，虽然边境居民在短期时间内得到了好处，但从长远的发展视角来看，因其非法性而使得这些涉外婚姻家庭得不偿失。这主要体现在功能替代，导致涉外婚姻当事人脱离了赖以生存的法律制度系统，因此也就失去了作为国民可以享受到的其他益处。比如，越南籍女子因身份问题，她们的妇女权利得不到保障，即便是生育了子女，在日后的生活、发展过程中，也得不到国家、社会制度的保障和帮助，往往会遇到很多的尴尬和无奈。[②] 需要强调的是，任何问题的解决，仅仅靠单方的努力是远远不够的。针对中越涉外婚姻缔结问题，中方政府需要积极与越南方面进行不定期

① 贾增春主编：《外国社会学史》，中国人民大学出版社 2000 年版，第 244 页。

② 罗柳宁：《例论中越边境跨国婚姻建立的基础——兼论“无国籍女人”的身份》，载《广西民族研究》2010 年第 1 期。

的会晤协商，沟通交流，相互借鉴经验。并建立起官方跨国婚姻法制管理体系，充分利用中越两国正在进行的“两廊一圈”建设的国际合作框架，就双边跨国婚姻问题达成长期合作机制，协调统一管理双方跨国婚姻事宜。双边需要共同协商制定适用于两国涉外婚姻的办法，采取有效措施强化管理，以达到解决问题的目的。

从根本上来讲，中越边境涉外婚姻法律法规的不健全、不完善，是造成边境管控难的主要原因之一。现阶段，虽然国家已经颁布了很多的边境管理法规以及实施条例，但是专门的边境边防管理法，尤其是涉外婚姻的法律制度并未制定，关于边境婚姻管理方面的立法整体上还处于相对比较滞后的状态。比如，近年来边境发展非常迅速，从事商贸的人口流动量非常大，原本由国家民政部制定的涉外婚姻办法，其内容跟不上时代的发展需求，以至于新出现的各种问题无法可依。因此，笔者认为应当加强边境管理法律法规的修改、完善，针对中越边境跨国婚姻法定程序冗长、跨度大以及手续费高等问题，建议适当简化之，其中还包括入境居住、入籍程序。比如，将原来由边境地方政府机关代理的婚姻登记以及临时居留证申请权，下放到边境乡镇民政所，将边境通婚人员永久居留、入籍申请办理工作由原来的地级市或者省会市政府机关，下放到边境县级政府机关。或者可出台相关的政策，要求办理涉外婚姻的法定机关定期下乡办理业务，以此来简化登记手续，降低收费标准，最大限度地减免边民在程序上的各种负担。

婚姻制度是中越边境涉外婚姻得以运行的组织体系，对其特征、存在问题的研究，有助于我们加深对中越边境涉外婚姻整体现状的认知；对其本身婚姻制度的形成机制剖析，可明晰中越涉外婚姻之所以能够长期存在背后的边境居民社会中个人需求、社会需要的交织与互动关系；其对外起的社会功能的探讨，则有利于将其积极一面与现存的负面影响厘清开来，从而正确处理好其与边民社会建设的关系与作用。本章通过分析研究，以期能够回归到中越边境涉外婚姻的本质问题上来，准确把握其特征、未来发展之势，从而为推进中越边境居民的和谐发展，做出贡献。实践中我们可以看到，中越边境涉外婚姻（非法的）问题如果不及时采取有效的措施予以防治，则可能会造成一系列非传统的安全隐患。关于中越边境涉外婚姻问题，笔者认为传统的刚性遣返政策、漠视态度，都无法真正地解决现实中的问题，甚至还可能使矛盾激化。对于中越边境地区的涉外婚姻问题，应当采取疏导为主、惩罚为辅的原则，同时还要针对实际情况，制定有效的、具有实际可操作性的法律法规和落实机制，而且中越两国政府还应当积极开展对话活动，通过加强合作实现控制、疏导目标，只有这样才能真正地解决当前中越边境的涉外婚姻问题。

第七章 中越涉外“事实婚姻”法律问题研究

如前所述，中越涉外婚姻中存在数量较大的“事实婚姻”。因此，近年来对我国境内存在的大量中越跨国婚姻的研究成果也较多。这些成果，主要从社会学、民族学、人类学的视角，通过个案访谈、实证研究等方法，对中越跨国婚姻的现状、产生原因及其流变问题的解决对策等方面进行了论述；尤其偏重和关注跨国婚姻中妇女和儿童的生活现状所面临的一系列问题。也有个别学者运用了我国法学的一些理论和知识对此类问题进行了面上的探讨。从现有的研究成果来看，仍存在不足：一是研究视角和方法单一。上述研究偏重社会学、民族学、人类学等单学科研究，跨学科的研究不够。二是从法社会学角度来说，此类研究的结论仍有待商榷。本章所探讨的中越涉外婚姻主要是指越南的妇女入境与中国男子结婚，但没有按我国法律履行结婚登记手续的婚姻。对于此类婚姻，其性质究竟是违法婚姻、事实婚姻还是同居关系？此类婚姻产生的原因是什么，该不该一概否定此类婚姻或不加区分地保护和确认其法律效力？应当怎样通过完善相关法律解决好它？本章拟针对这些问题展开进一步探讨。

第一节 中越涉外“事实婚姻”的现状

一、一种存在的事实——中越涉外婚姻

广西作为中国西南边疆的重要门户，与我国邻国越南有着较长的陆地边境线。20 世纪 90 年代中越关系正常化以来，随着广西边境地区经济快速发展，山水相依的两国边民交往更加密切，在中国边境地区原有基础上又产生了大量的涉外事实婚姻。据资料显示：广西凭祥市边民与毗邻的越南边民存在不办理

结婚登记就以夫妻名义共同生活的有 1434 对，共生育子女 2190 人；自 1980 年至 2006 年 6 月底，与越南山水相连、边界线长达 184 公里的龙州县，非法入境通婚的越南妇女人数达 1154 人，在中国成婚以后，生育子女共 1441 人。[①]另有法学本科 3 位同学于 2010 年 8 月到广西宁明县爱店镇丈鸡、岑么屯展开实地调研，他们统计发现在上述两屯定居的瑶族人群共 55 户人家，234 人。而这两个屯目前存在跨国婚姻数量的情况是：丈鸡屯总户数 31 户，涉外婚姻家庭为 25 户，占本屯总户数的 80.65%；而岑么屯总户数是 24 户，涉外婚姻家庭为 14 户，占本屯总户数的 50.83%。但 2019 年、2020 年笔者在宁明、靖西两地调研时发现了新的现象，据当地村民反映，20 世纪 90 年代以来，从越南嫁到边境村的女子人数较多，但最近几年开始减少，甚至个别村新结婚过来的越南媳妇不超过 5 个。比如，靖西龙邦镇界邦村，全村共有 416 户，1760 人，其中越南媳妇85人，占全村总人口数的4.8%；护龙村全村共有 1300 人，越南媳妇75 人，占全村总人口数的 5.8%。之所以出现这种变化，主要有以下原因：第一，我国边民生活水平提高，享受很多边民补助（近几年越南边民也有边境补贴，但相比我国边民待遇差很多），年轻人受过教育见识广，一般会选择附近比自己生活水平低一点的村屯寻找配偶，也不愿意找外籍配偶了。第二，如前所述，与越籍妇女结婚手续麻烦有关。第三，与越南政府方面有关。近年来越南政府有限制越籍妇女嫁到中国的倾向，政府会给越籍妇女在越南的亲属施加压力，比如不能享受优惠政策，甚至取消越籍妇女的户籍等。尤其是 2020 年以来，由于受到新冠肺炎疫情的影响，两国边境管控均不同程度地增强，双边人员往来按防疫的措施严格执行，这在一定程度上阻却了边民的自由往来，通婚的现象就基本没有发生了。

应该说上述数据从宏观到微观都有一定的代表性，由于受各方面因素的制约，可能难以获得 100% 的准确数据。但上述实地调研的信息资料足已证明：中越边境的中国境内存在大量的涉外事实婚姻，它并没有随着社会关注度的提高而完全消失，却是作为一种事实客观存在。

---

① http：//tieba.baidu.com/f?kz=139115496，访问日期：2010 年 11 月 23 日。

二、中越涉外婚姻的性质

对于中越边境中方境内存在的大量跨国涉外婚姻，究竟如何给它定性？是一律认定其为非法婚姻还是认定为事实婚姻？对于此问题，大量的官方人士通常认为此类婚姻为非法婚姻，理由是此类跨国婚姻中的一方（通常是女方）属于没有正当手续，非法入境的“三非”人士，他们没有按我国婚姻法的规定到婚姻登记机关办理结婚登记手续，因而此类婚姻就是非法的。笔者认为，此类婚姻不能一律否定其有效性，可有条件地承认其为事实婚姻。因为婚姻的成立与否是一个事实判断问题，婚姻的有效与否则是一个法律价值判断问题。中越涉外婚姻的大量存在，是一个事实问题，我们不可否认。其中有些婚姻是符合我国事实婚姻的情形，因而可认为是事实婚姻。

对于事实婚姻问题，我国 1950 年《婚姻法》、1980 年《婚姻法》、2001 年婚姻法修正案以及《民法典》都将结婚登记作为婚姻缔结的唯一法定要件，从未明确规定事实婚姻问题。它只在我国的有关司法解释中出现。比如最早出现事实婚姻的含义界定，是在 1979 年 2 月 2 日最高人民法院公布的《关于贯彻执行民事政策法律的意见》（现已失效），该意见中首次对事实婚姻作了解释。其中规定：事实婚姻是指男女未进行结婚登记，以夫妻关系同居生活，群众也认为是夫妻关系的。学术界后来在讨论此问题时，进一步把它科学化、规范化。学界通常理解事实婚姻为没有配偶的男女，未经结婚登记，而公开以夫妻名义同居生活，群众亦认为其是夫妻关系的结合。我国司法实践中处理此类案例，通常也是根据上述学理解释来认定它。判断一个婚姻是否为事实婚姻，主要依据要件有四：一是当事人双方都无配偶并达成结婚的一致意思表示；二是对外公开以夫妻名义共同生活；三是周边群众也公认他们是夫妻关系；四是符合婚姻法上规定公民结婚的实质条件，只是欠缺法定的结婚形式要件。

当前司法实践中对于事实婚姻处理，是依据《最高人民法院关于适用〈中华人民共和国民法典〉婚姻家庭编若干问题的解释（一）》第 7 条规定：未按《民法典》第 1049 条规定办理结婚登记而以夫妻名义共同生活的男女，起诉到人民法院要求离婚的，应当区别对待：（1）1994 年 2 月 1 日民政部《婚姻登记管理条例》公布实施以前，男女双方已经符合结婚实质要件的，按事实婚姻处理；(2) 1994 年 2 月 1 日民政部《婚姻登记管理条例》公布实施以后，男女双方符合结婚实质要件的，人民法院应当告知其补办结婚登记；未补办结婚登记的，按解除同居关系处理。上述解释也就意味着，我国从 1994 年 2 月 1 日起不再认可事实婚姻。

法律认不认可一个婚姻是法律的价值判断，但实践中人们往往会因各种缘由不想或不能按法律的规定去实施自己的民事行为。但它却实实在在地大量存在于我们生活中。法律不认可其效力，不等于这样的婚姻不存在，它是事实存在的。我们必须正面看待和应对它，婚姻的成立还涉及一个事实判断问题。因此，如何应对和处理此类问题，从而达到最佳的法律效果和社会效果，一直是困扰司法实务界和理论界的难题。据此，笔者认为，以上中越涉外婚姻应属于事实婚姻，而不是一律认为是非法婚姻。

第二节　中越涉外“事实婚姻”大量存在的原因

综观中越边境中方境内所存在的大量涉外事实婚姻，究其原因，既有社会原因，也有法律原因。学者们站在不同的视角，就会有不同的看法。笔者从法社会学角度认为主要是以下几方面原因：

一、两国边境线长，两国边民交流不可避免

中越两国山水相连，自古以来两国民众之间的往来就较为频繁，管理上存在一定的难度。例如，《清实录》记载：“署两广总督策楞奏称：粤西南境，地接交夷，土苗错处，各边封禁隘口，时有夷匪、汉奸潜出窜入，屡经设法查禁，而奸民出入如故，盖因商民出口贸易，并佣工觅食，俱乐隘口出入近便，又多娶有番妇，留恋往来，是以偷度不能禁止。”[①] 当代为规范管理，维护我国边境的安全。我国制定相关法律规定对非法入境、非法居留、非法结婚的外籍人员，一经发现都要遣送回其本国。按照这个原则，我国边境地区的公安部门多次对

① 云南省历史研究所编：《清实录·越南缅甸泰国老挝史料摘录》，云南人民出版社 1986 年版，第 43 页。

这些越南妇女采取遣返措施。但由于中越两国边境线较长，两国村与村之间相距较近，民间小道又比较多，上午遣送非法入境的妇女回到越南，晚上她们又会回到中国家庭。广西宁明县爱店镇设立的口岸是边民往来的合法路径，如果越南边民想到爱店赶集，只要缴纳规定的手续费便可以通过，在规定的时间内原路返回。而对其他边境线的管理，原来仅限于每周一次的巡逻。对于在边境线上常年相互往来的中越两国公民却并不害怕，他们避开边防武警的巡逻，在山林中的小道上，随时穿梭。据当地的一位年长的村民介绍，在20世纪90年代中期，面对愈演愈烈的涉外婚姻现象，当地政府在村里挨家挨户地排查涉外婚姻的越南妇女，通过政府手段把这些越南妇女遣送回国，可是没过几天，那些越南妇女途径山间小道，重新返回村子，让政府无可奈何。法律难以对这些边民产生最佳实施效果，他们就是这样游走于法律之外。因而，这类涉外事实婚姻就这样大量存在了。

二、民间传统习俗的影响较为深刻

中越两国陆地边民主要是壮族、瑶族、苗族等少数民族。这些民族都有着相同的习俗和生活习惯。自古以来这些民族同胞就有通婚的习俗，并不因为国界而阻隔他们之间的互通往来。据调研资料显示，大部分的边境家庭都有跨国亲戚关系，而且由于边境地区远离政治经济文化和交通中心，是国家控制力相对较弱的地方，因而，国家法律的实施在这些地方难以达到预期的效果。自古以来，边境居民通婚就没有完全按国家法律来履行，祖祖辈辈实行的婚姻模式给后辈带来一定的示范作用。再有，受当地民族习俗的影响。如宁明爱店当地瑶族仍实行族内婚制，即将适婚者的婚姻对象严格限制在同一族群中，只允许瑶族内部人员通婚，而反对与外族成员通婚。在调研的宁明爱店村，只有丈鸡屯、岑么屯和禄旭屯的居民是瑶族同胞聚居的村屯，总人口在300人左右，其中焦姓人家6户，黄姓1户，其他为赵姓人家，因为这里的瑶族不仅实行族内婚，而且同姓不能通婚，这意味着占人口比例多数的赵姓家族在婚姻对象选择上，存在严重困难。这样他们不得不考虑涉外婚姻。同时，调查中还发现，当一个家族中有一对涉外婚姻的夫妇，其家族的其他成员中也同时存在这样的涉外婚姻。正是由于存续多年的跨国婚姻及各种远近亲属的存在与交往，一代又一代的适婚青年选择跨国婚姻，有时看起来似乎跨国婚姻本身即是约定俗成的习惯。

三、法律不能提供便利，涉外结婚成本高

2010年10月28日第十一届全国人民代表大会常务委员会第十七次会议通过的《法律适用法》第21条规定：结婚条件，适用当事人共同经常居所地法律；没有共同经常居所地的，适用共同国籍国法律；没有共同国籍，在一方当事人经常居所地或者国籍国缔结婚姻的，适用婚姻缔结地法律。因此，中越涉外婚姻，在我国要能取得合法化，应依据我国相关法律法规来办理。我国关于涉外婚姻登记的相关法律主要体现在以下方面：

2012年8月8日民政部发布的《中国边民与毗邻国边民婚姻登记办法》第4条第1款规定：“边民办理婚姻登记的机关是边境地区县级人民政府民政部门。”第6条第2款规定：“办理结婚登记的毗邻国边民应当出具下列证明材料：（一）能够证明本人边民身份的有效护照、国际旅行证件或者边境地区出入境通行证件；（二）所在国公证机构或者有权机关出具的、经中华人民共和国驻该国使（领）馆认证或者该国驻华使（领）馆认证的本人无配偶的证明，或者所在国驻华使（领）馆出具的本人无配偶的证明，或者由毗邻国边境地区与中国乡（镇）人民政府同级的政府出具的本人无配偶证明。”

国务院2003年8月发布的《婚姻登记条例》第2条规定：中国公民同外国人办理婚姻登记的机关是省、自治区、直辖市人民政府民政部门或者省、自治区、直辖市人民政府民政部门确定的机关。第5条规定：办理结婚登记的内地居民应当出具下列证件和证明材料：（1）本人的户口簿、身份证；（2）本人无配偶以及与对方当事人没有直系血亲和三代以内旁系血亲关系的签字声明。办理结婚登记的外国人应当出具下列证件和证明材料：（1）本人的有效护照或者其他有效的国际旅行证件；（2）所在国公证机构或者有权机关出具的、经中华人民共和国驻该国使（领）馆认证或者该国驻华使（领）馆认证的本人无配偶的证明，或者所在国驻华使（领）馆出具的本人无配偶的证明。

另外，即使办理了一个合法的婚姻手续，外国边民还不能长期定居中国。因为根据《外国人在中国永久居留审批管理办法》第6条规定，中国公民或者在中国获得永久居留资格的外国人的配偶，婚姻关系存续满五年、已在中国连续居留满五年、每年在中国居留不少于九个月且有稳定生活保障和住所的，并且遵守中国法律，身体健康，无犯罪记录的，可以申请在中国永久居留。

由上可见，中越涉外婚姻要在我国合法化、稳定化，必须按上述有关法律法规执行。而上述法律法规对于一个边境村民来说，成本比较高，手续也比较繁杂，周期也较长，这些在一定程度上制约了边民按法律去履行结婚登记的意愿。

面对中越边境存在的大量涉外事实婚姻，社会上有几种看法：一是维持现状，不管它，顺其自然就好了；二是不承认此类婚姻，我国有关部门要主动干预，严格依法办事，把这些非法入境的越南妇女驱除出境；三是国家应不加区分地承认此类婚姻的合法性。笔者认为上述看法都有偏颇，存在一定的问题。不管是维持现状、听之任之，还是严格依现行法律把非法入境的妇女驱除出境，这两种做法都会导致比较严重的后果：一是中方边民婚姻家庭的稳定性受影响，从而影响到我国边境的稳定；二是妇女儿童的合法权益缺乏保障；三是影响到我国法律的权威，易造成更多的违法犯罪行为。因此，笔者建议我国政府有关部门运用法律手段进一步规范此类婚姻，并有条件地承认现有的部分涉外事实婚姻。

第三节　解决中越涉外“事实婚姻”的建议

在众多社会控制方式中，法律具有正义性、稳定性、明确性等特点，法律自身包含的正义、自由、秩序等价值，使得人们最终选择法律作为社会控制的主要手段。人们通过自己的活动制定法律，是为了让法律能够起到调整人与人之间、人与社会之间社会关系的作用；为了让法律成为维护一定秩序和保护人与社会利益的社会规范。一个法治社会，应像亚里士多德对法治的定义那样：“法治应包含两重意义：已成立的法律获得普遍的服从，而大家服从的法律又应该本身是制订的良好的法律。”所以说，人们要遵守法律，首先就要看这个法律本身是否是良法，是否符合当地社会的实际。如果一部法律与当地社会实际相差很远，必定会出现人们规避或对抗法律的情形，法律将会形同虚设，难以达到预期的社会效果和法律效果。如前所述，中越边境中方境内存在大量涉外婚姻，这是一个比较突出的社会问题。各级政府和有关部门在社会管理创新中，应重视此问题的严重性和紧迫性，积极采取措施应对，而不是回避或单一地责令这些妇女出境。事实证明这样做并没有实质的效果，有时反而不利于问题的切实解决。因此，建议有关部门结合当地实际，细化有关法律法规，给予这类涉外婚姻有效的治理。

一、思想上重视中越涉外“事实婚姻”问题

当前对中越涉外婚姻的研究和探讨，主要来源于学术界的研究。学者从自己专业视角切入，通过田野调查或个案分析等方法，研究揭示了一个个真实的涉外婚姻家庭状况，社会公众才得以了解中越涉外婚姻这样特殊的家庭。但这种研究都是局部的、单方面的。因此，当前涉外婚姻到底有多少？这些婚姻是不是都没获得我国法律的认可？应该说此类婚姻有其复杂性，应全面梳理其中的状况，依据不同时期，当事人婚姻存在的时间和现状给予不同的解决方式。笔者赞同周建新教授所研究分析的观点：中国边境地区各级政府曾从人道主义原则出发，尽可能照顾到跨国民族婚姻的历史传统，对不同时期入境的妇女及其所生子女，有区别地解决了部分人员的国籍和户口问题。但对近五年入境的妇女实行严格控制和遣返政策。有些地区采取的政策是：（1）1978年以前入境的承认中华人民共和国国籍，给予补办婚姻登记手续和户口登记手续；（2）1979年以后入境的，通过外交途径与越南政府协商，应准许他们到越南办理边境出入证件，证件齐全后由民政局补办结婚证，公安局办理户口登记；（3）如无法取得越南证明和证件的人员，居住满5年以上的，民政局给予补办结婚登记手续，户口管理部门给予落户；（4）居住不满5年的视为流动人口，严格管理，原则上做好工作，遣送回原籍。[1]因此，只有充分调研此类涉外婚姻的状况，才能提出更有针对性的解决对策。

① 周建新：《中越中老跨国民族及其族群关系研究》，民族出版社2002年版，第247页。

二、两国政府应共同协作解决此问题

中越之间存在悠久的历史联系和深厚的国际友谊，近年来中国与包括越南在内的东盟十国不断深化区域合作关系，中越边境涉外婚姻问题的研究和解决，具有深远的历史与现实的政治、经济与文化意义，并可能为中国与东盟其他国家间的交往、为新的全球国际关系体系的建立，起到卓越的示范作用。在此背景之下，我国尤其应加强中越边境地区的官方合作，建立双边合作交流机制，重视双边边民的婚姻生活状况，共同造福于边境人民和维护边境稳定。鉴于频繁且量大的涉越婚姻，双边政府应该本着以人为本的执政理念，重视边境地区这一普遍存在的社会现象，建立官方交流平台，相互交换信息，共同探讨解决边民办理签证困难的有效途径。两国政府只有加强沟通，才能达成共识，才能实现双边互管，边境治理的成效才显著。

三、严格涉外婚姻的认定，有条件地承认事实婚姻

中越两国边境的边民，无论民族习俗、生活习惯，还是语言几乎都是相通的。据资料显示，自古以来两国边民就有通婚的习俗，并且法律的供给不能深入到当地，适合当地社会的实际需求。因此，在解决此类涉外婚姻时，不应一概而论，而应视情况而论，以期达到既能维护边境的社会秩序和稳定、维护当事人的合法权益，又能起到警示后人的作用，进而切实树立起我国法律的权威。

全国人大法律委员会在向全国人大常委会汇报关于 2001 年《婚姻法》修正案时曾指出："考虑到农村中未办理登记举行结婚仪式的不少，原因很复杂，因此，对没有登记的应区别情况分别处理。对符合结婚实质要件只是没有办理登记手续的。一律简单宣布为无效婚姻，对保护妇女的权益不利，应当通过加强法制宣传和完善登记工作，采取补办登记等办法去解决。"[①] 据我国《民法典》第 1049 条规定："要求结婚的男女双方应当亲自到婚姻登记机关申请结婚登记。符合本法规定的，予以登记，发给结婚证。完成结婚登记，即确立婚姻关系。未办理结婚登记的，应当补办登记。"从而进一步确认他们婚姻的有效性。本着

① 全国人大常委会法制工作委员会民法室编：《中华人民共和国婚姻法解释》，群众出版社 2001 年版，第 48—49 页。

这样的法律原则精神和法律规定去解决中越涉外婚姻，是比较恰当的。具体做法为：

1. 加大宣传法律力度、严格入境的合法手续

边境地区的政府及其司法行政部门有必要开展专门的法治宣传活动。对现有入境人员是否手续合法，应严格依据《广西壮族自治区中越边境地区人员入境出境暂行规定》(1997 年修正) 第 10 条规定办理，即“越方边境地区人员入境到本自治区边境地区探亲访友，求医治病，从事正当商品交易，当天不能出境的按规定办理住宿登记后，可以在本自治区境内住宿；需要停留一个月以上的，必须在入境后三日内到当地县（市）公安局申请办理《广西壮族自治区边境地区外国人临时居留证》”。

2. 简化中越涉外婚姻登记结婚程序

对于此类涉外婚姻登记的办理，可在现有法律规定的情形下，适当变通和简化一些程序，让边民真正感受到遵守我国法律所带来的好处。因婚姻存续的时期不同，涉越婚姻的时间有长有短。据笔者在靖西市调研发现当地的涉越婚姻存在多种情况。婚姻存续周期最短的是 2 年左右属于青年人的婚姻，但有相当部分属于中年人的婚姻，即越南妇女与我国男子结婚并生活在我国达 20—30 年之久，而有部分老年人，甚至婚姻已消亡但其仍生活在我国长达 50—60 年之久。政府针对这些事实上生活在我国的公民，婚姻关系达 5 年以上的婚姻，办理结婚登记手续时可适当向他们倾斜，给他们以方便快捷的方式办理。边境地区一般比较偏远，甚至公路都不通，而且边民经济相对比较困难，所以，有必要采取一些便民措施。比如，政府工作部门在边境地区设立流动工作站，定期到乡镇府办公地点审核当地跨境婚姻的各项手续。对已经嫁入中国并且居住长达 5 年以上的越南妇女，其婚姻家庭生活稳定，经当事人申请说明情况，由村委会和当地政府证明其事实婚姻的存在，建议当事人补办结婚登记手续，承认其婚姻的合法性，并可协助其申请加入中国国籍。在此基础上，允许婚姻当事人办理户籍、结婚证、准生证以及事关他们切身利益的农村合作医疗保险、最低生活保障等各项惠民政策。

第八章 中越跨国婚姻妇女和子女权益问题研究

20世纪90年代以来，随着我国改革开放的扩大，社会经济的快速发展，中越关系的正常化以及人口跨国流动的日益频繁，特别是受婚姻市场构成的变化、公民之间生活水平存在差异等影响，出现了部分越籍女子因婚姻而流入我国的现象。据调研获取的资料显示，自1984年10月至2014年9月，广西百色市那坡县与越南边民民间通婚就有800多对，这些边民通婚均为越南妇女嫁给我国边境村民，他们绝大多数都没有到指定的民政部门办理婚姻登记手续。随着边民涉外通婚的盛行，这些跨国婚姻子女的人数也在不断增加。边民采取的民间通婚方式给我国带来了诸多的社会问题，如非法入境一方对我国边境管理、经济安全、社会安全、婚姻安全、人口安全等带来一定的挑战，在一定程度上可能会引起社会秩序的某种混乱，导致出现婚姻买卖和人口贩卖走私现象等一系列非传统安全威胁。在我国人口出生性别比例失衡的大背景下，需要特别引起注意、研究并解决好边境地区居民民间通婚问题，包括中越边境跨国婚姻子女权益问题。中越边境跨国婚姻子女作为一个特殊的群体，解决好中越边境跨国婚姻子女权益问题，不仅事关其自身的合法权益，而且事关我国边境地区婚姻登记、户籍管理和社会稳定等问题。

第一节 中越跨国婚姻妇女和子女权益保护现状

一、身份权益保护现状

中越边境跨国婚姻子女是一群特殊的孩子，他们通常分为三类：一是按法律规定取得合法结婚证的中越涉外婚姻家庭子女，二是父母没有合法婚姻但在中国出生的子女，三是跟随改嫁的越南妇女一起到中国生活的越南子女。对于第一类子女的权益保障基本是与其他合法婚姻家庭的子女一样，不存在任何障碍。但第二类、第三类子女的权益状况需引起关注。就第二类子女而言，这类孩子出生在我国就是中国户籍，也认同自己是中国人，国家也承认他们的中国公民身份，但是还会存在一些问题。因为他们的母亲不是中国人，虽然是“事实的中国公民”，长期在中国相夫教子，但是却因为入境身份的不合法，没能得到国家的认可。由于他们的母亲不具有合法婚姻和中国国籍，随时有可能会被遣送回越南，小家庭的稳定与和谐现状会因此被打破，子女也因为母亲的离开感到无所适从，母亲的教育功能也无法得到发挥。特别是当乡村分配各类集体收益和补贴时，他们的母亲不能享有，这让他们觉得自己与其他的孩子不一样，自己的家庭不是一个完整的中国家庭，内心或多或少存在一定的自卑心理。而对于第三类子女，虽然从小就在中国生活，但是普遍都对中国没有归属感。因为不能正常入学、文化程度不高，又没有什么技能，加之没有我国的身份证，所以也不能去外地打工，害怕会被遣送回国。虽然说这类子女在我国生活、就业等方面存在诸多不便利之处，但是他们也不希望被遣送回越南。2019 年 7 月笔者曾到大新县硕龙镇、靖西龙邦镇等多个边境地区乡村调研，在某种程度上印证了此类涉外婚姻妇女及其子女的基本状况。以下是笔者调研时获取的几个典型案例。

案例一：张某，23 岁，嫁到中国两年多，生育的小孩有 1 岁多，目前没有领取合法的结婚证。她与丈夫曾经尝试去办理结婚登记手续，但可能是由于相关证明材料难以取得，或者是相关资料不符合要求，一直没有把结婚证办好。他们是自由恋爱按民间习惯结为夫妻，之前男方也考虑到娶越南媳妇会有诸多不方便，女方没有户口、没有补贴，小孩不能上学等，但因为是自由恋爱，所以他们还是在一起共同生活了。

案例二：李某是 80 多岁的老婆婆，讲壮语，不懂中文，老家在越南古庞，20 多岁嫁到广西某市，在我国生活 60 多年了。育有 3 个儿子、2 个女儿，丈夫早已去世。她没有户籍、没有身份证，也没有医保、养老金等相关保障，原在越南的户口也早已被注销，成为无国籍的人。

案例三：王某 50 岁，嫁到中国 20 多年，育有 2 个孩子。2008 年王某在某县公安局边防派出所办理了户口登记和二代身份证。2015 年 8 月 1 日该县改为县级市，旧户口本换新户口本时，查到了王某为越籍非法入境的妇女，遂撤销了王某的户口和身份证。甚至他们之前办理的结婚证，经排查发现后，因没有按照涉外婚姻要求办理，也被撤销了。当时整个村排查，共有十多位不符合条件的越南妇女被撤销了户口和身份证。因为王某没有中国的身份证，所以只能在附近打零工补贴家用，不能成为正式的职工。

案例四：黄某嫁到中国 30 年，除了从越南带过来一孩子外，与王某按民俗结婚后育有 3 个孩子。在中国出生的孩子都能平等接受教育，但从越南带过来的孩子不能正常接受教育。因没有合法的婚姻，该妇女至今不能获得中国户籍、身份证，也不能享受当地村民的任何福利保障，其在越南的户口早已被注销，成为一个无国籍的人。

通过以上案例，我们可以获知中越跨境婚姻中的越南人虽然长期在中国生活，与中国人缔结事实婚姻，也在中国生儿育女，是事实上的中国公民，却无法获得中国户籍、身份证，也无法享受任何福利保障。更有甚者，有的越南妇女曾经通过正规渠道获得过中国的户籍、身份证，之后又被政府取缔，并被剥夺一系列的福利保障，可想而知，这对她们以及她们的子女造成了多大的心理冲击。调研访谈时发现这些中越跨境婚姻中的越南妇女普遍不愿意与外来人士交谈，对外来人士存在很强的防备心理。她们时刻谨小慎微，担惊受怕，害怕被遣送回越南，她们认为能够在中国生活已经谢天谢地，更不敢奢望能够获得中国户籍、身份证以及任何福利保障。由于受父母的影响，中越跨境婚姻中的子女内心已经形成一套自己的婚俗习惯观念，在他们看来，他们的母亲长期在中国的家庭生活，跟其他的中国人没什么两样，然而国家和社会却无法承认她们。当国家的法律规定与他们的关系相悖时，他们往往不能理解国家的法律规定，甚至产生抵触心理。由于认为母亲的婚姻受到了国家不公正的待遇，他们常常表现出一种缺乏理性的对制度和社会的逆反批评态度。

这两类中越边境跨国婚姻子女虽然在国籍等各方面有所不同，但在有关国家归属、自我身份认同等问题上，这两类子女都表现出一定的困惑和疑虑。中越边境跨国婚姻子女的身份认同问题，不单是一个法律学的问题，也是一个社会学的问题。周建新教授通过个案实证研究调查，认为由于当地社会文化环境和相关制度政策的影响，中越跨国婚姻妇女及其子女受到了各种排斥，面临着复杂的认同焦虑和困境。[①]他们在现实社会中遭受到的认同困境，直接导致了这一特殊社会群体成员模糊身份和模糊意识的生成甚至蔓延，这需要我们给予更多的关注和研究。

（1）身份认同的困境

在中越边境跨国婚姻子女当中，对国家认同存在困惑的就是那些跟随母亲从越南来中国生活，没有中国国籍的子女。他们因母亲婚变来到中国，在中国的土地上生活，也没有离开中国的打算，但是他们不具备中国国籍和当地户籍，这使他们在上学、就业、流动等方面都无法行使中国公民的权利，因此他们始终无法认同自己是一名中国人。这是他们内心挥之不去的隐痛。另一类越南妇女与中国丈夫生育的具有中国国籍的子女，他们一出生就具有中国国籍，也具有当地户籍，他们高度认同自己具备中国公民的身份，国家也承认他们的身份，在这一点上他们与其他的中国公民并无二致。但是，经过笔者深入走访调查，发现他们的内心也有少许的隐痛。在国家归属方面，他们认同自己是中国人，但也为自己的母亲难以加入中国国籍而遗憾。对于中越边境跨国婚姻所生子女在国家认同过程中遇到的特殊情况，需要给予更多的关注和研究。

户口是伴随人从出生到死亡的一个标签和国家赋予个人产生社会关系的通行证，如何保障这些"黑户"越南妇女的基本权利是一个亟待解决的问题。没有户口，意味着嫁过来的越南妇女不能享受医疗、卫生、选举乃至各种补助等公民政策。但在笔者走访调查的案例中，绝大多数越南籍妇女都没有获取中国的国籍、户籍、身份证，更有甚者，有的曾经获得过中国的国籍、户籍、身份证，但由于种种原因被中国政府撤销。这样，越南籍妇女跨国迁居之后，由于地域环境的改变，使其丧失了出生地越南的国籍，又没有重新获得新的公民身份，最终使得她们变成"无国籍人士"。

2019 年 12 月笔者赴广西壮族自治区某市某镇某村调研走访。该镇在广西壮族自治区某市南部，南与越南接壤，边境线长 43.85 公里，2017 年年底，有

① 周建新：《中越边境跨国婚姻中女性及其子女身份困境》，载《思想战线》2008 年第 4 期。

8个村街，47个自然屯，2843户，12748人，多为壮族。属于边境线3公里以内村街，边民享受3公里以内边境生活补助，为中越边境贸易互市点，对外开放口岸。该村村民享受边民补助，按人口每月发放167元。全村共416户，7个自然屯，总人口1706人，85个越南妇女。该村紧靠中国某口岸和广西某某国际商贸物流中心。该村的越南妇女一共85人，以40岁到50岁居多。这些中越边境跨国婚姻基本上全是事实婚姻，越南籍妇女无一例外全部都没有中国国籍、户籍、身份证，所以她们无法享受任何社会保障，也无法享受当地居民享有的3公里以内边民补助，即按人口每月发放167元。不过随着经济的发展，现在该村的中越跨国婚姻数量明显减少。近十年嫁进来的越南妇女不超过5个。虽然很多越籍妇女很希望嫁到中国，因为越南生活贫困，而中国的生活条件更好，且很多人都是壮族，语言相通。但是中国男性一般不将娶越籍妇女作为自己的第一选择，经济条件较好的一般首选本国女性结合。这是因为：第一，边民生活水平提高，享受很多补助，年轻人受过教育见识广，一般会选择附近比自己生活水平低一点的村屯寻找配偶；第二，与越籍妇女结婚手续麻烦；第三，越南政府出台了一些政策限制越籍妇女嫁到中国，例如，如果越籍妇女嫁到中国，越南方面将取消对她的家属的优惠政策。通常情况下，与越南妇女结婚的村民，大多数是出于家境贫困，才作出这样的行为选择。愿意嫁到中国，也大多数是越南贫困家庭的女孩的无奈之举。他们原本在村里都是属于弱势群体，结合在一起属于“弱弱结合”。无法享受中国边民享有的一切权利导致他们的家庭与其他家庭的贫富差距更加扩大。笔者在走访调研的过程中发现一个现象，这些中越跨国婚姻家庭中的越南籍妇女缺乏安全感，往往对外界抱有很强的戒备心理，内心比较敏感，害怕被中国政府遣送回越南，所以她们说话、做事都小心翼翼。她们只和当地的居民交流。在她们看来，中国政府能容许她们在中国生活，不将她们遣送回国，她们得以和自己的丈夫、子女在一起，已经很幸运了。她们认为自己的子女跟其他家庭的子女一样，能够获得国家身份认可，享有义务教育等社会福利，已经心满意足。至于自己能不能获得国家身份认可，她们认为没那么重要。在这种情况下，她们更加不可能去努力争取请求政府赋予她们身份认同权利。从这一现象可以反映出，中越边境跨国婚姻的越南妇女本身对国籍身份是非常敏感的，她们很忌讳被外人知道她们是越南籍人士，因为会让她们联想到自己是否“非法入境”“非法婚姻”等问题，甚至有可能发生的其他问题，以致在此基础上衍生的其他家庭问题，都因国籍问题而变得敏感。

对中越边境跨国婚姻子女来说，长期生活在这样跨国的特殊家庭给他们带来一定的顾虑，对于自己身份的认同存在一定的自卑感，对于国家的认同存在一定的不足，应值得社会关注。一个公民对自己国家的认同是前提，也是这个国家最好的防线。尤其是边境地区，公民内心的国家认同感更加需要巩固和加强。如果不能妥善解决这个问题，不利于边境社会管理。由于嫁入中国的越南妇女以及她们从越南带过来的子女没有中国国籍和户籍，流动性很大，在治安管理、婚姻管理、社会生育管理等方面都有一定的难度。笔者在靖西市某村调研时，当地的村干部曾反映，近几年发生过越南妇女嫁入本村生活几年后又出走嫁人的现象，留下没有妈妈的中国孩子，这对她们的家人无疑是一种伤害。

（2）社会认同的顾虑

一个人的社会身份的确定，不仅需要自我的认定，也需要他人的接纳和认可。对于跟随越南母亲进入中国生活的越南子女，他人对他们认同与否决定着他们能否在中国正常生活。由于这群特殊孩子的母亲不具有中国公民身份，最终成为地道的跨国边缘人群，探亲回访或是交朋结友都较难如愿，其社会生活圈被局限在狭小的地域空间。生活在这种近乎没有时间概念的熟悉乡野，边民更注重区域性社会身份的型塑，其心理文化认同都会随之发生重大转变。在笔者调研走访过程中，发现中越边境跨国婚姻家庭中的这些越南籍妇女几乎很少去外地，有的甚至一辈子都没有到过自己居住地所在的城市。由于没有身份户口，嫁入中国的越南籍妇女的社会活动范围仅限于本村以及周边村寨，她们平时在村里的交往对象主要是从越南来的媳妇，只有极少数人有自己的朋友，社会交往结构单一。从越南嫁入中国后，独立的家庭生活和两国政策的约束，使得越南妇女逐渐疏远了与越南亲戚之间的联系。她们在本村由于和村里其他人语言相通，大多又与其他村民有或多或少的血缘关系，因此在本村很少受到歧视。但一旦去了外地，由于没有合法身份，她们的社会身份就会遭到质疑，寸步难行。

特别是在政治与社会参与方面，中越跨国婚姻妇女没有权利可言。譬如在村干部选举以及社会保障方面，她们就没有这样的权利。因此，她们的社会参与积极性普遍不高，对社会事务也不关心。由此可见，由于特殊身份受到政策的限制，在某种程度上制约了越南籍妇女与本地社会的融合，也制约了越南籍妇女及其后代合法身份地位的获得，使得她们及其后代感到孤立无援，成为当地村落社会中身份认同缺失的一个特殊群体。被访谈的越南妇女普遍有很深的孤独感，感觉自己完全生活在一种陌生的环境，朝不保夕，即便是生活几年后也有同样的感觉，虽然夫家无论是民族、生活习俗都与娘家的相似，但因为中间隔着国境线，自己又不具备中国的国籍和户籍，总感觉自己是个“外人”，出现的负面情感都会因国家身份认同的缺失而被放大。

前些年，由于各种原因，曾出现中越边境跨国婚姻妇女和子女常常被人瞧不起的情形，有的还受到其他村民的歧视甚至欺负，越南妇女被称为“越南婆”，她们的孩子被称为“越南妹”“越南仔”，这从侧面也反映了一种社会隐性歧视。正是由于跨国婚姻的母亲和子女常常在社会上遭遇到一些“不公平”待遇和歧视，得不到社会的认同，中越边境跨国婚姻子女对此也存在一定的顾虑。同时，由于他们还不具有完整和正确的认知意识，往往还会受父母的影响，以当地的民族传统文化为标准，认为父母的婚姻是合法的，所以他们对于法律制度和社会会表现出一种缺乏理性的逆反批判态度。在曼纽尔的研究中认为，拒斥性认同(resistance identity)是由那些在支配的逻辑下被贬抑或污名化的位置/处境的行动者所产生的。他们以不同或相反于既有社会体制的原则为基础而生存。①笔者认为，那些无法肯定自我的中越跨国婚姻家庭的子女就属于这样一个群体，在他们相对集中的地方，必然会产生某种程度的拒斥性认同，而拒斥性认同的产生，往往意味着当地相关社会矛盾的长期积累和无法消解，并在相关社会群体中发酵为对既有社会的批判意识。如果对这种情况听之任之，势必会影响到我国边境地区的社会稳定。幸好近几年随着社会的发展，边民的生活水平有了较大的改善，跨国婚姻的子女与非跨国婚姻的子女享受同样的权利，人们的观念也发生一定的变化，此问题在某种程度上获得了改善。

① [美]曼纽尔·卡斯特：《认同的力量》，夏铸九等译，社会科学文献出版社2003年版，第4页。

二、教育权益保护现状

（一）基础教育未得到很好的保障

这些边境跨国婚姻子女绝大多数都没有什么特长，他们的潜在优势并没有转化为现实技能。分析其中的原因，主要是学校教育在这些子女技能社会化过程中的作用没有很好地发挥，基础教育没有得到很好的保障。边境跨国婚姻家庭普遍经济水平较低。例如某镇某村，村中心地理坐标约在北纬 23° 1′ 30″，东经 104° 48′ 42″，面积 1.43 平方公里，距离最近的中越边界线仅不到 3000 米，平均海拔 1300 米，年平均气温 16.3℃，年降水量 1472.4 毫米。全村辖 1 个村民小组，共 30 户 117 人，全为瑶族。有耕地 92 亩，人均耕地 0.79 亩，亩产不足 150 公斤，人均单产仅 120 公斤。有林地 1333 亩，人均 11.39 亩。2006 年全村经济总收入 27.18 万元，农民人均纯收入仅为 1565 元。① 该村的主要经济来源是打洞开矿和种植草果。这两类收入来源都加剧了当地环境的恶化情况。虽然我国 2006 年起就免除了义务教育的学杂费，但是有的村附近没有小学，只能去离家远的学校就读，这样他们要在学校住宿，生活费、交通费就是一个比较大的数目，在这种条件下，中越边境跨国婚姻子女往往没有条件上学，很多孩子都只读了小学或者初中，就早早辍学去附近打散工，补贴家用。有观点认为："对于中越跨国婚姻家庭子女基础教育影响较大的主要是经济资本、文化资本和符号资本。教育对于处于社会特殊层次的中越跨国婚姻家庭来说，是实现人生命运改变的最直接手段。但是，家庭中的孩子能否有好的生活和教育，有什么样的生活和教育环境，由家庭的经济、文化资本所决定。中越跨国婚姻的家庭经济资本都相对处于劣势，决定了子女在家庭的生活和教育条件。" ②

为深度了解中越边境跨国婚姻实际情况，笔者前往广西壮族自治区某市辖县的 L 镇实地考察。该县是中越边境上一个典型的少数民族边境县，与越南毗邻，边境线长 41.5 公里，共有壮、汉、苗、瑶等 15 个民族，少数民族人口占

① 吴振南：《中越边境跨国婚姻人口流动的经济和生态因素分析——以麻栗坡县 A 瑶族村为例》，载《西南民族大学学报》(人文社会科学版)2012 年第 1 期。

② 严正帅：《中越跨国婚姻家庭子女教育问题研究》，云南师范大学出版社 2018 年版。

全县总人口的97.8%。L镇地处中越边境，全镇土地总面积165平方公里，共有10个行政村72个自然屯，总户数3062户，84个村民小组，其中7个行政村42个自然屯与越南接壤，边境线长37公里，境内设有国家二类口岸和三个边民互市贸易点，先后荣获“广西特色旅游名镇”“全国特色景观旅游名镇”“全国美丽宜居小镇”荣誉称号。

从表三可以看出，该镇几乎每个村都存在中越跨国通婚家庭，选取该镇为样本进行中越边境跨国婚姻子女权益问题的研究，有一定的代表性，也具有一定的说服力。根据笔者调研情况得知，当地中越跨境婚姻中的子女全部入学接受义务教育了，但是普遍文化程度不高，大多为初中毕业即辍学进入社会。由于受教育程度低，他们毕业之后要么去外地打工，要么在家务农，要么出售一些越南的小商品，很难有好的发展前景。

表三　L镇各村越南媳妇情况统计表

A村	B村	C村	D村	E村	F村	G村	H村
36户	36户	21户	11户	8户	6户	4户	2户

（二）母亲的教育功能未充分发挥

中越边境跨国婚姻家庭中，子女的教育方面主要是学校教育，家庭教育相对较为薄弱。大多数没有结婚证的跨国婚姻妇女基本都是来自越南边境的几个地区，社会发展较为落后，生活条件艰苦，其文化程度通常均为小学以下。她们普遍存在的共性是：一般家庭经济状况不好，家中兄弟姐妹较多，受教育程度不高，但勤劳善良，对自己丈夫顺从体贴，相当注重家庭（家庭观念重）。这些越南籍妇女平时在家中观看电视节目，中国的很多电视节目她们都看不懂，有的时候只能看一些与自己母语较为接近的节目。由此可见，嫁入边境的越南籍妇女整体文化素质较低，有的越南籍妇女在语言方面也存在交流障碍，难以承担教育子女之职责。因此，在大多数中越跨国婚姻家庭中，教育子女的责任主要是由父亲承担，母亲对于子女的家庭教育功能未能得到充分的发挥。

（三）法律文化知识薄弱

在边境地区的族群中，人们在潜意识里有自己的道德文化，这种文化是长期形成的，潜移默化的，有其惯性。实际上，在这些边境跨国族群中，自古以来姻亲不断，他们已经形成了自己的一套有关婚姻效力认可的文化，这种长期形成的文化，必然对国家的法律文化有一定的排斥性。中越边境跨国婚姻家庭中的子女普遍受父母的影响，认为非法居留、非法跨国婚姻等都很正常，没有什么违法的。当中国有关法律文化认为他们父母的婚姻不合法，他们的母亲属于“三非人士”，他们对相关法律文化的排斥性就较为明显。在传统族群文化与国家法律文化发生冲突的情况下，如何使孩子们学习、了解更多的法律文化知识，就成为一个重要的问题。

三、就业权益保护现状

通过调研发现，越南籍妇女和中国丈夫在我国境内生育的子女就业上不存在任何障碍，他们一生下来就具有中国户籍和国籍，所以他们的出生、教育、就业等方面都和其他普通的中国家庭子女一样。另一类特殊群体——跟随母亲来到中国生活的越南籍子女，由于他们不具有合法的中国公民身份，也许一辈子都无法离开他们居住的市，他们只能在附近的饭店打零工，或者在当地做点小生意，他们学历普遍偏低，就业渠道狭窄、收入偏低，就业岗位未发挥跨国优势。但他们也不愿意离开中国，因为回到越南他们也没有其他可以依赖的亲人，他们已经把中国当成自己的家，但是依据法律却无法承认他们的身份，这也是值得关注的一个特殊群体。

第二节　保障中越边境跨国婚姻妇女和子女权益的建议

一、完善身份确立制度

（一）改进边境跨国婚姻登记制度

家庭是个体社会化的起点，是一个极为重要的社会化场所。中越边境跨国婚姻子女的国家认同存在一些缺失，最直接的原因就是这些跨国婚姻家庭的母亲没有中国国籍。所以，要解决中越边境跨国婚姻子女的国家认同问题，应当给孩子们一个完整的家庭。为此，应重点改进中越边境跨国婚姻越籍妇女的婚姻登记和入籍制度。

在现行法治框架内，中越边境跨国婚姻也是可以登记的，而且根据《中国边民与毗邻国边民婚姻登记办法》来判断，我国政府对这种跨国婚姻登记还采取了一定的便民措施，如该办法第 4 条将办理便民登记的权力下放至边境地区县级人民政府民政部门，边境地区婚姻登记机关还应当按照便民原则在交通不便的乡（镇）巡回登记①，大大节省了边民的时间成本和交通成本，这是边民跨国婚姻登记制度的重大进步。

尽管如此，我国边民跨国婚姻登记制度仍然存在一些需要改进之处。首先，《中国边民与毗邻国边民婚姻登记办法》第 6 条要求办理结婚登记的毗邻国边民应当出具所在国公证机构或者有权机关出具的，经中华人民共和国驻该国使（领）馆认证或者该国驻华使（领）馆认证的本人无配偶的证明，或者所在国驻华使（领）馆出具的本人无配偶的证明，或者由毗邻国边境地区与中国乡（镇）人民政府同级的政府出具的本人无配偶证明②，但边境的越南籍妇女由于各种因素影响，不易取得相关证明材料。

针对现状建议：首先，应处理好现存的事实婚姻家庭问题。我国政府应该加强与越南政府的外交协调，尽量争取越南政府的支持与合作，双方在和平共处、共同发展经济的基础上，加强沟通交流、达成共识、完善法规、加强管理，使中越边境跨国婚姻向法理化、规范化、制度化、统一化发展。同时，针对在中国已经居住达一定年限（5 年以上），并且已经生育子女的越南籍妇女，可以认可其事实婚姻的效力，为其办理户籍、国籍，或者恢复其被撤销的户籍和国

① 《中国边民与毗邻国边民婚姻登记办法》第 4 条规定："边民办理婚姻登记的机关是边境地区县级人民政府民政部门。边境地区婚姻登记机关应当按照便民原则在交通不便的乡（镇）巡回登记。"

②《中国边民与毗邻国边民婚姻登记办法》第 6 条规定："办理结婚登记的中国边民应当出具下列证件、证明材料：（一）本人的居民户口簿、居民身份证；（二）本人无配偶以及与对方当事人没有直系血亲和三代以内旁系血亲关系的签字声明。办理结婚登记的毗邻国边民应当出具下列证明材料：（一）能够证明本人边民身份的有效护照、国际旅行证件或者边境地区出入境通行证件；（二）所在国公证机构或者有权机关出具的、经中华人民共和国驻该国使（领）馆认证或者该国驻华使（领）馆认证的本人无配偶的证明，或者所在国驻华使（领）馆出具的本人无配偶的证明，或者由毗邻国边境地区与中国乡（镇）人民政府同级的政府出具的本人无配偶证明。"

籍。正如之前所谈的观点，“法律不能为中越跨国边境婚姻提供便利，涉外结婚法律成本高”，并主张“可以加强中越两国政府的沟通；变通相关法律，尊重民族习俗；有条件地承认现有的跨国事实婚姻”①。其次，民政部门、户籍部门应该指派工作人员加强宣传、指引工作，并考虑增加一个线上审批流程。笔者到一些边境村走访时，发现有很多边民不知道办理婚姻登记手续、户籍等手续的具体流程，所以经常做一些无用功，最终浪费了人力物力，却没有达到想要的结果。例如前述案例中的年轻夫妻，也曾想办理结婚登记，但是跑了很多次也未能如愿。如果民政部门和户籍部门能够指派工作人员到边境村屯宣传指引边民办理手续，可以大大节省边民的成本。另外，民政部门和户籍部门可考虑增加一个线上审批环节，在线上进行审批，并在线上指出哪些资料不符合规定，需要补充或者修改哪些资料，可以让申请办理婚姻登记、户籍等手续的边民根据线上的指导更新修改资料，让边民少走冤枉路，少花冤枉钱，达到提高政府工作效率，实现便民利民的目的。

（二）细化边境跨国婚姻当事人的入籍和居留制度

对于中越边境跨国婚姻中出现的一系列没有婚姻登记、没有中国国籍、没有居留证的越南妇女，一些基层政府基于各种原因，对一些既成事实多年的婚姻当事人没有随意驱逐，即使曾经驱逐过，却没有效果，所以只能听之任之了。但是政府也不认可她们具有中国公民的身份，对非法入境的越南妇女及其越南籍子女采取不置可否的回避态度。基层政府出于保障我国边境安全的角度考虑，会了解和掌握她们的动态。我国难以回避边境地区发生跨国婚姻的必然性和现实性，直接面对这些已经在中国生活多年的“事实上公民”，并且采取积极的边民管理措施，管理好这些越南妇女及其子女，管理好这些跨国婚姻家庭，管理好边境社会，才是长久之策。目前的入籍，只在我国《国籍法》中有简单的规定②，具体的条件和程序不够明细，实践的可操作性不强。据了解，尽管有不少中越边民跨国婚姻当事人希望加入中国国籍，但实际上目前还没有多少人能

① 覃晚萍：《对中越跨国婚姻的法社会学思考》，载《云南大学学报》（法学版）2012 年第 1 期。

② 《国籍法》第 7 条规定：“外国人或无国籍人，愿意遵守中国宪法和法律，并具有下列条件之一的，可以经申请批准加入中国国籍：一、中国人的近亲属；二、定居在中国的；三、有其它正当理由。”

够真正得偿所愿。所以，进一步明确边民加入中国国籍的条件和程序，十分重要。除此之外，事实上外国人申请加入中国国籍的难度是比较大的，虽然表面上不少外国人满足申请加入中国国籍的条件，但是还有其他因素需要考虑，比如，申请人对中国有突出重大贡献，因此，申请我国国籍并非易事。到目前为止，也只有少部分外籍人士拿到了中国国籍。在此背景下，中越边境跨国婚姻中的越南籍人士加入中国家庭，并且长期定居在中国的土地，成为“事实上的中国公民”。如果他们的权益得不到保障，他们的生老病死得不到社会的帮助，他们的就业得不到支持，这些问题的后果事实上需要中国家庭、中国社会来承受。所以，本着解决中国社会问题、帮助中国边民家庭发展之目的，建议有必要考虑中越边境跨国婚姻中越籍人士的入籍问题，并且在加入中国国籍的条件和程序方面给予他们适当的制度倾斜。另外，现行的临时居留制度不利于跨国婚姻家庭的稳定，在中越边境跨国婚姻中的外国人临时居留制度方面也有进一步完善的空间。我们认为，可以考虑将跨国婚姻中的临时居留期限设定为 12 个月，延期无次数限制，每次延期同样为 12 个月更合适。

二、开展有边境特色的教育

（一）加大教育投资力度

“教育要面向现代化，面向世界，面向未来。”当地政府必须重视中越涉外婚姻子女的教育，尤其应当把普及义务教育作为中越边境跨国婚姻子女教育工作的重点。中越边境跨国婚姻子女的教育需要以政府为主导，并依托广大教师和职工，充分发挥社会办教育的积极性，实行多层次、多规格、多种形式办学，坚持义务教育全覆盖原则。对中越涉外婚姻子女实行分类排序，按照相对较近、免试入学的原则统筹安排到义务教育学校就读。普鲁士国王威廉三世曾经说过：“正是由于贫穷，所以我们要办教育。我从来没有听说过，一个国家是因为办教育办穷了，最后办亡国的。”国家只有给广大青少年和儿童提供接受教育的机会，才能让他们成长后可以在社会上立足。通过教育获得丰富的知识，相应地，他们的精神也是富有的。教育可以让人懂得更多的知识，懂得更多的道理，从而使人为国家、为社会做出自己的贡献。

政府部门应当逐年增加经费投入到中越边境跨国婚姻子女的普及教育工作中，如边境事业费、支援不发达地区发展基金、民族机动费、边疆建设补助费、农业税附加、城市维护费、待业青年安置费，都应有一定比例用于教育。当地财政部门、教育部门要切实加强资助资金管理，要确保资金及时发放、专款专用。对挤占挪用、弄虚作假套取资金等违反财政资金使用管理的行为，应当按照《财政违法行为处罚处分条例》（国务院令第588号）有关规定严肃处理。要发扬社会各界人士大力支持办学的优良传统，提倡企事业单位、社会团体、海外侨胞集资捐资助学。当地政府应当支持公办和普惠性民办学校建设，配备必要的教育资源，改善保育教育条件，保障中越涉外婚姻子女适龄儿童、少年平等接受义务教育的权利，逐步普及中越涉外婚姻子女群体的专门化教育。

（二）大力兴办职业教育

除了基础教育和普通教育，当地政府可以在中越边境地区推广和普及各级各类职业学校教育和各种形式的职业培训。职业教育可以提升中越边境跨国婚姻子女的就业竞争力，提高他们的劳动素质，促进创新创业和职业技能人才培养，从而促进中越边境地区的经济建设和社会发展。首先，当地的政府教育行政部门、人力资源和社会保障行政部门以及其他有关部门，在各自的职责范围内分别负责本行政区域内的有关职业教育工作。每个部分再将自己负责的工作进行细化、落实，确保边区的职业教育工作有效推行，可以以政府为主导，发挥当地行业、企业作用，调动社会力量积极参与，构建公办与民办共同发展的多元职业教育办学体制。政府应当鼓励、支持、引导当地的行业组织、企业、事业单位实施职业教育。其次，当地政府及其有关部门、大众传媒应当重视和加强对职业教育的宣传，提高中越边境地区对职业教育的认识。政府及其有关部门可以将职业教育和普通教育互相衔接、沟通。职业教育可以划分为从业前教育、学徒教育、在岗培训及其他职业性培训。政府可以鼓励和支持职业学校、职业培训机构与企业，大力推行校企合作、工学结合等人才培养模式，强化实践和实训环节教学，提高中越边境跨国婚姻子女的实践能力和职业技能，使中越边境跨国婚姻子女在接受职业教育后能够保证顺利上岗，充分发挥自己的特长和技能。最后，当地政府应当建立完善职业教育多元投入机制，通过财政拨款、社会资助和捐赠、银行贷款等多种渠道筹集发展职业教育的资金。政府用于筹办职业学校和职业培训机构的财政性经费应当逐步增长。政府应当按照国家、自治区规定安排资金为接受职业教育的中越边境跨国婚姻子女提供就学资助。鼓励职业学校采取减、免学费等方式，帮助中越边境跨国婚姻子女完成学业。鼓励和支持学校实施不同层次、不同模式的国家通用语言文字和汉语、越南语的双语教育。边境乡村建立的“农家书屋”活动①，也值得其他边境地区效仿和借鉴。

（三）加强法治教育

法治教育在个体社会化过程中始终是非常重要的。在边境地区，特别是对边境跨国婚姻子女来说，法治教育尤其重要。青少年的系统法治教育还是要依赖于学校教育，由于我国普及性的义务教育只限于小学和初中，所以基本的法律教育也安排在这 9 年时间里完成。关于法治教育的内容，首先应当是教授中国的基本法律法规，要让边境地区的孩子从小就了解，并理解国家的主体法律文化，并将其内化为自己的行为规范。同时，针对边境跨国婚姻子女长期生活在边境地区，甚至经常出入越南等邻国的特点，建议学校的法治教育还应增加越南等邻国的相关法律常识，让孩子们了解邻国的法律法规等法律知识。

（四）加强同辈群体间的社会交流

同辈群体是一个独特的、极其重要的社会化因素，在某些方面，其影响甚至远远超过父母和家庭其他成员。充分发挥同辈群体的作用，对边境跨国婚姻子女的成长尤其重要。针对中越边境跨国婚姻子女社会化问题的实际情况，笔者认为，除了在当地加强他们与其他同辈群体的交流以外，还需要加强不同文化的同辈群体的跨文化交流。边境跨国婚姻子女在社会化的过程中，面临三种文化的竞争性选择：我国的主体文化，当地民族（族群）的亚文化，越南的主

① 农家书屋是为满足农民文化需要，在行政村建立的、农民自己管理的、能提供农民实用的书、报刊和音像电子产品阅读视听条件的公益性文化服务设施。每一个农家书屋原则上可供借阅的实用图书不少于 1000 册，报刊不少于 30 种，电子音像制品不少于 100 种（张），具备条件的地区，可增加一定比例的网络图书、网络报纸、网络期刊等出版物。

体文化。要实现中越边境跨国婚姻子女的健康社会化，就要让他们接受和认可中国的国家主体文化。文化的接受和认可不可能是凭空产生的，需要从接触和比较中产生。作为中越边境跨国婚姻子女，他们生活在祖国主体文化的边缘，要让他们接受和认可祖国主体文化，需要增加接触，需要增加跨文化交流。笔者认为，由政府出资，在祖国内地学校开设一些“边境班”，鼓励边境孩子到内地来学习，将有利于他们对祖国主体文化的接受和认可，有利于他们的健康社会化。另外，由政府组织边境孩子和内地孩子一起开展夏令营、冬令营等群体活动，也将是非常有益的。在祖国主体文化的熏陶下，在边境宽松、包容的文化氛围感染下，边境跨国婚姻子女一定会有一个更健康的社会化过程，他们也一定会成为热爱祖国、遵守法律、遵守公德、技有所长的国家建设者。

（五）推进中越国际教育合作

中越边境地区跨国婚姻子女相对于内地子女而言，在出国学习方面具有得天独厚的优势。他们精通邻国语言，熟悉邻国文化，在邻国有亲友，所居地和邻国接壤。如果出国留学归来，其用武之地将大大增加。若要出国留学，必然要有相应的国际合作机制来支持。目前，边境少数民族地区和越南等东盟邻国间的教育合作机制还不够成熟，也未完全建立起国际教育合作的桥梁。对此，边境地区政府应改革有关不适应新形势要求的制度，并提供切实的信息等方面的服务，比如和越南边境地区加强教育交流合作，帮助该地区的孩子特别是跨国婚姻子女走出国门接受教育。在中国—东盟自由贸易区架构下，边境跨国教育合作是必然趋势。2007 年 1 月 14 日，中国与东盟十国签署中国—东盟自由贸易区《服务贸易协定》，承诺在教育、文化等方面深化合作。①

三、改善中越边境跨国婚姻子女的就业途径

（一）拓宽就业渠道、丰富就业岗位

当地政府可以提供渠道，让中越涉外婚姻妇女和子女可以在当地享受免费的政策咨询、职业指导和职业介绍等服务，而且保障他们能够以农业转移就业

---

① 张毅：《签署自贸区〈服务贸易协定〉，中国与东盟双方获益》，载《广西日报》2007 年 1 月 15 日第 16 版。

劳动者身份享受职业技能培训补贴。安排资金对中越边境跨国婚姻子女较多的地区予以重点支持。中越边境跨国婚姻子女相较于其他的普通中国家庭的子女具有一些特长和优势。在掌握技能文化方面，边境跨国婚姻子女本应该有他们跨文化、跨国度的优势：一方面，他们本身就是少数民族人口，掌握着少数民族的技能文化，比如壮族特色的传统工艺（壮锦类、刺绣类、印染类、陶瓷类、编织类、石雕类等）、传统歌舞（打柴舞、抛绣球、采茶舞、花灯舞、扁担舞、铜钱舞等）等[①]；另一方面，他们同时还掌握着邻国的技能文化，具备中文和越南语两种语言优势。边境跨国婚姻子女在技能社会化的过程中如果能够充分利用他们的这些优势，一定会事半功倍、快速成才。他们可以从事边境贸易，或者开办越南语培训班等，获取一定的经济收入。

（二）大力发展边境贸易，挖掘边境地区优势

在中国—东盟自由贸易区的框架下，应当大力发展边境贸易，提升边境地区的总体经济水平。边境口岸附近可以进行中越贸易，正规渠道也畅通，这有利于边民开展边境贸易。有些地区，如靖西市龙邦镇界邦村每天有8000多元的边境贸易免税额，当地没有劳动能力的老人每天参与其中，可以领取近百元的日收入。有劳动能力的青壮年还可以搬运、装卸货物，每天有200多元收入，可以保证边民的基本生活所需。还可以通过提供小额贷款等方式，重点扶持贫困家庭，尤其应当关注边境跨国婚姻家庭。同时，针对涉外婚姻家庭多为贫困家庭的情况，当地有关部门应制定合理措施，从智力、资金、技术、信息等方面进行扶贫，同时要狠抓经济建设。只有提高边境地区居民的经济收入，才能对包括边境跨国婚姻家庭在内的边民实行有效的管理。笔者在靖西市界邦村调研时，发现当地的经济发展得如火如荼，当地政府的一些经济举措或许值得其他边境地区借鉴。如当地政府依托本地紧靠中国龙邦口岸的地缘优势，通过招商引资、实施优惠政策、优质服务等措施，积极吸引国内外企业投资。近年来，靖西市龙邦县界邦村积极主动融入泛“一带一路”、中国—东盟自由贸易区等区域合作，引进总投资30多亿元的万生隆国际商贸物流中心项目。在万生隆国际

---

① 周光大：《壮族传统文化与现代化建设》，广西人民出版社1998年版，第178页。

商贸物流中心，当地相关部门也给参加边境经济贸易的边民进行业务培训，认真贯彻国家一带一路发展战略、沿边金融改革、兴边富民政策，支持边民搞活经济贸易。引进的万生隆国际商贸物流中心项目用地约1600亩，建设期5年，分三期实施，该项目建成后为中国—东盟自由贸易区、大西南出入境通道的经济贸易和泛珠江三角洲经济区的经济贸易服务提供了快捷一站式服务。以往有很多年轻人去广东打工，由于万生隆国际商贸物流中心项目进驻，带动了当地的经济发展和就业需求，从2017年开始80%以上的居民都回家乡发展了。同时当地的工作人员还告知调研组，界邦村从2018年开始成立了内置金融合作社[①]，家家户户都可以投入资金到内置金融合作社，取得股份，人人都是股东，每年可获得3万元的分红，成效很大。中越边境跨国婚姻子女可以借助国家提供的优惠政策和平台，充分发挥自身优势，让自己大有作为，为国家的经济建设贡献自己的力量。

① 内置金融是指在土地农民集体所有和农户承包经营制度下，配套建立村社合作金融，合作金融是农民村社组织的内部金融，是农民主导的农村金融，利息归农。它同样可以实现农民土地等产权金融资产化，也有助农民有偿退出村社，市民化。

第九章 中越涉外婚姻纠纷问题研究

中越涉外通婚现象自古以来就存在，只是在不同的历史时期通婚数量或多或少而已。20 世纪 90 年代中期之前，中越跨国通婚现象多发生在中越边境地区的边民之间，但后来随着我国经济的快速发展以及中越两国合作关系的不断深入，原本较为固定的通婚模式发生了变化，越来越多的越南女性选择到中国结婚，通婚范围甚至深入到广大的中国内陆地区。中越跨国通婚开始打破以事实婚姻为主的传统婚姻模式，婚姻缔结形式逐步走向规范化、合法化。但是部分夫妻由于受两国语言不通，风俗习惯不同、感情基础不牢固、婚姻缔结目的不单纯等因素的影响，在现实生活中往往容易出现各种纠纷和矛盾，除了传统上存在的人身关系纠纷外，还涌现了大量借婚配之名而实施敛财行为的财物纠纷。学术界在研究中越涉外婚姻领域的有关问题中，主要将目光停留在“如何让已经嫁入中国的越南妇女成为中国公民”“中越两国婚姻制度的比较”以及“如何完善两国婚姻登记制度”等问题上，很少关注中越涉外婚姻中的纠纷问题。而在司法实践中，我们在应对中越两国涉外婚姻纠纷问题时，仍然存在许多法律困境，正是这些困境的存在导致了婚姻纠纷没能得到更好的解决，当事人的合法权益难以得到有效保护。因此，正确把握在中越涉外婚姻纠纷中面临的法律困境，寻求解决困境的合理对策，不仅有助于完善我国现有的相关法律和政策，对维护中越边境地区的社会秩序、稳定内陆的中越涉外婚姻关系也会产生重要的影响。

第一节 中越涉外婚姻纠纷的现状

根据调研资料显示，随着中越涉外婚姻的不断增多，其产生的纠纷也日益明显，且纠纷的类型呈多样化，如家庭暴力、虐待、子女抚养以及因离婚造成的各种人身及财产纠纷等。其中家庭暴力、虐待、子女抚养和因骗婚而产生的财物纠纷比较突出。

一、家庭暴力和虐待纠纷凸显

案例一：据中国新闻网报道，某越南女子 2012 年 3 月与福建省泉州市德化县居民黄某登记结婚，正当越南新娘憧憬着异国婚姻幸福从此开始时，却没想到，婚后夫家不允许她与越南家人联系，夫妻双方为此经常发生争吵，并引发家庭暴力。4 月下旬，不堪忍受的越南新娘负气出走，因语言沟通有一定的障碍，该妇女流落到福建福清。后来在福清警方和德化警方的共同协调相助下，这名越南新娘回到了泉州德化夫家开始新的生活。①

案例二：越南女子阮某于 2013 年偷渡到广东省打工，嫁给当地的陈某，由于没有身份证，阮某的活动区域主要限于家里。陈某素来好酒，酒后两人就经常发生纠纷，陈某甚至对阮某实施了暴力行为。阮某属非法入境的越南籍公民，且语言不通，不敢向当地司法部门求助，难以得到及时的救助。

我国《民法典》婚姻家庭编第 1042 条第 3 款规定：禁止家庭暴力。禁止家庭成员间的虐待和遗弃。《妇女权益保障法》第 46 条规定：禁止对妇女实施家庭暴力。然而家庭暴力现象却时有发生，中越通婚家庭同样存在较为突出的家庭暴力现象。由于家庭暴力具有较强的隐蔽性，加上一些受侵害的越南女性害怕自己身份不合法而被遣返，很少求助于基层组织或相关司法部门。中越跨国通婚，尤其是没有经过合法登记的事实婚姻，使得深陷家庭暴力的越南女性更多地选择顺从或逃跑。

二、子女抚养纠纷较为复杂

案例一：越南籍女性阮某嫁到广西宁明县长达几十年，生育了两男一女。该女子嗜赌成性，常年赌博，在当地欠下不少赌债，为了逃避债主的追讨，遂离家出走，一直未归，其子女全部由其丈夫一人抚养。

案例二：越南籍女性陈某嫁到广西宁明县的一个农村地区，生育两女。婚

① 《越南新娘受家暴负气出走迷路警方接力助其回家》，载中国新闻网，http：//www.chinanews.com/fz/2012/04-28/3855861.shtml，访问日期：2012 年 4 月 28 日。

后发现丈夫的经济条件并没有达到自己的期待，于是离家出走。不久其丈夫因病去世，两女儿由其年迈的祖母一人抚养。[①]

父母对子女具有教育和保护的义务，父母对子女的关爱和引导对其健康成长具有重大影响。费孝通教授认为："不能独立生活的子体得从母体得到他所需的营养和保护。我们说这是母体给子体的抚育。人类就属于这种动物，而且人类的婴儿不但所需的哺乳期特别长，能独立直接利用别种食物来提取营养的时期特别晚。即使在断乳之后，生理上虽然可以说已经长成独立的个体，但是还要一个更长的时期去学习在社会中生活所需的一套行为方式。"[②]可见，父母对子女抚养的重要性不言而喻，离婚或者父母一方的离开都会对未成年子女的身心造成巨大伤害。近年来，我国离婚率呈现明显上升趋势，较多的离婚案件涉及子女的抚养问题，在众多子女抚养纠纷问题上，抚养权以及抚养费用的承担是问题的关键。而由于中越跨国婚姻的特殊性，导致其子女抚养纠纷相对复杂，部分婚姻缺乏法律保障，使子女的抚养同样缺乏保障，越南一方一旦回国，抚养义务便难以实现，对子女的健康成长相当不利。

三、因骗婚而产生的财物纠纷增多

案例一：新罗大龄男青年罗某花了近十万元迎娶一个越南女，想不到一个月未到，新娘就失去影踪，伤心之余，罗某将"红娘"陈某告上法庭要求赔偿经济损失。新罗区法院雁石法庭法官耐心做双方的工作，被告答应分期偿还原告婚姻介绍费 20000 元，其他款项作为被告的劳务支出和补偿，不再返还。[③]

案例二：邯郸市部分农村结婚彩礼流行"三斤一响""万紫千红一片绿"等，动辄数十万元，这迫使许多小伙子为省钱而娶越南新娘，邯郸市曲周县某村的小伙子丁某表示，今年 7 月，他通过本县安寨镇某村的吴某花 11.5 万元娶了一位越南媳妇。11 月底，邯郸的曲周、广平、馆陶、肥乡等县上百名"洋媳妇"

① 案例一、案例二均为笔者到广西宁明调研时所收集。

② 费孝通：《生育制度》，商务印书馆 2008 年版，第 50 页。

③ 《越南新娘嫁来不到 1 月跑路男子起诉告"红娘"》，载中国新闻网，http：//www.chinanews.com/fz/ 2012/12-03/4378228.shtml，访问日期：2013 年 1 月 12 日。

集体失踪，在冀南大地引起轰动。[①]

在中越边境地区，受地理位置和历史传统的影响，中国人与越南人的通婚大部分是在相互了解的基础上建立的，部分人是在劳动或者贸易的过程中认识并相互爱慕而结婚，部分人则是在朋友或者亲戚的介绍下相互了解而结婚，在如此熟悉的人际关系环境下缔结的婚姻出现骗婚的情形较少。但是，随着国内经济的快速发展，越来越多的越南女性选择与中国内陆地区的男性缔结婚姻，男女双方多数是通过网络婚姻介绍所或者相关中间人的介绍认识，经过短时间的接触而草草结婚，而这种婚姻关系的成立往往需要男方付出一笔几万元的彩礼。在实践生活中，前些年内陆地区频频出现越南新娘集体失踪或者越南新娘"闪电离婚"案件，引发了大量因婚姻缔结而产生的财物纠纷。

第二节 中越涉外婚姻纠纷出现的原因

中越涉外婚姻存在的纠纷具有多样性、复杂性、严峻性，引起纠纷的原因同样不是单一的，而是历史、经济、社会、文化以及个人理念等诸多影响因素在特定环境和时代共同作用的结果。

一、未经合法登记的婚姻，缺乏法律保障

结婚登记在符合实质要件的同时还必须符合形式要件，即《民法典》第1049条规定：要求结婚的男女双方应当亲自到婚姻登记机关申请结婚登记。符合本法规定的，予以登记，发给结婚证。完成结婚登记，即确立婚姻关系。未办理结婚登记的，应当补办登记。在结婚登记的过程中要求结婚的男女双方，必须共同亲自到一方户口所在地的婚姻登记机关申请登记。既不得单方申请，也不得委托他人代理。申请结婚登记时，当事人双方应当携带本人的户口簿和身份证，并签字声明本人无配偶以及与对方当事人没有直系血亲和三代以内旁系血亲关系。"2012年新修改的《中国边民与毗邻国边民婚姻登记办法》第6条规定，边民跨国婚姻中毗邻国边民须提供的证明材料有：（1）能够证明本人

① 《百余越南媳妇集体失踪（图）》，载网易新闻中心，http：//news.163.com/14/1211/05/AD5MUBQ900014AED.html，访问日期：2013年3月25日。

边民身份的有效护照、国际旅行证件或者边境地区出入境通行证件；（2）所在国公证机构或者有权机关出具的、经中华人民共和国驻该国使（领）馆认证或者该国驻华使（领）馆认证的本人无配偶的证明，或者所在国驻华使（领）馆出具的本人无配偶的证明，或者由毗邻国边境地区与中国乡（镇）人民政府同级的政府出具的本人无配偶证明。”①

结婚登记是国家对婚姻家庭进行管理的重要手段，只有办理了结婚登记手续，夫妻关系才能得到法律的认可，受到法律的保护。在男女双方自愿的基础上，接受相关部门严格审查后进行的结婚登记有利于防止干涉婚姻自由，防止借婚姻索取财物，同时也在很大程度上保障对未成年子女抚养义务的履行，减少家庭矛盾的出现。然而，中越涉外婚姻中存在大量的“事实婚姻”，“据调查发现，仅广西凭祥市边民与毗邻的越南边民存在不办理结婚登记就以夫妻名义共同生活的有 1434 对，共生育子女 2190 人”。在这种婚姻形式下的男方往往对女方的真正身份无从查实，容易陷入借婚姻索取财物的骗局之中，而女方则在出现家庭纠纷，其合法权益被侵害时，往往因自己的婚姻缺乏合法性不敢寻求相关部门的救济和调解。缺乏法律保护的婚姻让家庭暴力的施暴者肆无忌惮，让父母双方或一方轻易地推卸掉抚养未成年子女的责任，使利用婚姻进行诈骗的犯罪分子频频得逞，严重扰乱正常的婚姻家庭秩序，成为中越涉外婚姻纠纷增多的重要原因。

二、受多种因素影响，导致双方沟通出现障碍

中越边境地区山水相连。在相互接壤的一些边境地带，人们相互贸易，一起劳作，长期的共同生活和交往使边民们早已形成共同的语言、文化和习俗，基于这样的历史、地理优势，两国边民之间的通婚往往成为他们最自然的选择。但中越间的涉外婚姻不仅限于中越边境地区，尤其是近年来，国内交通设施的完善以及网络信息的普及，使得国内经济发展状况为世界人民所了解，中国内地的中越涉外婚姻越来越多。内陆地区的语言和风俗习惯等与边境地区有着天壤之别，因此，嫁到中国内陆地区的越南新娘与丈夫之间便存在严重的沟通障

① 龙耀：《中越边境跨国婚姻问题的法制新思考》，载《广西社会科学》2013 年第 9 期。

碍。例如，根据新闻报道，在江西的黎川小镇上，越南新娘随处可见，她们不少是独自蹲坐在家门口的椅子上，一脸茫然地看着周围正在聊天的人们。在涉外婚姻中，语言沟通是双方最大的障碍，有时一件小事常常因为言语表达不顺利，闹出一些家庭矛盾。两国之间的文化、生活、气候、语言的差异，会让初到中国的越南新娘感到很孤独、焦虑。①

部分越南新娘能够适应中国的文化、气候和风俗习惯，夫妻双方之间主动学习对方的语言，加强沟通，逐步打破因语言、文化差异而形成的沟通障碍，而部分越南新娘无法突破两国语言不通、风俗习惯不同的困境，不愿主动与丈夫沟通，生活的各种琐事在这样的夫妻身上更容易引发矛盾和纠纷，部分越南新娘为逃避这样的生活而借口回娘家探亲，或带上子女，或抛下子女，从此一去不复返，一些男子则为了能够再婚，不得已提出涉外离婚诉讼，从此踏上了漫长的离婚之路。

三、夫妻感情基础薄弱，容易引发各种矛盾

部分越南女子能够嫁到中国，特别是嫁到中国内陆地区，往往是通过网络上的涉外婚介公司介绍的，然而这些涉外婚介公司通常不具备合法性。国务院办公厅曾在 1994 年就颁发了《关于加强涉外婚姻介绍管理的通知》，规定严禁成立涉外婚姻介绍机构。国内婚姻介绍机构和其他任何单位都不得从事或变相从事涉外婚姻介绍业务。任何个人不得采取欺骗手段或以营利为目的从事或变相从事涉外婚姻介绍活动。为了短时间内获得利益以及避开行政部门的查处，这些涉外婚介机构尽可能在短时间内安排男女双方订婚，而选择与越南女子结婚的中国男子大多数是由于家庭贫困娶不起当地女子的大龄青年，他们极度渴望婚姻，一旦出现愿意嫁给自己的女子便希望立即登记结婚。在两种影响因素的共同作用下，通过涉外婚介机构介绍认识而缔结婚姻的双方当事人相处时间极其短暂，长的可能 1—3 个月，短的甚至刚认识两三天便在中国登记结婚。例如,2012 年 4 月，罗某经人介绍认识了越南籍妻子洪氏，两人于 2012 年 5 月“闪

① 《越南姑娘抢嫁中国郎超七成认为中国经济发达》，载腾讯网，http：//lady.qq.com/a/20120426/000075.htm?pgv_ref=aio2012&ptlang=2052，访问日期：2015 年 3 月 21 日。

婚”。罗某花了近十万元迎娶洪氏，“甜蜜”的日子没过多久，新婚的妻子洪氏就突然不辞而别，罗某焦急万分，和家人百般寻找仍未果。①

认识时间短，婚前缺乏沟通和了解，在没有感情基础或非常薄弱的感情基础之上缔结的婚姻容易引发各种矛盾。仅凭短暂的接触并不可能深入地了解对方的性格、文化、家庭以及经济状况等，加之两国语言、文化和习俗的巨大差异，草率结婚容易使婚后的男女对对方的性格和生活习惯产生不满，难以建立夫妻之间的相互信任和默契，引发争吵或冷战，最终引起各种暴力纠纷或财物纠纷。

四、缔结婚姻的目的不纯，动机不良

本来缔结婚姻应以追求“爱”为目的，男女双方才走到一起共同生活，但有部分越南女子嫁到中国的目的却并非如此简单，部分女子是企图利用婚姻骗取财物以摆脱经济困境或过上舒适安逸的生活。中国和越南两国之间的经济发展仍然存在较大差距，尤其在中越边境地区，越南边民大多生活贫困，而在中国，尽管城乡间的差距依旧明显，但人民的生活水平普遍提高，中国边民生活水平优于越南边民，中国内陆地区的经济发展则更加迅猛。

部分生活贫困的越南女子嫁给中国男子的动机是期望获取经济上的利益，而非基于两人之间存在的感情，因此，一些越南女子嫁到中国之后发现婚后的生活状况并未达到自己的期望值时便对男方百般挑剔，引发各种矛盾。有不少越南女子为了骗取财物，与涉外婚介机构或者其他“媒人”相配合，在拿到丰厚彩礼后立即提出离婚或逃离消失，引发各种财产纠纷。例如，福州市罗源县的阿发由于家境不好，年近四十没结婚。他花费全部积蓄委托中间人牵线搭桥，终于娶得一位越南新娘。但两人结婚后，因为语言不通、习俗不同，总谈不到一块去。这名越南新娘多次要求回家，声称上当受骗了。她认为，中介吹嘘给她找的是中国有钱人，没想到阿发的家境比她越南老家强不到哪里去。终于有一天，趁阿发不在，才结婚两个月的越南新娘不辞而别。阿发无处寻找妻子，只好提起离婚诉讼。

① 《越南新娘嫁来不到1月跑路男子起诉告“红娘”》，载中新网，http：//www.chinanews.com/fz/2012/12-03/4378228.shtml，访问日期：2013年1月12日。

第三节　中越涉外婚姻纠纷解决的法律困境

中越涉外婚姻纠纷当事人在自身合法权益受到侵害时，多数人希望能够得到法律的救济和保护，但基于中越涉外婚姻纠纷本身的特殊性和复杂性，目前我国相关部门及其工作人员缺乏对此类案件的有效管理方案，相关法律、行政法规存在较大漏洞，造成无论是当事人还是司法机关在企图应用法律手段解决纠纷时都出现了许多困境。

一、部分当事人没有明确被告身份而导致法院立案困难

2012 年 8 月我国民政部发布的《中国边民与毗邻国边民婚姻登记办法》第 6 条规定办理结婚登记的毗邻国边民应当出具下列证明材料:（1）能够证明本人边民身份的有效护照、国际旅行证件或者边境地区出入境通行证件;（2）所在国公证机构或者有权机关出具的、经中华人民共和国驻该国使（领）馆认证或者该国驻华使（领）馆认证的本人无配偶的证明，或者所在国驻华使（领）馆出具的本人无配偶的证明，或者由毗邻国边境地区与中国乡（镇）人民政府同级的政府出具的本人无配偶证明。

期望嫁入中国的越南女子多数是来自于贫困山区，文化水平较低，部分人甚至没有身份证件，而我国民政部所要求的申请结婚登记证件和证明对于这些越南女子而言过于烦琐复杂，成本较高，只有少部分人申请办理。因此，出现了部分嫁入我国的越南女子身份不明的现象，一些不法分子为了利用婚姻骗取财物而伪造身份证件获取对方的信任，国内甚至发生过利用假身份证进行结婚登记的案件，国内一方当事人对对方的身份信息无从查证，导致被害人陷入民事诉讼无果而不得不提起行政诉讼的无奈僵局。目前，中越涉外婚姻中出现纠纷的案件时有发生，尤其是涉及未成年子女的抚养、彩礼的归还以及诉讼离婚案件，当中国一方当事人向法院提起民事诉讼时才意识到自己对越南女子的身份并不了解，或者自己所获知的对方身份信息其实是伪造的。

我国《民事诉讼法》第 119 条规定起诉必须“有明确的被告”，第 121 条规定起诉状应当记明被告的姓名、性别、工作单位、住所等信息。我国《最高人民法院关于适用简易程序审理民事案件的若干规定》第 8 条规定，原告不能提供被告准确的送达地址，人民法院经查证后仍不能确定被告送达地址的，可以被告不明确为由裁定驳回原告起诉。在司法实践中，中越涉外婚姻出现纠纷后，越南女子往往选择逃跑。而面对妻子的下落不明，一些丈夫到法院起诉，请求人民法院判决妻子承担对未成年子女的抚养义务或返还彩礼或判决离婚，但其中部分丈夫却因无法获知妻子的准确身份信息而被裁定驳回起诉。

二、离婚诉讼文书不能及时送达导致涉诉周期长

在司法实践中，中越涉外婚姻的结束方式大部分是妻子以回娘家探亲为由一去不回甚至不告而别回越南，不经过办理任何手续偷偷离开丈夫，国内的丈夫不得已向法院提起涉外离婚诉讼。但涉外诉讼案件较普通案件审理期限长，非常不利于涉外婚姻纠纷的解决。我国《民事诉讼法》第 149 条规定：人民法院适用普通程序审理的案件，应当在立案之日起 6 个月内审结。而在涉外离婚案件中，一方回国或者下落不明将导致法院不得不进行涉外送达，审理期限将远远超过 6 个月。涉外送达在国际民商事诉讼中有着极其重要的意义，首先，对于一国法院而言，有关文书的有效送达是法院对案件行使管辖权的前提；其次，送达事项对于防止平行诉讼的产生具有重要意义；最后，对当事人而言，当事人只有收到司法文书并获悉文书的内容，才能确定自己该如何行使诉讼权利、承担诉讼义务。[①] 因此，我国的人民法院受理一方回国不归的中越涉外离婚案件时必须进行涉外送达。我国《民事诉讼法》第四编涉外民事诉讼程序的特别规定第 267 条规定，人民法院对在中华人民共和国领域内没有住所的当事人送达诉讼文书，可以采用下列方式：（1）依照受送达人所在国与中华人民共和国缔结或者共同参加的国际条约中规定的方式送达；（2）通过外交途径送达；（3）向受送达人委托的有权代其接受送达的诉讼代理人送达；（4）向受送达人在中华人民共和国领域内设立的代表机构或者有权接受送达的分支机构、业务

① 王岫：《论涉外民事送达的方式及效力》，2006 年大连海事大学硕士学位论文，第 3—4 页。

代办人送达。

《关于向国外送达民事或商事司法文书和司法外文书公约》有关程序的通知第 4 条规定：我国法院若请求公约成员国向该国公民或第三国公民或无国籍人送达民事或商事司法文书，有关中级人民法院或专门人民法院应将请求书和所送司法文书送有关高级人民法院转最高人民法院，由最高人民法院送司法部转送给该国指定的中央机关；必要时，也可由最高人民法院送我国驻该国使馆转送给该国指定的中央机关。

根据我国现行的关于涉外送达文书之规定，原本简单的离婚纠纷因为越南一方回国或下落不明变得极其复杂，法院只能通过涉外途径送达法律文书，按法律规定应对相关文书材料进行翻译，并经最高人民法院、司法部通过外交途径送达；如若外交途径无法送达，则需要刊登公告，诉讼文书不能及时送达导致原告涉诉周期长，耗费大量时间、金钱成本，国内部分当事人在面对婚姻纠纷时对于法律救济便敬而远之。

三、部分问题缺乏相关法律规定

我国立法机关制订了一些规范涉外婚姻的法律和行政法规，针对中越涉外婚姻也有部分专门规定。例如，《中国边民与毗邻国边民婚姻登记办法》、《广西壮族自治区中越边境地区人员入境出境暂行规定》（1997 年修正）、《出境入境管理法》、《中华人民共和国政府和越南社会主义共和国政府关于处理两国边境事务的临时协定》、《外国人在中国永久居留审批管理办法》、《国籍法》等。

《中国边民与毗邻国边民婚姻登记办法》主要解决的是中国边民与毗邻国边民在中国境内申请结婚、离婚、复婚登记等相关问题，规定了结婚登记机关、申请结婚登记的证明材料以及离婚或复婚的流程。《广西壮族自治区中越边境地区人员入境出境暂行规定》（1997 年修正）是为了维护中越边境地区的社会稳定和安宁，方便中越两国边境地区人民的生产、生活和友好往来，促进边境地区的改革开放和经济发展，根据《外国人入境出境管理法》、《公民出境入境管理法》（已失效）以及《中华人民共和国政府和越南社会主义共和国政府关于处理两国边境事务的临时协定》，结合自治区实际制定的，主要规定了居住在中越边境地区的人员从本自治区中越边境地区入境、出境或在本自治区境内居留、旅行的相关事宜。《外国人在中国永久居留审批管理办法》分别对外国人申请在中国永久居留的资格条件、申请材料、审批程序、审批权限、取消资格等方面作出了明确规定。《国籍法》则主要规定中华人民共和国国籍的取得、丧失和恢复。

就目前现行的相关法律制度而言，并没有制定专门针对中越涉外婚姻由“事实婚姻”转为合法婚姻的评估规则，没有针对在中越涉外婚姻事实存在多年后越南女性加入中国国籍的特殊规定，没有制定针对中越涉外婚姻出现纠纷后的处理规则等。在现实生活中，在中越涉外婚姻（事实婚姻）出现纠纷时，一旦有相关部门的介入，最常见的结果就是根据《广西壮族自治区中越边境地区人员入境出境暂行规定》（1997 年修正）将越南女性遣返回国。许多越南女性在嫁入中国多年后，在中国生儿育女，期望自己的婚姻能够得到法律的承认甚至成为中国的一员，其合法权益能够得到中国法律和相关部门的保护，但现存的相关法律显然无法解决她们的难题，这就造成中越涉外婚姻（事实婚姻）存在极大的不稳定性，一旦出现纠纷便有可能引起一个家庭的瓦解，既不利于家庭中未成年子女的成长，也不利于中越边境社会秩序的管理。

第四节　解决中越涉外婚姻纠纷的对策

目前，中越涉外婚姻纠纷逐步成为我国社会关注的热点问题，越来越多的越南女性以不合法的婚姻形式在中国长期生活，越南女性骗婚现象在中国内地也并不鲜见，中越涉外婚姻纠纷给当事人的生产和生活带来了极其严重的影响，但当相关部门或者当事人企图运用法律解决问题时却遭遇了较大的法律困境，无法通过法律途径获得帮助，容易引发各种社会问题。首先，在中越涉外婚姻纠纷中，越南妇女的合法权利没有得到法律的有效保护，不利于越南女性的生产生活，甚至对身心健康造成极大损害，不利于正确认定其在家庭中的重要地位；其次，因骗婚给受害人造成巨大的物质和精神损害，而受害人在寻求法律救济时却要忍受漫长的诉讼过程，对受害人的保护不及时，大大降低了法律的权威性；最后，由于中越涉外婚姻的普遍性，相关部门不得不经常面对此类纠纷案件，而许多问题的解决却出现了法律或行政法规的真空地带，常常使执法人员束手无策，只能将部分越南女性遣返回国，给部分家庭的稳定造成不良影响。因此，为了能够及时保护当事人的合法权益，维护社会的和谐稳定，使相关部门有法可循，针对目前中越涉外婚姻纠纷解决存在的困境，我们提出以下对策。

一、加大法律宣传力度，增强当事人的法律意识

法律作为一种社会规范，具有重要的规范作用，其主要表现在指引作用、评价作用、预测作用、教育作用和强制作用等，指引每个人的行为，让人们清楚地意识到什么该做什么不该做，预测自身行为的后果，约束和制裁违法犯罪行为。法律作为社会管理的重要手段，对维护社会秩序，规范人们行为和保障合法权益具有重要意义，同样，法律对于调整中越涉外婚姻影响深远，是解决中越涉外婚姻纠纷的重要依据。然而，就目前的司法实践看来，大部分中越涉外婚姻的当事人没有意识到法律的重要性，没有注重我国《民法典》婚姻家庭编在保障婚姻家庭方面的作用，延续着祖祖辈辈流传下来的婚姻缔结模式，几乎从来没有办理结婚登记和加入中国国籍的先例。他们由于长期生活在偏远的山村地区，文化素质比较低，法律意识十分薄弱，既不知道如何办理结婚登记，也不知道法律手续不完善的危害性。① 在出现婚姻家庭纠纷时大多数人选择逃避或者忍耐。

当前，中越涉外婚姻出现一系列纠纷的原因之一在于当事人的法律意识不强，缺乏对现行法律的了解，没有及时运用法律解决矛盾纠纷，造成纠纷形势的恶化。因此，笔者认为相关部门尤其是边境地区的政府和司法部门应当进行专门的法律宣传，普及相关法律知识，增强当事人的法律意识，告知当事人在遇到纠纷时要善于通过法律途径解决。

二、严格审查涉外婚姻当事人的身份证明

近年来我国河北、广东、四川、福建等多个省份的农村地区出现大量的越

① 李娟、龙耀：《中越边民跨国婚姻法律问题探析》，载《广西政法管理干部学院学报》2007 年第 1 期。

南女性进行骗婚的案件，给被害人及其家庭成员的财产和精神造成巨大损害，在众多类似的案件当中，进行骗婚的越南女性或犯罪团伙首先选择国内一些未婚男青年多、彩礼要求过高的农村地区物色“结婚”对象，他们以结婚为诱饵骗取男方的信任，要求男方付给较高的彩礼，部分越南女性甚至利用伪造的身份证件登记结婚骗取男方的信任，当彩礼顺利进入越南女性的账户后不久便编造各种理由消失。“常见的骗婚通常是行骗者采用虚构事实、隐瞒真相的方法，利用虚假的信息如假身份证、假户口簿等与他人办理结婚登记骗取钱财的行为。”[①] 因为越南新娘的消失，使婚姻陷入财产纠纷，受害的丈夫一方往往希望通过诉讼程序追回被骗的彩礼，但那些女方利用伪造的身份证件进行登记的婚姻令司法机关无能为力，仅就被害人所提供的女方伪造的身份证明无法明确当事人的正确身份信息，即没有“明确的被告”，因此，在此情况下，被害人无法通过民事诉讼获得保护。部分越南女性能够利用伪造的身份证明获得结婚登记，部分原因在于登记机关在审查涉外婚姻当事人的身份证明时不够严格，在当事人的身份证明出现疑问时没有及时进行核查，最终导致了被害人不能通过民事诉讼程序寻求法律救济。笔者建议，登记机关应当严格审查涉外婚姻当事人的身份证明，对存在疑问的身份证明应当及时联系越南驻中国大使馆进行核查，确保婚姻的效力。

在边境地区，中越涉外婚姻的模式主要是“事实婚姻”，这种婚姻模式在一定程度上有违我国现行的法律规定，但这种事实存在的婚姻却与当地的社会秩序联系相当密切，我们不能仅仅因为这种“事实婚姻”缺乏法定的形式要件而忽略对婚姻当事人的保护，在婚姻出现纠纷时放任其合法权益遭受损害。因此，在边境地区，针对那些经过一定时间或者生育了子女的中越涉外婚姻，当婚姻出现纠纷时，我们应当适度承认事实婚姻当事人的身份，有效遏制一些非法行为对婚姻当事人的侵害，确保婚姻纠纷能够得到正确、及时解决。

三、充分保护国内涉外婚姻一方当事人的合法权益

当前，我国出现了大量中越涉外婚姻中越南一方下落不明，国内一方当事

① 邱悦：《合法骗婚的婚姻效力探析》，载《法制与社会》2011 年第 5 期。

人不得不提起离婚诉讼的案件。当事人一旦陷入此类离婚诉讼，诉讼期限过长，必须耗费大量的金钱和时间成本，给其生产和生活造成重大影响，并且大量的中越涉外离婚案件出现在内地农村地区，给国内一方当事人带来巨大的经济压力。而造成诉讼期限过长的主要原因是越南一方作为被告下落不明，诉讼文书的送达程序烦琐。越南一方回国或下落不明时，法院只能通过涉外途径送达法律文书，《关于向国外送达民事或商事司法文书和司法外文书公约》有关程序的通知第4条规定：我国法院若请求公约成员国向该国公民或第三国公民或无国籍人送达民事或商事司法文书，有关中级人民法院或专门人民法院应将请求书和所送司法文书送有关高级人民法院转最高人民法院，由最高人民法院送司法部转送给该国指定的中央机关；必要时，也可由最高人民法院送我国驻该国使馆转送给该国指定的中央机关。经过这一系列程序能够顺利送达诉讼文书，必定也要花费几个月的时间，加之如果通过外交途径仍然无法送达，那么则需要变成公告送达，公告时间为6个月，因此一般情况下，越方下落不明的中越涉外婚姻离婚诉讼审理期限可能长达1—2年，甚至更长。

笔者认为，在中越涉外离婚诉讼，尤其是越方下落不明的中越涉外离婚诉讼案件越来越多的今天，为了充分保护国内一方当事人的合法权益，针对此类案件应当作适当的变通规定。例如，经查实，无法获知被告在越南的准确地址，则无须通过外交途径送达，直接进行公告送达；如果经过外交途径仍然无法送达而不得不进行公告送达时，公告的时间可以缩减至3个月，以此降低国内一方当事人的时间成本。

四、完善相关涉外法律法规，强化法律的可操作性

相关法律的真空、部分法律缺乏可操作性，使司法工作人员在面对中越涉外婚姻（事实婚姻）纠纷时左右为难，使得事实婚姻中越南女性的合法权益得不到有效保护，对维持良好社会秩序的阻碍日益凸显，因此，笔者建议我国政府应高度重视、积极组织力量对此问题展开充分而全面的调研，尊重民族习俗，变通相关法律，有条件地承认现有的涉外事实婚姻。[①] 正如杜承秀教授所言：“在

① 覃晓萍：《对中越跨国婚姻的法社会学思考》，载《云南大学学报》(法学版)2012年第1期。

坚持婚姻登记主义的同时，使中越跨境非法婚姻关系在一定条件下得以转化为法律婚姻也是有必要的。也就是说，在婚姻形式的立法中，除采用登记婚主义外，兼采事实婚主义。以登记婚为主、事实婚为补充的模式，尊重客观事实，也更符合中国和越南两国的国情。可以规定男女双方以夫妻身份共同生活达年以上，不存在法定禁止结婚的情形，同时男女双方又愿意共同生活在一起的或者虽未满年，但已经生有共同的孩子而孩子尚未成年，同时也不存在法定禁止结婚的情形，男女双方也愿意共同生活在一起的，转化为法律婚姻，为其补办结婚登记手续，赋予其合法婚姻的效力。”①

鉴于长期以来，多数越南一方无法满足我国民政部发布的《中国边民与毗邻国边民婚姻登记办法》第 6 条所要求的证件和证明材料，造成部分婚姻当事人期望进行结婚登记而由于证明材料的不足无法登记，我国相关行政部门也应当进行变通规定，减轻婚姻当事人进行结婚登记的难度和成本，增强其可操作性。

另外，在司法实践中，“骗婚”的手段由以往的采用虚构事实，隐瞒真相的方法，利用虚假的信息如假身份证、假户口簿等与他人办理结婚登记骗取钱财的行为部分转变成直接利用真实身份证件进行合法登记的新型骗婚，使婚姻在形式上呈现出其合法性。但无论以何种形式出现的“骗婚”都会给被害人造成巨大的利益损害。在我国现有的法律规定当中，无法否定其法律效力，我国《民法典》第 1051 条规定了 3 种婚姻无效的情形，第 1052 条、第 1053 条规定了可撤销婚姻，所有导致婚姻无效或者可撤销的情形都没有包括“骗婚”情形，这就导致了“骗婚”案件中的被害人承受着“财产被骗”和“婚姻关系难以解除”的双重压力。有观点认为：“依据《婚姻法》及其司法解释，‘骗婚’与现行《婚姻法》所规定婚姻无效或可撤销的情形都不相符，难以解释这种形式上合法的骗婚属于无效婚姻，或者属于可撤销婚姻，因此只能属于合法婚姻。”② 笔者不赞同此观点，我国《民法典》第 153 条规定，违反法律、行政法规的强制性规定的民事法律行为为无效民事行为。缔结婚姻作为一种最基本的民

① 杜承秀：《中越跨境非法婚姻法制化之进路分析》，载《广西社会科学》2014 年第 2 期。
② 邱悦：《合法骗婚的婚姻效力探析》，载《法制与社会》2011 年第 5 期。

事行为必然应当遵守其规则，虽现行法没有直接规定，但这种婚姻的缔结在显然违背民法基本原则的情况下，应当否定其法律效力。因此，笔者建议根据我国《民法典》第1042条禁止借婚姻索取财物之规定，结合目前亟须打击司法实践中经常出现的“合法骗婚”现象，将“骗婚”，即依据国家的婚姻登记程序，以婚姻为诱饵的形式，诈取他人财物的行为，作为婚姻无效的第四种情形，以减轻被害人的诉讼压力。

中越涉外婚姻法律问题涉及方方面面的内容。我们通过对中越涉外婚姻的历史和现状进行介绍和分析，为社会关注此问题的学者提供较全面的信息资料，也向社会展示了中越涉外婚姻所具有的普遍性和特殊性共存的现状。对中越婚姻制度的结婚制度和离婚制度分别进行深入而具体的比较研究，从而完善了学术界已有的概括性研究成果。对中越涉外婚姻制度中的涉外结婚程序相关法律问题进行梳理和研究，分析相关法律仍存在的问题，并提出针对性的建议，为我国涉外婚姻制度，尤其是边疆地区涉外婚姻的研究和治理提供新的思考。我们提出对于中越边境存在的跨国婚姻应有条件地认可其“事实婚姻”的效力，并针对此类婚姻的治理提出建议，为社会研究和解决此问题提供新的思路。面对日益增多的中越涉外婚姻，其所产生的婚姻家庭纠纷问题日益凸显，社会不应忽视，期望通过研究此类纠纷解决的机制和防范纠纷产生的路径问题，为社会实践提供参考建议。“家事无小事”，中越涉外婚姻所涉法律问题，仍有许多值得我们进一步深入研究和探讨之处，期待不久的将来，有更多优秀的研究成果涌现。

附录

一、《中华人民共和国民法典》（节录）

（2020 年 5 月 28 日第十三届全国人民代表大会第三次会议通过 2020 年 5 月 28 日中华人民共和国主席令第 45 号公布 自 2021 年 1 月 1 日起施行）

第五编 婚姻家庭

第一章 一般规定

第一千零四十条 本编调整因婚姻家庭产生的民事关系。

第一千零四十一条 婚姻家庭受国家保护。

实行婚姻自由、一夫一妻、男女平等的婚姻制度。

保护妇女、未成年人、老年人、残疾人的合法权益。

第一千零四十二条 禁止包办、买卖婚姻和其他干涉婚姻自由的行为。禁止借婚姻索取财物。

禁止重婚。禁止有配偶者与他人同居。

禁止家庭暴力。禁止家庭成员间的虐待和遗弃。

第一千零四十三条 家庭应当树立优良家风，弘扬家庭美德，重视家庭文明建设。

夫妻应当互相忠实，互相尊重，互相关爱；家庭成员应当敬老爱幼，互相帮助，维护平等、和睦、文明的婚姻家庭关系。

第一千零四十四条 收养应当遵循最有利于被收养人的原则，保障被收养人和收养人的合法权益。

禁止借收养名义买卖未成年人。

第一千零四十五条 亲属包括配偶、血亲和姻亲。

配偶、父母、子女、兄弟姐妹、祖父母、外祖父母、孙子女、外孙子女为近亲属。

配偶、父母、子女和其他共同生活的近亲属为家庭成员。

第二章　结　　婚

第一千零四十六条　结婚应当男女双方完全自愿，禁止任何一方对另一方加以强迫，禁止任何组织或者个人加以干涉。

第一千零四十七条　结婚年龄，男不得早于二十二周岁，女不得早于二十周岁。

第一千零四十八条　直系血亲或者三代以内的旁系血亲禁止结婚。

第一千零四十九条　要求结婚的男女双方应当亲自到婚姻登记机关申请结婚登记。符合本法规定的，予以登记，发给结婚证。完成结婚登记，即确立婚姻关系。未办理结婚登记的，应当补办登记。

第一千零五十条　登记结婚后，按照男女双方约定，女方可以成为男方家庭的成员，男方可以成为女方家庭的成员。

第一千零五十一条　有下列情形之一的，婚姻无效：

（一）重婚；

（二）有禁止结婚的亲属关系；

（三）未到法定婚龄。

第一千零五十二条　因胁迫结婚的，受胁迫的一方可以向人民法院请求撤销婚姻。

请求撤销婚姻的，应当自胁迫行为终止之日起一年内提出。

被非法限制人身自由的当事人请求撤销婚姻的，应当自恢复人身自由之日起一年内提出。

第一千零五十三条　一方患有重大疾病的，应当在结婚登记前如实告知另一方；不如实告知的，另一方可以向人民法院请求撤销婚姻。

请求撤销婚姻的，应当自知道或者应当知道撤销事由之日起一年内提出。

第一千零五十四条　无效的或者被撤销的婚姻自始没有法律约束力，当事人不具有夫妻的权利和义务。同居期间所得的财产，由当事人协议处理；协议不成的，由人民法院根据照顾无过错方的原则判决。对重婚导致的无效婚姻的财产处理，不得侵害合法婚姻当事人的财产权益。当事人所生的子女，适用本法关于父母子女的规定。

婚姻无效或者被撤销的，无过错方有权请求损害赔偿。

第三章 家庭关系

第一节 夫妻关系

第一千零五十五条 夫妻在婚姻家庭中地位平等。

第一千零五十六条 夫妻双方都有各自使用自己姓名的权利。

第一千零五十七条 夫妻双方都有参加生产、工作、学习和社会活动的自由，一方不得对另一方加以限制或者干涉。

第一千零五十八条 夫妻双方平等享有对未成年子女抚养、教育和保护的权利，共同承担对未成年子女抚养、教育和保护的义务。

第一千零五十九条 夫妻有相互扶养的义务。

需要扶养的一方，在另一方不履行扶养义务时，有要求其给付扶养费的权利。

第一千零六十条 夫妻一方因家庭日常生活需要而实施的民事法律行为，对夫妻双方发生效力，但是夫妻一方与相对人另有约定的除外。

夫妻之间对一方可以实施的民事法律行为范围的限制，不得对抗善意相对人。

第一千零六十一条 夫妻有相互继承遗产的权利。

第一千零六十二条 夫妻在婚姻关系存续期间所得的下列财产，为夫妻的共同财产，归夫妻共同所有：

（一）工资、奖金、劳务报酬；

（二）生产、经营、投资的收益；

（三）知识产权的收益；

（四）继承或者受赠的财产，但是本法第一千零六十三条第三项规定的除外；

（五）其他应当归共同所有的财产。

夫妻对共同财产，有平等的处理权。

第一千零六十三条 下列财产为夫妻一方的个人财产：

（一）一方的婚前财产；

（二）一方因受到人身损害获得的赔偿或者补偿；

（三）遗嘱或者赠与合同中确定只归一方的财产；

（四）一方专用的生活用品；

（五）其他应当归一方的财产。

第一千零六十四条 夫妻双方共同签名或者夫妻一方事后追认等共同意思表示所负的债务，以及夫妻一方在婚姻关系存续期间以个人名义为家庭日常生活需要所负的债务，属于夫妻共同债务。

夫妻一方在婚姻关系存续期间以个人名义超出家庭日常生活需要所负的债务，不属于夫妻共同债务；但是，债权人能够证明该债务用于夫妻共同生活、共同生产经营或者基于夫妻双方共同意思表示的除外。

第一千零六十五条 男女双方可以约定婚姻关系存续期间所得的财产以及婚前财产归各自所有、共同所有或者部分各自所有、部分共同所有。约定应当采用书面形式。没有约定或者约定不明确的，适用本法第一千零六十二条、第一千零六十三条的规定。

夫妻对婚姻关系存续期间所得的财产以及婚前财产的约定，对双方具有法律约束力。

夫妻对婚姻关系存续期间所得的财产约定归各自所有，夫或者妻一方对外所负的债务，相对人知道该约定的，以夫或者妻一方的个人财产清偿。

第一千零六十六条 婚姻关系存续期间，有下列情形之一的，夫妻一方可以向人民法院请求分割共同财产：

（一）一方有隐藏、转移、变卖、毁损、挥霍夫妻共同财产或者伪造夫妻共同债务等严重损害夫妻共同财产利益的行为；

（二）一方负有法定扶养义务的人患重大疾病需要医治，另一方不同意支付相关医疗费用。

第二节　父母子女关系和其他近亲属关系

第一千零六十七条　父母不履行抚养义务的，未成年子女或者不能独立生活的成年子女，有要求父母给付抚养费的权利。

成年子女不履行赡养义务的，缺乏劳动能力或者生活困难的父母，有要求成年子女给付赡养费的权利。

第一千零六十八条　父母有教育、保护未成年子女的权利和义务。未成年子女造成他人损害的，父母应当依法承担民事责任。

第一千零六十九条　子女应当尊重父母的婚姻权利，不得干涉父母离婚、再婚以及婚后的生活。子女对父母的赡养义务，不因父母的婚姻关系变化而终止。

第一千零七十条　父母和子女有相互继承遗产的权利。

第一千零七十一条　非婚生子女享有与婚生子女同等的权利，任何组织或者个人不得加以危害和歧视。

不直接抚养非婚生子女的生父或者生母，应当负担未成年子女或者不能独立生活的成年子女的抚养费。

第一千零七十二条　继父母与继子女间，不得虐待或者歧视。

继父或者继母和受其抚养教育的继子女间的权利义务关系，适用本法关于父母子女关系的规定。

第一千零七十三条　对亲子关系有异议且有正当理由的，父或者母可以向人民法院提起诉讼，请求确认或者否认亲子关系。

对亲子关系有异议且有正当理由的，成年子女可以向人民法院提起诉讼，请求确认亲子关系。

第一千零七十四条　有负担能力的祖父母、外祖父母，对于父母已经死亡或者父母无力抚养的未成年孙子女、外孙子女，有抚养的义务。

有负担能力的孙子女、外孙子女，对于子女已经死亡或者子女无力赡养的祖父母、外祖父母，有赡养的义务。

第一千零七十五条 有负担能力的兄、姐，对于父母已经死亡或者父母无力抚养的未成年弟、妹，有扶养的义务。

由兄、姐扶养长大的有负担能力的弟、妹，对于缺乏劳动能力又缺乏生活来源的兄、姐，有扶养的义务。

第四章 离 婚

第一千零七十六条 夫妻双方自愿离婚的，应当签订书面离婚协议，并亲自到婚姻登记机关申请离婚登记。

离婚协议应当载明双方自愿离婚的意思表示和对子女抚养、财产以及债务处理等事项协商一致的意见。

第一千零七十七条 自婚姻登记机关收到离婚登记申请之日起三十日内，任何一方不愿意离婚的，可以向婚姻登记机关撤回离婚登记申请。

前款规定期限届满后三十日内，双方应当亲自到婚姻登记机关申请发给离婚证；未申请的，视为撤回离婚登记申请。

第一千零七十八条 婚姻登记机关查明双方确实是自愿离婚，并已经对子女抚养、财产以及债务处理等事项协商一致的，予以登记，发给离婚证。

第一千零七十九条 夫妻一方要求离婚的，可以由有关组织进行调解或者直接向人民法院提起离婚诉讼。

人民法院审理离婚案件，应当进行调解；如果感情确已破裂，调解无效的，应当准予离婚。

有下列情形之一，调解无效的，应当准予离婚：

（一）重婚或者与他人同居；

（二）实施家庭暴力或者虐待、遗弃家庭成员；

（三）有赌博、吸毒等恶习屡教不改；

（四）因感情不和分居满二年；

（五）其他导致夫妻感情破裂的情形。

一方被宣告失踪，另一方提起离婚诉讼的，应当准予离婚。

经人民法院判决不准离婚后，双方又分居满一年，一方再次提起离婚诉讼的，应当准予离婚。

第一千零八十条 完成离婚登记，或者离婚判决书、调解书生效，即解除婚姻关系。

第一千零八十一条 现役军人的配偶要求离婚，应当征得军人同意，但是军人一方有重大过错的除外。

第一千零八十二条 女方在怀孕期间、分娩后一年内或者终止妊娠后六个月内，男方不得提出离婚；但是，女方提出离婚或者人民法院认为确有必要受理男方离婚请求的除外。

第一千零八十三条 离婚后，男女双方自愿恢复婚姻关系的，应当到婚姻登记机关重新进行结婚登记。

第一千零八十四条 父母与子女间的关系，不因父母离婚而消除。离婚后，子女无论由父或者母直接抚养，仍是父母双方的子女。

离婚后，父母对于子女仍有抚养、教育、保护的权利和义务。

离婚后，不满两周岁的子女，以由母亲直接抚养为原则。已满两周岁的子女，父母双方对抚养问题协议不成的，由人民法院根据双方的具体情况，按照最有利于未成年子女的原则判决。子女已满八周岁的，应当尊重其真实意愿。

第一千零八十五条 离婚后，子女由一方直接抚养的，另一方应当负担部分或者全部抚养费。负担费用的多少和期限的长短，由双方协议；协议不成的，由人民法院判决。

前款规定的协议或者判决，不妨碍子女在必要时向父母任何一方提出超过协议或者判决原定数额的合理要求。

第一千零八十六条 离婚后，不直接抚养子女的父或者母，有探望子女的权利，另一方有协助的义务。

行使探望权利的方式、时间由当事人协议；协议不成的，由人民法院判决。

父或者母探望子女，不利于子女身心健康的，由人民法院依法中止探望；中止的事由消失后，应当恢复探望。

第一千零八十七条 离婚时，夫妻的共同财产由双方协议处理；协议不成的，由人民法院根据财产的具体情况，按照照顾子女、女方和无过错方权益的原则判决。

对夫或者妻在家庭土地承包经营中享有的权益等，应当依法予以保护。

第一千零八十八条 夫妻一方因抚育子女、照料老年人、协助另一方工作等负担较多义务的，离婚时有权向另一方请求补偿，另一方应当给予补偿。具体办法由双方协议；协议不成的，由人民法院判决。

第一千零八十九条 离婚时，夫妻共同债务应当共同偿还。共同财产不足清偿或者财产归各自所有的，由双方协议清偿；协议不成的，由人民法院判决。

第一千零九十条 离婚时，如果一方生活困难，有负担能力的另一方应当给予适当帮助。具体办法由双方协议；协议不成的，由人民法院判决。

第一千零九十一条 有下列情形之一，导致离婚的，无过错方有权请求损害赔偿：

（一）重婚；

（二）与他人同居；

（三）实施家庭暴力；

（四）虐待、遗弃家庭成员；

（五）有其他重大过错。

第一千零九十二条 夫妻一方隐藏、转移、变卖、毁损、挥霍夫妻共同财产，或者伪造夫妻共同债务企图侵占另一方财产的，在离婚分割夫妻共同财产时，对该方可以少分或者不分。离婚后，另一方发现有上述行为的，可以向人民法院提起诉讼，请求再次分割夫妻共同财产。

第五章　收　　养

第一节　收养关系的成立

第一千零九十三条 下列未成年人，可以被收养：

（一）丧失父母的孤儿；

（二）查找不到生父母的未成年人；

（三）生父母有特殊困难无力抚养的子女。

第一千零九十四条 下列个人、组织可以作送养人：

（一）孤儿的监护人；

（二）儿童福利机构；

（三）有特殊困难无力抚养子女的生父母。

第一千零九十五条 未成年人的父母均不具备完全民事行为能力且可能严重危害该未成年人的，该未成年人的监护人可以将其送养。

第一千零九十六条 监护人送养孤儿的，应当征得有抚养义务的人同意。有抚养义务的人不同意送养、监护人不愿意继续履行监护职责的，应当依照本法第一编的规定另行确定监护人。

第一千零九十七条 生父母送养子女，应当双方共同送养。生父母一方不明或者查找不到的，可以单方送养。

第一千零九十八条 收养人应当同时具备下列条件：

（一）无子女或者只有一名子女；

（二）有抚养、教育和保护被收养人的能力；

（三）未患有在医学上认为不应当收养子女的疾病；

（四）无不利于被收养人健康成长的违法犯罪记录；

（五）年满三十周岁。

第一千零九十九条 收养三代以内旁系同辈血亲的子女，可以不受本法第一千零九十三条第三项、第一千零九十四条第三项和第一千一百零二条规定的限制。

华侨收养三代以内旁系同辈血亲的子女，还可以不受本法第一千零九十八条第一项规定的限制。

第一千一百条 无子女的收养人可以收养两名子女；有子女的收养人只能收养一名子女。

收养孤儿、残疾未成年人或者儿童福利机构抚养的查找不到生父母的未成年人，可以不受前款和本法第一千零九十八条第一项规定的限制。

第一千一百零一条 有配偶者收养子女，应当夫妻共同收养。

第一千一百零二条 无配偶者收养异性子女的，收养人与被收养人的年龄应当相差四十周岁以上。

第一千一百零三条 继父或者继母经继子女的生父母同意，可以收养继子女，并可以不受本法第一千零九十三条第三项、第一千零九十四条第三项、第一千零九十八条和第一千一百条第一款规定的限制。

第一千一百零四条 收养人收养与送养人送养，应当双方自愿。收养八周岁以上未成年人的，应当征得被收养人的同意。

第一千一百零五条 收养应当向县级以上人民政府民政部门登记。收养关系自登记之日起成立。

收养查找不到生父母的未成年人的，办理登记的民政部门应当在登记前予以公告。

收养关系当事人愿意签订收养协议的，可以签订收养协议。

收养关系当事人各方或者一方要求办理收养公证的，应当办理收养公证。

县级以上人民政府民政部门应当依法进行收养评估。

第一千一百零六条 收养关系成立后，公安机关应当按照国家有关规定为被收养人办理户口登记。

第一千一百零七条 孤儿或者生父母无力抚养的子女，可以由生父母的亲属、朋友抚养；抚养人与被抚养人的关系不适用本章规定。

第一千一百零八条 配偶一方死亡，另一方送养未成年子女的，死亡一方的父母有优先抚养的权利。

第一千一百零九条 外国人依法可以在中华人民共和国收养子女。

外国人在中华人民共和国收养子女，应当经其所在国主管机关依照该国法律审查同意。收养人应当提供由其所在国有权机构出具的有关其年龄、婚姻、职业、财产、健康、有无受过刑事处罚等状况的证明材料，并与送养人签订书面协议，亲自向省、自治区、直辖市人民政府民政部门登记。

前款规定的证明材料应当经收养人所在国外交机关或者外交机关授权的机构认证，并经中华人民共和国驻该国使领馆认证，但是国家另有规定的除外。

第一千一百一十条 收养人、送养人要求保守收养秘密的，其他人应当尊重其意愿，不得泄露。

第二节 收养的效力

第一千一百一十一条 自收养关系成立之日起，养父母与养子女间的权利义务关系，适用本法关于父母子女关系的规定；养子女与养父母的近亲属间的权利义务关系，适用本法关于子女与父母的近亲属关系的规定。

养子女与生父母以及其他近亲属间的权利义务关系，因收养关系的成立而消除。

第一千一百一十二条 养子女可以随养父或者养母的姓氏，经当事人协商一致，也可以保留原姓氏。

第一千一百一十三条 有本法第一编关于民事法律行为无效规定情形或者违反本编规定的收养行为无效。

无效的收养行为自始没有法律约束力。

第三节 收养关系的解除

第一千一百一十四条 收养人在被收养人成年以前，不得解除收养关系，但是收养人、送养人双方协议解除的除外。养子女八周岁以上的，应当征得本人同意。

收养人不履行抚养义务，有虐待、遗弃等侵害未成年养子女合法权益行为的，送养人有权要求解除养父母与养子女间的收养关系。送养人、收养人不能达成解除收养关系协议的，可以向人民法院提起诉讼。

第一千一百一十五条 养父母与成年养子女关系恶化、无法共同生活的，可以协议解除收养关系。不能达成协议的，可以向人民法院提起诉讼。

第一千一百一十六条 当事人协议解除收养关系的，应当到民政部门办理解除收养关系登记。

第一千一百一十七条 收养关系解除后，养子女与养父母以及其他近亲属间的权利义务关系即行消除，与生父母以及其他近亲属间的权利义务关系自行恢复。但是，成年养子女与生父母以及其他近亲属间的权利义务关系是否恢复，可以协商确定。

第一千一百一十八条 收养关系解除后，经养父母抚养的成年养子女，对缺乏劳动能力又缺乏生活来源的养父母，应当给付生活费。因养子女成年后虐待、遗弃养父母而解除收养关系的，养父母可以要求养子女补偿收养期间支出的抚养费。

生父母要求解除收养关系的，养父母可以要求生父母适当补偿收养期间支出的抚养费；但是，因养父母虐待、遗弃养子女而解除收养关系的除外。

二、《中国边民与毗邻国边民婚姻登记办法》

（2012年8月8日中华人民共和国民政部令第45号公布　自2012年10月1日起施行）

第一条　为规范边民婚姻登记工作，保护婚姻当事人的合法婚姻权益，根据《中华人民共和国婚姻法》、《婚姻登记条例》，制定本办法。

第二条　本办法所称边民是指中国与毗邻国边界线两侧县级行政区域内有当地常住户口的中国公民和外国人。中国与毗邻国就双方国家边境地区和边民的范围达成有关协议的，适用协议的规定。

第三条　本办法适用于中国边民与毗邻国边民在中国边境地区办理婚姻登记。

第四条　边民办理婚姻登记的机关是边境地区县级人民政府民政部门。

边境地区婚姻登记机关应当按照便民原则在交通不便的乡（镇）巡回登记。

第五条　中国边民与毗邻国边民在中国边境地区结婚，男女双方应当共同到中国一方当事人常住户口所在地的婚姻登记机关办理结婚登记。

第六条　办理结婚登记的中国边民应当出具下列证件、证明材料：

（一）本人的居民户口簿、居民身份证；

（二）本人无配偶以及与对方当事人没有直系血亲和三代以内旁系血亲关系的签字声明。

办理结婚登记的毗邻国边民应当出具下列证明材料：

（一）能够证明本人边民身份的有效护照、国际旅行证件或者边境地区出入境通行证件；

（二）所在国公证机构或者有权机关出具的、经中华人民共和国驻该国使（领）馆认证或者该国驻华使（领）馆认证的本人无配偶的证明，或者所在国驻华使（领）馆出具的本人无配偶的证明，或者由毗邻国边境地区与中国乡（镇）人民政府同级的政府出具的本人无配偶证明。

第七条　办理结婚登记的当事人有下列情形之一的，婚姻登记机关不予登记：

（一）未到中国法定结婚年龄的；

（二）非双方自愿的；

（三）一方或者双方已有配偶的；

（四）属于直系血亲或者三代以内旁系血亲的；

（五）患有医学上认为不应当结婚的疾病的。

第八条　婚姻登记机关应当对结婚登记当事人出具的证件、证明材料进行审查并询问相关情况，对当事人符合结婚条件的，应当当场予以登记，发给结婚证。对当事人不符合结婚条件不予登记的，应当向当事人说明理由。

第九条　男女双方补办结婚登记的，适用本办法关于结婚登记的规定。

第十条　未到婚姻登记机关办理结婚登记以夫妻名义同居生活的，不成立夫妻关系。

第十一条　因受胁迫结婚的，受胁迫的边民可以依据《中华人民共和国婚姻法》第十一条的规定向婚姻登记机关请求撤销其婚姻。受胁迫方应当出具下列证件、证明材料：

（一）本人的身份证件；

（二）结婚证；

（三）要求撤销婚姻的书面申请；

（四）公安机关出具或者人民法院作出的能够证明当事人被胁迫结婚的证明材料。

受胁迫方为毗邻国边民的，其身份证件包括能够证明边民身份的有效护照、国际旅行证件或者边境地区出入境通行证件。

婚姻登记机关经审查认为受胁迫结婚的情况属实且不涉及子女抚养、财产及债务问题的，应当撤销该婚姻，宣告结婚证作废。

第十二条　中国边民与毗邻国边民在中国边境地区自愿离婚的，应当共同到中国边民常住户口所在地的婚姻登记机关办理离婚登记。

第十三条　办理离婚登记的双方当事人应当出具下列证件、证明材料：

（一）本人的结婚证；

（二）双方当事人共同签署的离婚协议书。

除上述材料外，办理离婚登记的中国边民还需要提供本人的居民户口簿和居民身份证，毗邻国边民还需要提供能够证明边民身份的有效护照、国际旅行证件或者边境地区出入境通行证件。

离婚协议书应当载明双方当事人自愿离婚的意思表示以及对子女抚养、财产及债务处理等事项协商一致的意见。

第十四条 办理离婚登记的当事人有下列情形之一的，婚姻登记机关不予受理：

（一）未达成离婚协议的；

（二）属于无民事行为能力或者限制民事行为能力人的；

（三）其结婚登记不是在中国内地办理的。

第十五条 婚姻登记机关应当对离婚登记当事人出具的证件、证明材料进行审查并询问相关情况。对当事人确属自愿离婚，并已对子女抚养、财产、债务等问题达成一致处理意见的，应当当场予以登记，发给离婚证。

第十六条 离婚的男女双方自愿恢复夫妻关系的，应当到婚姻登记机关办理复婚登记。复婚登记适用本办法关于结婚登记的规定。

第十七条 结婚证、离婚证遗失或者损毁的，中国边民可以持居民户口簿、居民身份证，毗邻国边民可以持能够证明边民身份的有效护照、国际旅行证件或者边境地区出入境通行证向原办理婚姻登记的机关或者中国一方当事人常住户口所在地的婚姻登记机关申请补领。婚姻登记机关对当事人的婚姻登记档案进行查证，确认属实的，应当为当事人补发结婚证、离婚证。

第十八条 本办法自 2012 年 10 月 1 日起施行。1995 年颁布的《中国与毗邻国边民婚姻登记管理试行办法》（民政部令第 1 号）同时废止。

三、《越南婚姻家庭法》(2015年)

(2014年6月19日越南国会通过《婚姻家庭法(修改)草案》,2015年1月1日起实施)

第一章 总 则

第1条 调整范围

本法规定婚姻家庭制度;家庭行为的法理准则;建设、巩固婚姻家庭制度中的个人、组织、国家和社会的责任。

第2条 婚姻家庭制度的基本原则

1. 婚姻自愿,进步,一夫一妻,夫妻平等。

2. 属于不同民族、宗教的越南公民之间,信仰宗教与不信仰宗教的越南公民之间,越南公民与外国人之间的婚姻都受到尊重并受法律保护。

3. 建设温饱、进步、幸福;家庭成员之间有义务互相尊重、关心、帮助;不区别对待子女的家庭。

4. 国家、社会、家庭有责任保护、辅助儿童、老年人、残疾人实现婚姻家庭权,帮助母亲履行好作为母亲的高贵职能;实现家庭生育计划。

5. 继承、发扬越南民族婚姻家庭的美好文化、道德传统。

第3条 词语解释

本法中以下词语得按照以下解释:

1. 婚姻是指结婚后夫妻之间的关系。

2. 家庭是指由婚姻关系、血缘关系或扶养关系而结成的,并依照本法在他们之间产生权利和义务关系的一些人的集合。

3. 婚姻家庭制度是指有关结婚、离婚、夫妻之间的权利和义务,父母与子女之间的权利和义务,其他家庭成员之间的权利和义务,扶养,确定父、母、子女,涉外婚姻家庭关系,以及有关婚姻家庭的其他问题的全部法律规定。

4. 婚姻家庭习惯是指有明确内容关于婚姻关系各方的权利义务，长时间被重复并在区域或社会中得到普遍认可的行使规则。

5. 结婚是指男女之间依照法律规定的结婚条件和登记手续确定夫妻关系。

6. 违法结婚是指男女虽然进行了结婚登记，但一方或双方违反本法第 8 条规定的结婚条件。

7. 以夫妻名义共同生活是指男女组织共同生活并彼此认为是夫妻。

8. 早婚是指男女一方或双方依照本法第 8 条第 1 款第 1 项未达到法定结婚年龄而结婚。

9. 强迫结婚，离婚是指以精神威胁、折磨、虐待、索要钱财及其他行为强迫他人违背其意愿结婚或者离婚。

10. 阻挡结婚、离婚是指以精神威胁、折磨、虐待、索要钱财或者其他行为阻挡具备本法规定的结婚条件的人结婚或者强迫他人违背其意愿的婚姻关系。

11. 虚假结婚是指利用结婚为了出境、入境居住，加入越南国籍、国外国籍；享受国家优待或者达到其他目的，而不是建立家庭目的。

12. 结婚时索要钱财是指为了阻挡男女自愿结婚而提出过当的物质要求并将其视为结婚条件。

13. 婚姻期间是指夫妻关系存在的，从登记结婚之日到婚姻终止之日的时间段。

14. 离婚是指依法院的具有法律效力的判决书、决定终止夫妻关系。

15. 虚假离婚是指利用离婚为了逃避财产义务，违反人口政策、法律的责任或者为了达到其他目的而不是为了终止婚姻。

16. 家庭成员包括夫、妻；亲父母，养父母，继父，继母，岳父母，公婆；亲生子女，养子女，继子女，媳妇，女婿；同父母的兄弟姐妹，同父异母的兄弟姐妹，同母异父的兄弟姐妹，同父母、同父异母、同母异父的人的姐夫，妹夫，嫂子，弟妇；祖父母，外祖父母；内孙，外孙；姑，姨，叔，舅，伯和侄子女。

17. 直系血亲是指有血缘关系的人，其中一人生出另一人连续下去。

18. 三代以内旁系血亲是指有共同祖先的三代人：父母是第一代；同父母的

兄弟姐妹、同父异母或同母异父的兄弟姐妹是第二代；叔、伯、姑、舅、姨的子女是第三代。

19. 亲戚是指具有婚姻、抚养关系的人，直系血亲和三代以内旁系血亲。

20. 基本需求是指吃、穿、住、学习、治疗等其他个人和家庭生活通常不可或缺的生活需要。

21. 采用辅助生殖技术的生殖是指采用人工授精或者试管婴儿技术的生殖。

22. 人道目的的代孕是指一名妇女不是出于商业目的，自愿帮一对夫妻怀孕而该妻即使采用了辅助生殖技术也不能怀孕并生殖，以获取夫妻的精子和卵子适用试管婴儿然后将胚胎送入自愿代孕人的子宫的方式，让其怀孕并生殖。

23. 商业目的的代孕是指一名妇女为了得到经济利益或者其他利益而适用辅助生殖技术替他人怀孕。

24. 供养是指某人基于婚姻关系、血缘关系或扶养关系，有义务依照本法的规定，出钱或财物满足未在一起生活的未成年人、无劳动能力且无财产的成年人、生活贫困的人的必需生活需要。

25. 涉外婚姻家庭关系是指至少一方是外国人或者越南人在国外定居的婚姻家庭关系；婚姻家庭关系参加各方是越南公民，但设立、变更、终止该关系的根据是国外法律，发生在国外或者相关财产在国外。

第 4 条　国家和社会对于婚姻家庭的责任

1. 国家制定政策和办法，维护婚姻家庭，为男女公民建立自愿、进步的婚姻家庭创造条件；加强宣传婚姻家庭法律；说服人民破除落后的风俗习惯，发扬各民族美好的传统和体现民族特色的风俗习惯。

2. 政府统一管理国家的婚姻与家庭。各部、相当部机关根据政府的分工实施管理国家的婚姻与家庭。各级人民委员会以及其他机关依法律规定实施管理国家的婚姻与家庭。

3. 机关、组织有责任教育、动员本单位的干部和职工以及全体公民建设家庭文化，进行婚姻家庭事务的咨询活动，及时调解家庭矛盾，保护家庭成员的合法权益。学校配合家庭对青少年进行婚姻家庭法律的宣传教育。

第 5 条　保护婚姻家庭制度

1. 依本法规定设立、实施的婚姻家庭关系受到尊重并受法律保护。

2. 禁止以下行为：

（1）虚假结婚、虚假离婚；

（2）早婚、强迫结婚、欺骗结婚、阻挡结婚；

（3）现有夫或妻的人与他人结婚或者以夫妻名义共同生活或者没有夫妻的人与有夫妻的人结婚或者以夫妻名义共同生活；

（4）直系血亲、三代以内旁系血亲之间，养父母和养子女之间，曾经是养父母和养子女之间，公公和儿媳、岳母和女婿之间，继父和继女、继母和继子之间的结婚或者以夫妻名义共同生活；

（5）结婚时索要钱财；

（6）强迫离婚，欺骗离婚，组织离婚；

（7）因商业目的采用辅助生殖技术的生殖，因商业目的挑选胎儿的性别、无性生殖目的而代孕；

（8）家庭暴力；

（9）利用实施婚姻家庭权利为了贩卖人口、剥削劳动力、性侵害或者其他谋取私利行为。

3. 一切违反婚姻家庭法律的行为都必须严格依法处理。

机关、组织和个人有权请求法院或其他主管机关及时阻止并依法严格处理违反婚姻家庭法律的行为。

4. 各方的名誉、人格尊严、信誉、私人生活秘密及其他隐私权在处理婚姻家庭事务的过程中受到尊重和保护。

第 6 条　适用民法典和其他有关法律

在婚姻家庭法律没有规定的情形，适用民法典及其他法律中有关婚姻家庭关系的规定。

第 7 条　适用婚姻家庭风俗习惯

1. 在法律没有规定及各方没有约定的情形，则适用体现各民族本色、不违反本法第 2 条的基本原则，且不违反本法禁止规定的良好风俗习惯。

2. 政府详细规定本条第 1 款的内容。

第二章　结　婚

第8条　结婚的条件

1.男女结婚必须遵守以下条件：

（1）男年满20周岁，女年满18周岁；

（2）男女双方自愿决定；

（3）具有民事行为能力；

（4）不属于本法第5条第2款第1、2、3项规定的禁止结婚的情形之一。

2.国家不承认同性婚姻。

第9条　结婚登记

1.结婚必须办理登记，并由结婚登记的有权国家机关按照本法及关于户籍的法律规定进行。

不依照本款规定登记结婚的婚姻无法律效力。

2.夫妻离婚后要再确立夫妻关系的，必须办理结婚登记。

第10条　有权要求撤销违法结婚的人

1.被强迫、被欺骗的一方有权依据民事诉讼法规定，请求法院或提请规定在本条第2款的个人、组织以结婚违反本法第8条第1款第2项之规定为由请求法院撤销违法结婚。

2.结婚违反本法第8条第1款第1、3、4项之规定时，以下个人、机关、组织有权依据民事诉讼法律规定，请求法院撤销违法结婚：

（1）现有妻或夫而与他人结婚的夫或妻，违法结婚人的父母子女、监护人或者法律代理人；

（2）有关家庭的国家管理机关；

（3）有关儿童的国家管理机关；

（4）妇女联合会。

3.其他个人、机关、组织若发现违法结婚行为有权提请规定在本条第2款第2、3、4项的机关和组织请求法院撤销违法结婚。

第11条　违法结婚的处置

1. 法院根据本法和民事诉讼法律规定处置违法婚姻。

2. 法院处理撤销违法婚姻的要求时，双方已满足本法第 8 条的结婚条件并要求承认婚姻关系的，则法院承认该婚姻关系。此情况下，该婚姻关系自各方满足本法规定的结婚要件之时起确立。

3. 法院撤销违法婚姻或承认婚姻关系的决定必须寄送到结婚登记机关记入户籍本，违法结婚双方，有关个人、机关、组织根据民事诉讼法律规定处理。

4. 最高人民法院主持与最高人民检察院及司法部配合指导实施该条文。

第 12 条 违法结婚被撤销的法律后果

1. 违法结婚被撤销后，婚姻双方必须终止夫妻关系。

2. 父母及子女的权利义务按照有关离婚时的父母及子女的权利义务的规定进行处理。

3. 各方之间的财产、义务、合同依照本法第 16 条处分。

第 13 条 结婚登记职权不当的处理

结婚登记职权不当的，在有要求的情况下，有权的国家机关根据法律规定将结婚证撤回、取消并要求双方在有权的国家机关重新登记结婚。该婚姻关系确立时间从之前登记结婚之日起算。

第 14 条 男女以夫妻名义同居而不登记结婚的后果处理

1. 具备本法规定的结婚条件、以夫妻名义同居但不登记结婚的男女之间不产生夫妻之间的权利和义务。各方关于子女、财产、义务以及合同的权利和义务依据本法第 15、16 条予以解决。

2. 如果男女属于本条第 1 款规定以夫妻名义共同生活的情形，但之后依照法律规定登记结婚的，该婚姻关系自登记结婚时确立。

第 15 条 男女以夫妻名义同居但不登记结婚的情形中父母与子女的权利和义务

以夫妻名义同居的男女及其子女的权利和义务适用本法关于父母与子女的权利和义务的规定。

第 16 条 男女以夫妻名义同居但不登记结婚的情形中财产、义务、合同关系的处理

1. 以夫妻名义同居但不登记结婚的男女的财产、义务、合同关系根据各方约定解决；没有约定的情况下则依据民法典及其他有关的法律规定予以解决。

2. 财产关系的解决必须保障妇女儿童的合法权益；家务劳动及其他维持共同生活的工作视为创收劳动。

第三章　夫妻关系

第一节　人身权利义务

第 17 条　夫妻之间权利义务平等

夫妻在家庭生活各方面以及在履行宪法、本法和其他法律规定的权利义务方面相互平等。

第 18 条　保护夫妻的人身权利义务

在本法、民法和其他有关法律规定的夫妻的人身权利义务得到尊重和保护。

第 19 条　夫妻情义

1. 夫妻有义务相互爱护、忠诚、尊重、关心、照顾和帮助；共同分享，实现家庭事务。

2. 夫妻有义务共同生活但夫妻之间另有约定或由于职业、工作、学习，参加政治、经济、文化和社会活动的要求等其他正当理由除外。

第 20 条　夫妻选择居住地

夫妻居住地由夫妻共同选择，不受风俗习惯或行政地域的限制。

第 21 条　尊重夫妻的名誉、人格尊严及信誉

夫妻双方应当相互尊重，维护对方的名誉、人格尊严及信誉。

第 22 条　尊重夫妻的宗教信仰自由

夫妻之间应当相互尊重对方的宗教信仰自由。

第 23 条　学习和工作权利，参加政治、经济、文化和社会活动

夫妻有权利和义务相互帮助，为对方择业、学习、提高文化程度和专业水平，参加政治、经济、文化和社会活动创造条件。

第二节 夫妻之间的代理

第24条 确立夫妻之间的代理的根据

1. 根据本法、民法和其他有关法律确定夫妻代理设立、实施和终止交易。

2. 本法、民法典和其他有关法律规定必须经夫妻双方同意的交易，夫妻可以相互委托设立、实施和终止交易。

3. 夫妻一方丧失民事行为能力而另一方满足作为监护人的条件时，则由监护人代理；夫妻一方的民事行为能力被限制而另一方被法院指定为法定代理人时，则由法定代理人代理；除法律规定其应当自己履行有关的权利义务的情况之外。

在夫妻一方丧失民事行为能力而另一方请求法院解决离婚时，法院根据民法典关于监护的规定指定其他人代理丧失民事行为能力一方解决离婚。

第25条 商业经营关系中的夫妻代理

1. 夫妻共同经营时，直接参加商业经营关系的夫妻相互为对方的合法代理，但参加经营关系之前，夫妻另有约定或本法和其他有关法律另有规定除外。

2. 夫妻使用共有财产经营时，适用本法第36条规定。

第26条 夫妻共有财产的所有权、使用权证明书只写夫妻一方的名字的情形中的夫妻代理

1. 在有关只写夫妻一方的名字的夫妻共有财产的所有权、使用权证书的交易确立、履行、终止中，夫妻代理的确定依据本法第24条和第25条规定实施。

2. 财产所有权、使用权证书所记载的夫妻一方违反本法关于夫妻代理的规定自行和第三人设立、实施和终止交易，则该交易无效，但善意第三人的权利依法律规定受保护的情形除外。

第27条 夫妻的连带责任

1. 夫妻对一方实施的交易依据第30条第1款规定或者符合本法第24条、第25条、第26条规定的交易承担连带责任。

2. 夫妻对本法第37条规定的义务承担连带责任。

第三节 夫妻财产制度

第 28 条 适用夫妻财产制度

1. 夫妻有权选择适用法定夫妻财产制度或者约定夫妻财产制度。

法定夫妻财产制度依据本法第 33 条至第 46 条和第 59 条至第 64 条实施。

约定夫妻财产制度依据本法第 47、48、49、50 和 59 条实施。

2. 夫妻选择的财产制度不影响本法第 29、30、31 和 32 条的适用。

3. 政府具体规定夫妻财产制度。

第 29 条 夫妻财产制度原则

1. 夫妻在共同财产的创造、占有、使用和处置上享有平等的权利和义务，不区别对待家务劳动和创收劳动。

2. 夫妻有义务确保担保条件满足家庭的基本需求。

3. 实施夫妻财产权利义务侵害到其他夫妻、家庭的合法权益应当赔偿。

第 30 条 满足家庭基本需求的夫妻权利义务

1. 夫妻有权利义务为满足家庭基本需求而实施交易。

2. 在夫妻没有共有财产或者共有财产不足以满足家庭基本需求的情况下，夫妻有义务根据各自的经济能力分配财产。

第 31 条 有关作为夫妻唯一住所的住宅的交易

作为夫妻唯一住所的住宅有关交易的设立、实施、终止，应当由夫妻双方约定。房屋为夫妻一方个人财产的，房屋所有人有权设立、实施、终止该财产的有关交易，但应当确保夫妻双方有住所。

第 32 条 与善意第三方涉及银行账户、证券账户以及法律未规定登记所有权和使用权的其他动产的交易

1. 与善意第三人交易时，持有银行账户、证券账户的夫妻一方有权设立、处分该财产的交易。

2. 与善意第三人交易时，民法典规定保护善意第三人的，正在占有法律未规定登记所有权的动产的夫妻一方被视为有权设立、实施有关交易的人。

第 33 条 夫妻共有财产

1. 夫妻共有财产包括婚姻存续期间夫妻共同创造，劳动、生产、经营活动

所得，个人财产产生的孳息、利息和其他合法收入，但规定在本法第 40 条第 1 款的情形除外；夫妻共同继承或者被赠与的财产和其他夫妻约定为共有财产为夫妻共有财产。

夫妻婚后获得的土地使用权是夫妻共有财产，但夫或妻一方个人继承、被赠与或者通过个人财产的交易获得的财产除外。

2. 夫妻共有财产属于合一共同所有，用于确保满足家庭的需求，实施夫妻的共同义务。

3. 夫妻存在争议的财产不能证明为个人财产的，视为共同财产。

第 34 条 关于共有财产的所有权和使用权登记

1. 法律规定必须登记所有权、使用权的夫妻共有财产的，所有权、使用权证书上应当注明夫妻双方的姓名，除夫妻另有约定外。

2. 所有权、使用权证明上仅记载夫妻一方的名字的，该财产的交易按照本法第 26 条规定实施；有关该财产的争议按照本法第 33 条第 3 款规定予以解决。

第 35 条 占有、使用、处分共有财产

1. 夫妻协商占有、使用、处分共有财产。

2. 以下处分共有财产的情形应由夫妻书面协议：

（1）不动产；

（2）依法必须登记所有权的动产；

（3）作为家庭主要收入来源的财产。

第 36 条 用于经营活动的共有财产

夫妻约定一方就共有财产使用于为经营目的的，该一方有权自行实施该财产的交易。该约定必须以书面形式订立。

第 37 条 关于夫妻财产的共同义务

夫妻有以下关于财产的义务：

1. 由夫妻协商设立的交易发生的义务，夫妻依法共同承担损害赔偿责任；

2. 由夫或妻为满足家庭基本需求而实施的义务；

3. 由占有、使用、处分共有财产产生的义务；

4. 因使用个人财产维持和发展共同财产或为家庭赚取主要收入而产生的义务；

5. 民法典规定的父母赔偿子女造成损害的赔偿义务；

6. 有关法律规定的其他义务。

第 38 条 婚姻期间共有财产的分割

1. 婚姻期间，夫妻有权协商分割一部分或者全部共有财产，但规定在本法第 42 条的情形除外；若夫妻不能达成协议，则有权请求法院判决。

2. 共同财产分割协议应当采用书面形式。本协议应经夫妻双方要求或依法律规定进行公证。

3. 根据夫妻的请求，法院应当依照本法第 59 条的规定处理共同财产分割。

第 39 条 婚姻期间共有财产分割的有效时间

1. 婚姻期间共有财产分割的有效力的时间由夫妻以书面形式约定；若书面未写明有效时间，则有效时间自书面约定订立约定之日起算。

2. 被分割的财产依法律规定交易时必须遵守一定形式的情况下，共有财产分割在分割协议符合法律规定的形式时生效。

3. 由法院分割的共同财产，从法院判决或决定的法律生效之日起生效。

4. 夫妻与第三人在财产分割有效之前产生的权利义务仍然具有法律效力，但各方另有约定除外。

第 40 条 婚姻期间共有财产分割的后果

1. 夫妻共同财产分割时，分割后获得的财产以及夫妻个人财产所产生的利息为夫妻个人财产，夫妻双方另有约定的除外。未分割财产部分仍为夫妻共同财产。

2. 规定在本条第 1 款的夫妻约定不使夫或妻与第三人之间设立之前的有关财产权利义务变动。

第 41 条 婚姻期间分割共有财产的效力终止

1. 婚姻期间分割共有财产之后，夫妻有权约定终止共有财产分割的效力，约定形式应当符合本法第 38 条第 2 款规定。

2. 自规定在本条第 1 款的夫妻约定有效力之日起，夫妻共有财产和个人财产的确定依据本法第 33 条和第 43 条规定实施，已分割的部分财产仍属于夫妻的个人所有，夫妻另有约定除外。

3. 在共有财产分割的效力终止之前发生的财产权利义务仍然有效，各方另有约定除外。

4. 共有财产分割依法院判决书、决定实施的，则共有财产分割的效力终止的约定必须得到法院的公认。

第 42 条 婚姻期间无效的财产分割

在以下的情形婚姻期间的财产分割无效：

1. 严重损害家庭利益，未成年、已丧失行为能力或者无劳动能力且无财产养活自己的子女的利益。

2. 为了规避以下义务：

（1）抚养、供养义务；

（2）损害赔偿义务；

（3）被法院宣告破产时的清算义务；

（4）向个人、组织履行债务；

（5）纳税义务或者对国家承担的其他财政义务；

（6）本法、民法典和其他有关法律规定的其他财产义务。

第 43 条 夫妻个人财产

1. 夫妻个人财产包括个人婚前财产，婚姻期间个人分别继承、被赠与的财产，依本法第 38、39 和 40 条规定分给夫妻个人的财产，以满足夫妻个人基本需求的财产，以及其他依法属于夫妻个人所有的财产。

2. 夫妻个人财产所形成的财产属于夫妻个人财产。个人财产在婚姻期间所形成的孳息、利息依据本法第 33 条第 1 款和第 40 条第 1 款实施。

第 44 条 个人财产的占有、使用和处分

1. 夫妻一方有权占有、使用和处分自己的个人财产；决定是否将个人财产合并为夫妻共有财产。

2. 夫妻一方不能自行管理个人财产，又不委托他人管理的，另一方有权管理该财产，但管理财产一方必须确保财产所有权一方的利益。

3. 夫妻关于财产的个人义务以各自的个人财产履行。

4. 夫妻个人财产的孳息、收益是家庭唯一的生活来源，则该财产的处分必须经另一方的同意。

第 45 条 夫妻关于财产的个人义务

夫妻有以下关于财产的个人义务：

1. 夫妻各自的婚前义务；

2. 因占有、使用、处分个人财产而产生的义务，但规定在本法第 44 条第 4 款或者第 37 条第 4 款因保管、保养、修补夫妻个人财产过程中产生的义务除外；

3. 非为了满足家庭基本需求由一方自行进行的交易所产生的义务；

4. 夫妻的违法行为所产生的义务。

第 46 条 夫妻个人财产与共有财产的合并

1. 夫妻个人财产与共有财产依夫妻约定合并。

2. 对于合并为共同财产的财产，法律规定其交易必须以某种形式进行的，合并协议必须确保这种形式。

3. 已并入共有财产的个人财产的有关义务以共有财产履行，但夫妻另有约定或者法律另有规定除外。

第 47 条 设立夫妻财产制度的约定

若结婚双方选择约定财产制度，则该约定必须在结婚之前以书面形式并经公证或者认证成立。夫妻约定财产制度从结婚登记之日起被设立。

第 48 条 夫妻约定财产制度的基本内容

1. 夫妻约定财产制度的基本内容包括：

(1) 确定为共有财产和个人财产的财产；

(2) 夫妻对于共有财产、个人财产及其相关交易的权利义务，保障家庭基本需求的财产；

(3) 财产制度终止时财产分割的条件、手续以及原则；

(4) 其他相关内容。

2. 夫妻双方没有约定或者约定不明确的财产制度在实施过程中发生的事项，

适用本法第 29 条、第 30 条、第 31 条、第 32 条和法定财产制度的相应规定。

第 49 条 修改、补充夫妻约定财产制度的内容

1. 夫妻有权修改、补充财产制度的约定内容。

2. 修改、补充财产制度的约定内容适用本法第 47 条规定的形式。

第 50 条 夫妻约定财产无效

1. 夫妻有关财产制度的约定属于以下情形之一的，被法院宣告无效：

（1）不遵守民法典及其他有关法律规定的交易有效条件；

（2）违反本法第 29、30、31、32 条的规定；

（3）约定内容严重损害父母、子女以及其他家庭成员的被供养权、继承权和其他合法权益。

2. 最高人民法院主持与最高人民检察院、司法部配合指导实施本条第 1 款。

第四章 婚姻终止

第一节 离婚

第 51 条 请求法院判决离婚的权利

1. 夫妻一方或夫妻双方有权请求法院判决离婚。

2. 夫妻一方由于精神疾病或其他疾病而不能感知、不能控制自己的行为，同时遭受夫妻另一方实施的家庭暴力严重损害其生命、健康和精神的情况下，受害方的父母、其他亲属有权请求法院判决离婚。

3. 妻子怀孕或正在哺养 12 个月以下婴儿期间，丈夫无权要求离婚。

第 52 条 鼓励基层调解

国家和社会鼓励对要求离婚的夫妻进行基层调解。调解工作依照基层调解法律规定进行。

第 53 条 离婚要求的受理

1. 法院依照民事诉讼法律规定受理离婚要求。

2. 未办理结婚登记而要求离婚的，法院予以受理并依据本法第 14 条第 1 款规定宣布夫妻关系不成立；对有关子女、财产的请求，依照本法第 15、16 条规

定进行解决。

第 54 条 法院调解

法院受理离婚请求后，应当依照民事诉讼法律规定进行调解。

第 55 条 双方自愿离婚

夫妻双方都要求离婚的情况下，如双方自愿离婚并且在确保妻子和子女的正当利益的基础上，已经协商好财产分割、子女抚养的，则法院准予离婚；如不能协商或者已经协商，但不确保妻子和子女的正当利益，则法院判决不准予离婚。

第 56 条 一方要求离婚

1. 夫或妻一方要求离婚，法院调和不成时，如有根据证明夫妻一方对另一方实施家庭暴力或者严重违反夫妻的权利义务致使婚姻情况恶化，无法维持共同生活、不能达到婚姻目的，则法院应当判决离婚。

2. 被法院宣告失踪人，其配偶要求离婚的，法院予以准许。

3. 根据本法第 51 条第 2 款提出的离婚请求，有根据认为一方实施家庭暴力严重损害另一方的性命、健康、精神的，法院应当准许离婚。

第 57 条 婚姻终止的时间和递送离婚判决书、决定的责任

1. 婚姻关系从法院的判决书、决定产生法律效力之日起终止。

2. 解决离婚的法院应当将已生效的判决书、决定书递送至婚姻登记机关以记入户籍本，离婚双方，民事诉讼法律及其他有关法律规定的其他个人、机关和组织。

第 58 条 离婚后父母和子女的权利义务

离婚后的照看、照顾、抚养和教育子女适用本法第 81、82、83 和 84 条规定。

第 59 条 离婚时处理夫妻财产原则

1. 适用法定财产制度的，财产处分由当事人协商；协商不成的，则法院根据夫妻一方或夫妻双方的请求，适用本条第 2、3、4 款规定及本法第 60、61、62、63、64 条的规定予以处理。

适用约定财产制度的，财产处分适用该约定；约定不充分或不明确，则适用本条第 2、3、4、5 款及本法第 60、61、62、63、64 条的相应规定处理。

2. 夫妻共同财产应当对半分割，同时应当考虑以下要素：

（1）夫妻各自的家庭境况；

（2）夫妻一方对创建、维护和发展共有财产的贡献，夫妻一方在家庭中的劳动被视为创收劳动；

（3）保护各方生产、经营和职业活动的正当利益以保障各方能够继续劳动创造收入；

（4）夫妻各方侵犯夫妻权利义务的过错。

3. 夫妻共有财产可以实物分割，不能实物分割的，按价值分割；夫妻一方获得实物的价值超出其应得部分的，应当向另一方支付差额部分。

4. 夫妻个人财产归各自所有，但个人财产已并入共有财产的情形除外。

夫妻个人财产合并或者与共同财产混合后，一方要求分割的，应当按照其已投入部分的价值支付，但夫妻双方另有约定除外。

5. 保护妻子，未成年、已成年但已丧失民事行为能力或者无劳动能力且无财产养活自己的子女的合法权益。

6. 最高人民法院主持配合最高人民检察院与司法部指导实施本条。

第 60 条 离婚时夫妻对第三人的财产的权利义务之处理

1. 离婚后夫妻对第三人的财产权利义务仍然有效，但夫妻和第三人另有约定的除外。

2. 关于财产的权利义务发生纠纷的情况下，适用本法第 27、37 和 45 条与民法典的规定予以解决。

第 61 条 与家人生活的夫妻离婚时的财产分割

1. 与家人生活的夫妻离婚时，如夫妻在家庭总财产中的个人财产不能确定，则可以根据夫妻为了创造、维持、发展家庭财产以及家庭生活，作出的贡献，分配部分家庭财产。分配的财产份额由夫妻与家庭进行协商；协商不成的，可以请求法院予以解决。

2. 夫妻在家庭总财产中的财产可以确定的，则离婚时，根据本法第 59 条从家庭共同财产中扣除其财产部分。

第 62 条 夫妻离婚时土地使用权的分割

1. 离婚时，属于夫妻个人的土地使用权仍归其个人所有。

2. 夫妻共同所有的土地使用权的分割依照以下规定进行：

（1）对于一年生作物、水产养殖用地，如双方都有直接使用的需要和条件，则可以协商分割；如双方协商不成，则请求法院依照本法第 59 条的规定予以解决。

只有一方有直接使用的需要和条件的，可以继续使用土地，但应当向另一方支付其享有的部分土地使用权价值。

（2）夫妻与家庭共同所有一年生作物、水产养殖用地的使用权的，离婚时，夫妻的土地使用权按照本款第 1 项的规定进行分割。

（3）对于多年生木的农用地、造林林地、宅基地的使用权，依照本法第 59 条的规定进行分割。

（4）其他类别土地的使用权依照有关土地的法律规定进行分割。

3. 夫妻与大家庭共同生活，但不享有土地使用权的，离婚时，没有土地使用权并不再与家庭共同生活的一方的权益依据本法第 61 条规定予以安置。

第 63 条　夫妻离婚时的留居权

夫妻共同使用的住房属于一方所有的，离婚时该住房仍然属于原所有人；夫妻一方在住房有困难的情况下，有权留居 6 个月，时间从婚姻关系终止之日起算，但双方另有约定的除外。

第 64 条　用于经营的夫妻共有财产的分割

正在进行和共有财产有关的经营活动的夫妻一方有权获得该财产，并且应当向另一方支付其应享有的部分财产价值，但关于经营的法律另有规定除外。

第二节　婚姻因夫妻一方死亡或者被法院宣告死亡而终止

第 65 条　婚姻终止时间

婚姻从夫妻一方死亡时终止。

夫妻一方被法院宣告死亡的，婚姻终止时间为法院判决书、决定所记载的死亡日期。

第 66 条　夫妻一方死亡或被法院宣告死亡的夫妻财产处分

1. 夫妻一方死亡或者被法院宣告死亡的，由另一方管理夫妻共有财产，但遗嘱指定其他人管理遗产或者继承人协商让其他人管理遗产的情形除外。

2. 要求分割遗产的，夫妻共有财产对半分割，但夫妻有财产约定的除外。已死亡或被法院宣告死亡一方的财产，依照继承的法律规定予以分割。

3. 遗产分割严重影响到夫或妻一方以及家庭生活的，夫妻一方有权请求法院依据民法典规定限制遗产分割。

4. 用于经营活动的夫妻财产依据本条第 1、2、3 款规定处分，但关于经营的法律另有规定的除外。

第 67 条 夫妻一方被宣告死亡后的人身关系和财产关系

1. 法院撤销宣告死亡时，夫妻另一方未与他人结婚的，婚姻关系从结婚之日起恢复。法院已依据本法第 56 条第 2 款规定作出决定予以离婚的，该决定仍然有效。夫妻另一方已与他人结婚的，之后确立的婚姻关系有效。

2. 被宣告死亡返回的夫妻一方与另一方的财产关系依照下列规定予以处理：

（1）婚姻关系恢复的，财产关系从法院撤销宣告死亡的决定生效之日起恢复。从法院对夫妻一方的宣告死亡的决定生效到撤销宣告死亡的决定生效时，由夫或妻一方获得的财产属于其个人财产；

（2）婚姻关系不能恢复的，法院对夫或妻宣告死亡的决定有效之前获得的财产依据离婚时的财产分割予以处分。

第五章 父母与子女的关系

第一节 父母与子女之间的权利和义务

第 68 条 保护父母子女的权利和义务

1. 父母与子女的权利义务依照本法、民法典以及其他有关法律规定受尊重与保护。

2. 无论父母的婚姻状况如何，出生子女均享有规定在本法、民法典以及其他有关法律的对父母的权利义务。

3. 养子女和养父母之间的权利义务规定在本法、收养法、民法典以及其他有关法律。

4. 任何父母子女之间有关人身、财产关系的约定不得损害未成年、已丧失民事行为能力或无劳动能力且无财产养活自己的子女，已丧失民事行为能力或无劳动能力且无财产养活自己的父母的合法权益。

第 69 条 父母的权利和义务

1. 父母有权利和义务爱护、尊重子女的意见，照顾子女的学习和教育以确保其身体、智力和道德的健康发展，成为家庭孝顺的子女、对社会有用的公民。

2. 照看、养育、照顾未成年、已成年但丧失民事行为能力或者无劳动能力且无财产养活自己的子女并维护其合法权益。

3. 依照民法典的规定担任其未成年子女、已成年但丧失民事行为能力的监护人或者代理人。

4. 不得因性别、父母的婚姻状况而区别对待子女，不得滥用未成年子女、已成年但丧失民事行为能力或无劳动能力的子女的权利，不得教唆、强迫子女违反法律和社会道德。

第 70 条 子女的权利和义务

1. 受父母的爱护、尊重、依法行使人身及财产的合法权益，学习和获得教育；身体、智力和道德良好发展。

2. 子女有义务爱、尊重、感恩、孝顺、奉养父母，维护家庭的名誉和优良传统。

3. 未成年、已成年但丧失民事行为能力或者无劳动能力且无财产养活自己的子女有权与父母共同生活，并获得父母的照看、抚养、照顾。

未成年子女参加不违反保护、照顾和教育儿童法律规定且适合自己年龄的家庭事务。

4. 已成年的子女有权自由选择职业、居住地、学习、提高文化水平、专业业务，以自己的意愿和能力参加政治、经济、社会活动。与父母共同生活时，为了确保家庭共同生活，子女有义务参加家庭的事务、劳动、生产、创造收入，在其能力范围内贡献收入以满足家庭的需求。

5. 享有与为家庭财产作出的贡献相应的财产权。

第 71 条 照顾、抚养的权利和义务

1. 父母有照顾、养育未成年、无民事行为能力或无劳动力且无财产养活自己的成年子女的同等权利义务。

2. 子女有照顾、赡养父母的权利义务，特别当父母丧失民事行为能力、生病、年老体弱或残疾时；家庭有多个子女的，子女应当共同照顾、赡养父母。

第 72 条 教育子女的权利和义务

1. 父母有教育子女，关心并为子女学习创造条件的义务。

父母应当为子女创造温暖、和顺的家庭环境，在各方面为子女树立榜样，与学校以及其他社会教育组织密切配合，教育子女。

2. 父母应当指导子女择业，尊重子女选择职业、参加政治、经济、文化、社会活动的权利。

3. 父母遇到无法自己解决的困难的，可以请求有关机关、组织帮助教育子女。

第 73 条 父母代表子女

1. 父母是未成年子女、无民事行为能力之成年子女的法定代表人，但已有他人担任子女的监护人或法定代表人的除外。

2. 父母有权为满足未成年子女、无民事行为能力或者无劳动能力且无财产养活自己的成年子女的基本需求自行进行交易。

3. 有关未成年子女、无民事行为能力子女的不动产，已登记所有权、使用权的动产，用于经营活动的财产的交易，必须经父母协商同意。

4. 父母根据本条第 2 款、第 3 款以及民法典的规定对有关子女的财产的交易承担连带责任。

第 74 条 对子女造成损害的赔偿

未成年子女、无民事行为能力的成年子女造成损害的，其父母应当依照民法典规定进行赔偿。

第 75 条 子女拥有的个人财产权

1. 子女有权拥有个人财产。子女的个人财产包括个人继承的财产、被赠与的财产、个人的劳动所得、个人财产的孳息和利息及其他合法收入。子女的个

人财产所产生的财产属于子女的个人财产。

2. 与父母共同生活且年满 15 周岁以上的子女，如有收入，则有关心家庭共同生活的义务，为满足家庭生活的基本需求作出贡献。

3. 成年子女依照本法第 70 条第 4 款承担为满足家庭生活的基本需求贡献自己的收入的义务。

第 76 条 子女个人财产的管理

1. 年满 15 周岁以上的子女可以自己管理或者要求父母管理其个人财产。

2. 未满 15 周岁的子女、无民事行为能力的子女的个人财产由父母管理。父母可以委托他人管理子女的个人财产。由父母或者他人管理的子女的个人财产，在其年满 15 周岁以上或者其民事行为能力恢复时，应当返还，但父母与子女另有约定的除外。

3. 子女由民法典规定的其他人监护的；赠与或遗嘱遗赠财产给子女的人指定他人管理该财产的等其他法定情形，则父母不得管理子女的个人财产。

4. 由父母管理未成年子女、无民事行为能力子女的个人财产的，子女被交给他人监护时，其个人财产依照民法典规定交给该监护人管理。

第 77 条 未成年子女、无民事行为能力子女的个人财产的处分

1. 父母管理未满 15 周岁子女的个人财产的，有权为了子女的利益而处分其财产，如子女年满 9 周岁以上，则应考虑子女个人的意愿。

2. 年满 15 周岁以上 18 周岁以下的子女，有权处分其个人财产；但财产为不动产，已登记所有权、使用权的动产或用于经营活动的财产，则必须经过父母或者监护人的书面同意除外。

3. 子女为无民事行为能力的成年人的，其个人财产的处分由监护人实施。

第 78 条 养父母和养子女的权利和义务

1. 养父母和养子女自收养关系依照收养法确立之日起享有本法规定的父母与子女的权利和义务。

根据法院的决定终止收养的，养父母对养子女的义务自法院的决定有法律效力之日起终止。

2. 亲生父母与已被他人收养的亲子的权利和义务适用收养法的规定。

3. 亲生父母与亲子的权利和义务自收养关系终止时恢复。不再有亲生父母或者亲生父母无力抚养未成年子女、无民事行为能力或者无劳动能力且无财产养活自己的成年子女的，法院依据民法典规定终止收养并为其指定监护人。

第79条 继父母与继子女的权利和义务

1. 继父母依照本法第69、71、72条规定有权利和义务照顾、抚养和教育与其共同生活的继子女。

2. 继子女依照本法第70、71条规定有权利和义务照顾、赡养与其共同生活的继父母。

第80条 儿媳与公婆、女婿与岳父母的权利和义务

儿媳、女婿与公婆、岳父母共同生活的，各方依照本法第69、70、71、72条规定互相尊重、关心、照顾、帮助。

第81条 离婚后子女的照顾、抚养和教育

1. 离婚后，父母依据本法、民法典及其他有关法律规定仍然有权利和义务照顾、抚养和教育未成年子女、无民事行为能力或者无劳动能力且无财产养活自己的成年子女。

2. 夫妻应就离婚后直接抚养子女的人、对子女的权利和义务协商一致，协商不成的，法院根据对子女各方面权益的有利条件决定直接抚养人，子女年满7岁以上的，应当考虑子女的意愿。

3. 未满36个月的子女由母亲直接抚养，但母亲不具备直接照看、照顾、抚养、教育的条件或者父母另有其他符合子女权益的约定除外。

第82条 离婚后不直接抚养子女的父母的权利和义务

1. 不直接抚养子女的父母有义务尊重子女的与直接抚养人共同生活的权利。

2. 不直接抚养子女的父母有义务供养子女。

3. 离婚后，不直接抚养子女一方有权利和义务在不被任何人妨碍的情况下探望子女。

不直接抚养子女的父母对子女的照看、照顾、抚养、教育造成妨碍或者不利影响，滥用探望子女的权利，直接抚养人有权请求法院限制其探望权。

第83条 直接抚养子女的父母对不直接抚养子女一方的权利和义务

1. 直接抚养子女的父母有权要求不直接抚养子女一方履行本法第 82 条规定的义务，要求不直接抚养子女一方及其他家庭成员尊重自己抚养子女的权利。

2. 直接抚养子女的父母和家庭成员不得妨碍不直接抚养子女一方探望、照顾、抚养、教育子女。

第 84 条 离婚后子女的直接抚养人的变更

1. 法院根据父母或者本条第 5 款规定的个人、组织的请求，决定变更子女的直接抚养人。

2. 有下列情形之一的，应当变更直接抚养人：

（1）父母在符合子女权益的基础上约定变更子女的直接抚养人。

（2）子女的直接抚养人不再具备直接照看、照顾、抚养、教育子女的条件。

3. 子女年满 7 周岁以上的，其直接抚养人的变更应当考虑子女的意愿。

4. 父母双方均不具备直接抚养孩子的条件的，法院按照民法典的规定决定子女的监护人。

5. 有本条第 2 款第 2 项规定的情形之一的，在子女利益的基础上，下列个人、机关、组织有权要求变更直接抚养子女的人：

（1）亲戚；

（2）国家家庭管理机关；

（3）国家儿童管理机关；

（4）妇女联合会。

第 85 条 限制父母对于未成年子女的权利

1. 父母对于未成年子女的权利被限制在以下情形下：

（1）父母被宣判有侵犯子女生命、健康、人格尊严、名誉之罪，或者严重违反照顾、抚养和教育子女之义务；

（2）父母分散子女的财产；

（3）父母过着堕落的生活；

（4）父母教唆或强迫子女违法、违反社会道德。

2. 法院根据具体情形，可以主动或根据本法第 86 条规定的个人、机关或组织的请求，决定不允许父母在 1 年到 5 年内照顾、教育子女，管理子女的财产，或担任子女的法定代表人。法院可以考虑缩短此期限。

第 86 条 有权请求法院限制父母对未成年子女的权利的人

1. 未成年人的父母、监护人依民事诉讼法律的规定，有权请求法院判决限制父母对未成年子女的权利。

2. 下列个人、机关、组织根据民事诉讼法律规定有权请求法院限制父母对未成年子女的权利：

（1）亲戚；

（2）国家家庭管理机关；

（3）国家儿童管理机关；

（4）妇女联合会。

3. 其他个人、机关、组织发现父母违反本法第 85 条第 1 款的规定的，有权向本条第 2 款第 2、3、4 项规定的机关、组织提议请求法院限制父母对未成年子女的权利。

第 87 条 父母被限制对其未成年子女的权利的法律后果

1. 父母一方被法院限制对未成年子女的权利的，由父母另一方照顾、抚养、教育子女、管理子女个人财产、担任子女的法定代表人。

2. 有下列情形之一的，监护人依照民法典和本法的规定照顾、抚养、教育未成年子女并管理其个人财产：

（1）父母对未成年子女的权利均被法院限制；

（2）父母一方对未成年子女的权利不被限制，但不具备行使对子女权利和义务的条件；

（3）父母一方被限制对未成年子女的权利且父母另一方未确定。

3. 被法院限制父母对未成年子女权利的人，仍然负有供养子女的义务。

第二节 确定父母、子女

第 88 条 确定父母

1. 婚姻期间所生子女或婚姻期间受孕的子女为夫妻的共同子女。

婚姻终止后在 300 天内出生的子女被视为受孕在婚姻期间的子女。

结婚登记之前出生并为父母承认的子女是夫妻的共同子女。

2. 父母不承认子女的，应当提供证据并经法院确认。

第 89 条 确认子女

1. 不被承认为某人父母的人，可以请求法院确认该人是自己的子女。

2. 被确认为某人父母的人，可以请求法院确认该人不是自己的子女。

第 90 条 承认父母的权利

1. 子女有权承认父母，即便父母已去世。

2. 成年子女可以不经其母亲、父亲的同意，承认父亲、母亲。

第 91 条 承认子女的权利

1. 父母有权承认子女，即便子女已去世。

2. 婚姻期间的夫妻一方可以不经另一方的同意，承认子女。

第 92 条 请求确认人已死亡的父母子女关系确认

请求确认父母子女关系人已死亡的，其亲戚有权请求法院予以确认父母子女。

第 93 条 采用辅助生殖技术的父母确认

1. 妻子采用辅助生殖技术生殖的，父母的确认适用本法第 88 条的规定。

2. 单身妇女采用辅助生殖技术的，视为其生出的子女的母亲。

3. 辅助生殖技术的采用不产生提供精子、卵子、胚胎的人与生出的子女之间的父母子女关系。

4. 因人道目的代孕的父母确认适用本法第 94 条的规定。

第 94 条 因人道目的代孕的父母确认

因人道目的代孕生出的子女自出生时视为委托代孕方的子女。

第 95 条 因人道目的代孕的条件

1. 因人道目的代孕应当在各方自愿的基础上以书面形式约定。

2. 满足以下条件的夫妻有权委托他人代孕：

（1）经主管卫生组织证明，即使采用辅助生殖技术，其妻也不能怀孕和生产；

（2）夫妻没有共同子女；

（3）已获得健康、法律和心理方面的咨询。

3. 受委托代孕人应当满足以下条件：

（1）为委托代孕夫妻一方的同代亲戚；

（2）已生殖过并只能代孕一次；

（3）处在适合代孕的年龄并经主管卫生组织证明具备代孕能力；

（4）婚姻期间的代孕人应当经其丈夫的书面同意；

（5）已获得健康、法律、心理各方面的咨询；

4. 因人道目的代孕不得违反关于辅助生殖技术的法律规定。

5. 政府详细规定本条。

第 96 条 因人道目的代孕的约定

1. 委托代孕的夫妻（简称委托代孕方）与代孕人的夫妻（简称代孕方）之间的约定应当具备以下基本内容：

（1）委托代孕方与代孕方依本法第 95 条规定的有关条件的充分信息；

（2）承诺履行本法第 97、98 条规定的权利和义务；

（3）解决产科事故后的后果处理，支持确保怀孕和分娩期间代孕人的生殖健康、委托代孕方的子女承认、双方在子女未交给委托代孕方时的权利和义务，其他相关权利和义务；

（4）一方或双方违反协议的民事责任。

2. 代孕协议应当采用书面形式并经公证。委托代孕的夫妻一方授权另一方或者代孕的夫妻一方授权另一方协商的，应当采用书面形式并经公证。授权第三方的，无法律效力。

委托代孕方与代孕方的协定和代孕方与实施辅助生殖技术的主管卫生机构的协定同时成立的，前者应当经该卫生机构主管人员的确认。

第 97 条 人道目的代孕的代孕方的权利和义务

1. 代孕人及其配偶在照顾生殖健康和将孩子交给委托代孕方之前的照顾、抚养孩子上有与父母相同的权利和义务，并应当将孩子交给委托代孕方。

2. 代孕人应当遵守卫生部规定有关发现和治疗胎儿畸形和缺陷的检查和筛查程序。

3. 代孕人根据有关劳动和社会保险的法律规定，在将孩子交给委托代孕方之前，享受生育制度。从分娩之日至将孩子交给委托代孕方之日不满60天的，代孕人仍然享受60天的生育制度。因代孕所生的子女不计入人口和计划生育政策所规定的子女数。

4. 代孕方有权要求委托代孕方辅助、照顾生殖健康。

为确保本人的生命、健康或者胎儿发展，代孕方在符合法律有关照顾生殖健康和辅助生殖技术的规定的基础上，有权决定胎儿数量、是否继续受孕。

5. 委托代孕方拒绝接受子女的，代孕方有权请求法院强制其接受子女。

第98条 因人道目的委托代孕方的权利和义务

1. 委托代孕方有义务支付根据卫生部规定用于确保生殖健康的实际费用。

2. 因人道目的委托代孕方对子女的权利和义务自子女出生时产生。委托代孕的母亲根据劳动与社会保险的法律规定从接受子女之日至子女满6个月享有的生育制度。

3. 委托代孕方不得拒绝接受子女。委托代孕方逾期未接受子女或者违反抚养、照顾子女义务，则应当依照本法规定负有供养子女的义务并依照有关法律规定受处罚；对代孕方造成损害的，应当赔偿。委托代孕方死亡的，子女依照法律规定继承其遗产。

4. 以代孕出生的子女与委托代孕方的其他家庭成员的权利和义务适用本法、民法典及其他有关法律的规定。

5. 代孕方拒绝交出孩子的，委托代孕方有权请求法院强制其交出孩子。

第99条 有关采用辅助生殖技术和因人道目的代孕的纠纷解决

1. 法院是解决有关采用辅助生殖技术和因人道目的代孕纠纷的主管机关。

2. 委托代孕方未接受子女但其夫妻双方已死亡或者丧失民事行为能力，代孕方有权收养该孩子；代孕方不收养该孩子的，孩子的监护和供养适用本法和民法典的规定。

第100条 有关采用辅助生殖技术和因人道目的代孕违法行为的处理

采用辅助生殖技术和代孕各方当事人违反本法规定的权利和义务的，根据行为的性质和程度承担民事责任、行政责任、刑事责任。

第 101 条 确认父母子女的管辖权

1. 户籍登记机关在无争议的情况下有权根据有关户籍的法律规定确认父母子女关系。

2. 发生争议或者确认父母子女请求人死亡或有本法第 92 条规定的情形之一的，法院有权受理父母子女关系的确认。

法院确认父母子女关系的决定应当递送至户籍登记机关根据户籍的法律规定进行备案、确认父母子女关系的各方当事人、根据民事诉讼法律规定的有关个人、机关和组织。

第 102 条 有权要求确认父母子女关系的人

1. 具有民事行为能力的成年的父母、子女在本法第 101 条第 1 款规定的情形下有权请求户籍登记机关予以确认父母子女关系。

2. 父母、子女在本法第 101 条第 2 款规定的情形下，依照民事诉讼法律的规定，有权请求法院予以确认父母子女关系。

3. 下列个人、机关、组织依照民事诉讼法律规定，有权请求法院为属于本法第 101 条第 2 款规定的情形的未成年子女或无民事行为能力的成年子女，予以确认父母，或者为无民事行为能力的父母予以确认父母：

（1）父母、子女、监护人；

（2）国家家庭管理机关；

（3）国家管理儿童机关；

（4）妇女联合会。

第六章 其他家庭成员之间的关系

第 103 条 其他家庭成员之间的权利和义务

1. 各家庭成员有互相关心、照顾、帮助和尊重的权利和义务。家庭成员规定在本法、民法典及其他有关法律的人身和财产的合法权益受法律保护。

2. 共同生活的家庭成员有义务根据自身实际能力参加家庭事务、劳动创造收入，努力贡献金钱或其他财产以维持家庭的共同生活。

3. 国家有政策为家庭中的各代成员互相关心、照顾、帮助以维护和发扬越南家庭的优良传统创造条件，鼓励个人、组织一起参加维护和发扬越南家庭的优良传统。

第 104 条 祖父母、外祖父母与孙子女的权利和义务

1. 祖父母、外祖父母有照顾、教育孙子女，为孙子女树立良好的榜样的权利和义务；根据本法第 105 条规定没有抚养人的未成年孙子女、无民事行为能力或者无劳动能力且无财产养活自己的，由祖父母、外祖父母承担抚养义务。

2. 孙子女有敬重、照顾、赡养祖父母、外祖父母的义务，祖父母、外祖父母无子女赡养，则由成年的孙子女承担赡养义务。

第 105 条 兄弟姐妹的权利和义务

兄弟姐妹有相互爱护、照顾和帮助的权利和义务，父母已经去世或者无条件抚养、照顾和教育子女的，有相互扶养的权利和义务。

第 106 条 亲姑、姨、叔、伯与亲侄子女的权利和义务

亲姑、姨、叔、伯与亲侄子女有相互爱护、照顾和帮助的权利和义务，有抚养另一方的权利和义务，如果其需要抚养但没有父母子女以及本法第 104、105 条所列的人或者有但该人无条件履行抚养义务。

第七章 供　　养

第 107 条 供养的义务

1. 供养义务依照本法规定产生在父母与子女之间，兄弟姐妹之间，祖父母、外祖父母与孙子女之间，亲姑、姨、叔、伯与亲侄子女之间，夫妻之间。

供养义务不得以其他义务代替，不得转移于他人。

2. 有供养义务而逃避的，法院依照本法第 119 条规定根据个人、组织的要求，强制义务人履行本法规定的供养义务。

第 108 条 一人供养多人

一人供养多人的，由供养人与被供养人根据供养人的收入和实际能力以及被供养人的基本需求，协商确定供养方式和供养标准；协商不成的，应当请求

法院解决。

第 109 条 多人供养一人或多人

多人有供养一人或多人的义务的，由全体当事人根据各自收入和实际能力以及受供养人的基本需求，协商确定供养方式和供养标准；协商不成的，应当请求法院解决。

第 110 条 父母供养子女的义务

父母对未成年子女、无劳动能力且无财产养活自己的成年子女，在不与其共同生活或者共同生活，但违反抚养子女义务的情况下，有供养义务。

第 111 条 子女供养父母的义务

不与父母共同生活的成年子女有对无劳动能力且无财产养活自己的父母的供养义务。

第 112 条 兄弟姐妹之间的供养义务

父母已经去世或者无劳动能力且无财产供养子女的，不与弟、妹共同生活的成年兄、姐有义务供养未成年弟、妹或无劳动能力且无财产养活自己的成年弟、妹，不与兄、姐共同生活的成年弟、妹对无劳动能力且无财产养活自己的兄、姐负有供养义务。

第 113 条 祖父母、外祖父母与孙子女之间的供养义务

1. 不与孙子女共同生活的祖父母、外祖父母负有供养没有本法第 112 条规定的供养人的未成年孙子女或无劳动能力且无财产养活自己的成年孙子女的义务。

2. 不与祖父母、外祖父母共同生活的成年孙子女负有供养没有本法规定的供养人且无劳动能力、无财产养活自己的祖父母、外祖父母的义务。

第 114 条 亲姑、姨、叔、伯与亲侄子女之间的供养义务

1. 不与亲侄子女共同生活的亲姑、姨、叔、伯负有供养没有本法规定的供养人的未成年亲侄子女或无劳动能力且无财产养活自己的成年亲侄子女的义务。

2. 不与亲姑、姨、叔、伯共同生活的成年亲侄子女负有供养没有本法规定的供养人且无劳动能力、无财产养活自己的亲姑、姨、叔、伯的义务。

第 115 条 离婚后夫妻之间的供养义务

离婚后，夫妻一方因生活困难，以正当理由要求另一方供养，则另一方有

根据自己的能力供养的义务。

第 116 条 供养标准

1. 供养标准由供养人与被供养人或者其监护人根据供养人的收入和实际能力以及被供养人的基本需求，协商决定；协商不成的，则请求法院解决。

2. 基于正当理由的，可以变更供养标准。供养标准的变更由各方当事人协商决定；协商不成的，则请求法院解决。

第 117 条 供养的方式

供养可以按月、季度、每半年、年度或一次性提供。

供养人有经济上的困难、无法履行供养义务的，各方可以协商变更供养方式或暂停供养；协商不成的，则请求法院解决。

第 118 条 供养义务的终止

供养义务在下列情况下终止：

1. 被供养人已成年，且有劳动能力或者有财产养活自己；

2. 被供养人被收养；

3. 供养人已直接抚养被供养人；

4. 供养人或被供养人死亡；

5. 离婚后的被供养人已与他人结婚；

6. 法律规定的其他情形。

第 119 条 有权要求履行供养义务的人

1. 被供养人及其父母或其监护人，依照民事诉讼法律规定，有权请求法院责令不自觉履行供养义务的人履行义务。

2. 下列个人、机关、组织，依照民事诉讼法律规定，有权请求法院责令不自觉履行供养义务的人履行义务：

（1）亲戚；

（2）国家家庭管理机关；

（3）国家儿童管理机关；

（4）妇女联合会。

3. 其他个人、机关、组织，当发现逃避履行供养义务行为，有权提议本条第 2 款规定的第 2、3、4 项所列的机关和组织请求法院责令不自觉履行供养义务的人履行义务。

第 120 条 鼓励组织、个人提供援助

国家和社会鼓励各个组织、个人向特别困难的家庭和个人提供金钱或其他财产的援助。

第八章 涉外的婚姻家庭关系

第 121 条 保护涉外婚姻家庭关系中各方的合法权益

1. 在越南社会主义共和国，涉外婚姻家庭关系依照越南法律以及越南社会主义共和国参加的国际条约的规定受尊重和保护。

2. 在越南的外国人与越南公民的婚姻家庭关系中，享有与越南公民相同的权利和义务，但越南法律另有规定的除外。

3. 越南社会主义共和国根据越南法律、东道国法律以及国际法和惯例，保护在国外的越南公民在婚姻家庭关系方面的合法权益。

4. 政府详细规定有关涉外婚姻家庭关系的处理以保护各方合法权益并确保本法第 5 条第 2 款规定的实施。

第 122 条 涉外婚姻家庭关系的法律适用

1. 涉外婚姻家庭关系，适用越南社会主义共和国有关婚姻家庭的法律规定，但本法另有规定的除外。

越南社会主义共和国参加的国际条约的规定与本法规定不一致的，适用该国际条约的规定。

2. 本法以及越南的其他法律文本援引国外法律的，适用国外法律，但该适用不得违反本法第 2 条规定的基本原则。

国外法律援引越南法律的，适用越南婚姻家庭法律。

3. 越南社会主义共和国参加的国际条约援引国外法律的，适用国外法律。

第 123 条 解决涉外婚姻家庭事务的权限

1. 有关涉外婚姻家庭关系的户籍登记的权限应当符合有关户籍的法律规定。

2. 法院解决有关涉外婚姻家庭关系事务的权限应当符合民事诉讼法律规定。

3. 越南公民居住地的县级人民法院有权依照本法和其他越南法律规定解决越南边境居民与邻国公民之间的撤销违法婚姻、处理离婚案件、夫妻、父母、子女的权利和义务纠纷、承认父母子女关系、收养、监护。

第 124 条 有关婚姻家庭文件的领事合法化

外国主管机关为办理婚姻家庭事务所设立、发给或者证明的文件，应当领事合法化，但根据越南社会主义共和国缔结的条约或根据互惠原则有资格豁免领事合法化的除外。

第 125 条 国外法院、主管机关有关婚姻家庭的判决、决定的承认和备案

1. 有关婚姻家庭的国外判决、决定的承认应当符合民事诉讼法律的规定。

2. 未请求在越南执行或者承认的国外法院关于婚姻家庭的判决以及国外主管机关有关婚姻家庭的决定、政府规定，备案在户籍簿。

第 126 条 涉外结婚

1. 越南公民与外国人之间结婚的，各方应当遵守各自国家有关结婚条件的法律规定；在越南的国家主管机关结婚的，则外国人还应当遵守本法关于结婚条件的规定。

2. 在越南居住的外国人在越南主管机关结婚的，应当遵守本法关于结婚条件的规定。

第 127 条 涉外离婚

1. 越南公民与外国人之间离婚、常住在越南的外国人之间离婚的依照本法规定，在越南的主管机关予以解决。

2. 越南公民要求离婚时不常住在越南的，则离婚可以适用夫妻共同常住国家的法律；若没有共同常住地，则适用越南法律。

3. 发生争议的不动产在外国的，适用不动产所在地法律解决。

第 128 条 涉外的父母子女确认

1. 越南户籍登记机关有权根据户籍法律解决越南公民与外国人之间或至少有一方在国外定居的越南公民之间或至少有一方在越南有经常居住地的外国人之间的没有争议的父母子女的确认的问题。

2. 越南的主管法院解决属于本法第 88 条第 2 款，第 89 条，第 90 条，第

97 条第 1 款、第 5 款，第 98 条第 3 款、第 5 款，第 99 条所规定的情形及其他有争议的涉外父母子女确认。

第 129 条 涉外的供养义务

1. 供养义务适用要求供养人居住的国家的法律规定。要求供养人没有在越南的居住地的，适用要求供养人国籍国的法律。

2. 本条第 1 款规定的要求供养人的申请由要求供养人居住国家的主管机关解决。

第 130 条 涉外夫妻财产约定制度的适用，男女不办理结婚登记而以夫妻名义共同生活的处理

越南的主管机关适用本法以及越南的其他有关法律，根据请求，解决夫妻财产约定制度的适用，男女不办理结婚登记而以夫妻名义共同生活的处理。

第九章 实施条款

第 131 条 过渡条款

1. 确立在本法生效之前的婚姻家庭关系适用确立时的婚姻家庭法解决。

2. 法院在本法生效之前受理，但未解决的婚姻家庭事务适用本法规定的程序予以解决。

3. 法院在本法生效之前已根据婚姻家庭的法律予以解决的事务，依照监督审、再审的程序提出抗诉的，不适用本法。

第 132 条 实施效力

本法自 2015 年 1 月 1 日起实行。

22/2000/QH10 号婚姻家庭法自本法生效之日起失效。

第 133 条 具体规定和指导实施

政府详细规定本法的条款。

最高人民法院主持与最高人民检察院和司法部配合指导实施本法。

本法于 2014 年 6 月 19 日越南社会主义共和国第 13 届国会第 7 次会议通过。

（越南在华留学生黄妃燕译）

参考文献

著作类：

1. 兰强、徐方宇、李华杰:《越南概论》，世界图书出版广东有限公司 2012 年版。

2. 伍光红、黄氏惠:《越南民法典》，商务印书馆 2018 年版。

3. 吴远负:《越南社会主义共和国民法典 (2005 年版)(附婚姻家庭法)》，厦门大学出版社 2007 年版。

4. 巫昌祯:《婚姻与继承法学》(第五版)，中国政法大学出版社 2011 年版。

5. 费孝通:《乡土中国生育制度》，北京大学出版社 1998 年版。

6. 杨大文主编:《亲属法》，法律出版社 1997 年版。

7. 李明舜、林建军:《婚姻家庭与继承法》，北京交通大学出版社 2014 年版。

8. 黄铮、萧德浩主编:《越南边界历史资料选编》，社会科学文献出版社 1993 年版。

9. 陈继章:《越南研究》，军事谊文出版社 2003 年版。

10. 周建新:《中越中老跨国民族及其族群关系研究》，民族出版社 2002 年版。

11. 李汉元:《国际私法》，北京大学出版社 2011 年版。

12. 李静:《最新中华人民共和国婚姻法配套解读与实例 (含司法解释)》，法律出版社 2014 年版。

13. 林明华:《越南社会文化与投资环境》，世界图书出版广东有限公司 2012 年版。

14. 程维荣、袁奇钧:《婚姻家庭法律制度比较研究》，法律出版社 2011 年版。

15. [澳] 米尔顿 · 奥斯本:《世界历史文库：东南亚史》，郭继光译，商务印书馆 2012 年版。

16. [日] 栗生武夫:《婚姻法之近代化》，中国政法大学出版社 2003 年版。

17. [美] 曼纽尔·卡斯特:《认同的力量》，夏铸九等译，社会科学文献出版社 2003 年版。

18. 黄进、姜茹娇:《〈中华人民共和国涉外民事法律关系适用法〉释义与分析》，法律出版社 2011 年版。

论文类:

1. 谢尚果、罗家衍:《中越边境地区跨国婚姻治理模式分析》，载《广西民族研究》2016 年第 2 期。

2. 宋才发:《西南边疆地区跨国婚姻问题的法治探讨》，载《北方民族大学学报》2019 年第 5 期。

3. 龙耀:《中越边境跨国婚姻问题的法制新思考》，载《广西社会科学》2013 年第 9 期。

4. 罗文青:《和平与交往：广西边境地区跨国婚姻问题初探》，载《广西师范大学学报》(哲学社会科学版)2006 年第 1 期。

5. 罗柳宁:《例论中越边境跨国婚姻建立的基础——兼论“无国籍女人”的身份》，载《广西民族研究》2010 年第 1 期。

6. 吴振南:《中越边境跨国婚姻人口流动的经济和生态因素分析——以麻栗坡县 A 瑶族村为例》，载《西南民族大学学报》(人文社会科学版)2012 年第 1 期。

7. 张峰峰:《中越边境跨国民族社会中的跨国婚姻问题分析》，载《原生态民族文化学刊》2012 年第 1 期。

8. 蒋德翠:《中越边界跨国婚姻之法律探析》，载《人民论坛》2012 年第 20 期。

9. 王晓丹:《中越边境跨国婚姻的动机和社会影响——以云南省麻栗坡县为例》，载《云南师范大学学报》(哲学社会科学版)2011 年第 1 期。

10. 秦红增、李开元、宋秀波:《中越边境地区跨国婚姻模式新探——以广西龙州武德乡布依三屯为例》，载《黑龙江民族丛刊》2011 年第 5 期。

11. 黄鹤飞、陈苏豪:《中越边境跨国婚姻的实例分析——以广西 A 县的调查为例》，载《东南亚纵横》2011 年第 8 期。

12. 马伊：《对中越跨境婚姻问题的社会学思考——以云南金平县金水河镇为例》，载《黑龙江史志》2013 年第 19 期。

13. 罗文青：《亚洲婚姻移民视角下的中越跨国婚姻问题研究》，载《长江师范学院学报》2013 年第 3 期。

14. 罗柳宁、吴俊杰：《中越边境跨国婚姻研究现状及研究设想》，载《东南亚纵横》2009 年第 1 期。

15. 汪传海、张静：《中越婚姻制度比较研究》，载《创新》2009 年第 7 期。

16. 郑宇、杨红巧：《 跨国婚姻关系与边疆民族社会变迁——以中越边境红岩寨苗族为例》，载《学术探索》2009 年第 5 期。

17. 王晓丹：《中越边境跨国婚姻中女性婚姻迁移的原因和影响——以云南省文山州为例》，载《楚雄师范学院学报》2011 年第 8 期。

18. 刘计峰：《中越边境跨国婚姻研究述评》，载《西北人口》2011 年第 6 期。

19. 黄流然、李娟、龙耀：《中越边境跨国婚姻问题的社会学思考》，载《辽宁行政学院学报》2008 年第 1 期。

20. 罗柳宁、龙耀：《中国—东盟架构下西南边境跨国婚姻子女的社会化》，载《中南民族大学学报》(人文社会科学版)2008 年第 1 期。

21. 李娟、龙耀：《中越边境跨国婚姻问题研究——以广西大新县隘江村为例》，载《南方人口》2008 年第 1 期。

22. 李雪岩、龙耀：《中越边境跨国婚姻问题研究(妇女篇)——以广西大新县德天村为例》，载《世界民族》2008 年第 4 期。

23. 周建新：《中越边境跨国婚姻中女性及其子女的身份困境——以广西大新县壮村个案为例》，载《思想战线》2008 年第 4 期。

24. 李雪岩、龙耀：《中越边境跨国婚姻问题研究(子女篇)——以广西大新县隘江村为例》，载《世界民族》2008 年第 5 期。

25. 李娟、龙耀：《中越边民跨国婚姻法律问题探析》，载《广西政法管理干部学院学报》2007 年第 1 期。

26. 罗柳宁、龙耀：《中越边境跨国婚姻的流变及其思考》，载《百色学院学报》2007 年第 1 期。

27. 李娟:《中越边境跨国婚姻中女性的身份认同思考——以广西大新县 A 村为例》，载《广西民族研究》2007 年第 1 期。

28. 龙耀:《跨国婚姻子女社会化问题思考》，载《 广西民族大学学报》(哲学社会科学版)2007 年第 S1 期。

29. 龙耀、罗柳宁:《例论中越边境地区跨国婚姻子女的政治社会化》，载《广西民族研究》2007 年第 4 期。

30. 钟彩兰:《中越跨国婚姻子女身份认同问题研究》，广西大学，2013 年。

31. 党晶:《中越边境跨国非法婚姻移民问题研究》，暨南大学，2010 年。

32. 周建新:《中越跨国民族婚姻调查分析报告》，载中国民族理论学会、延边大学编:《兴边富民与少数民族发展——第十次全国民族理论专题学术讨论会论文集》2001 年。

33. 张洁:《非法移民、跨国婚姻与中越边境安全——以广西边境地区四县市为例》，载《中国社会科学院党校第 33 期进修班中国社会科学院党校办公室赴广西壮族自治区边境地区国情调研文集》(第 6 集) 2009 年。

34. 张妙丽:《我国边民跨境婚姻研究的回顾与展望》，载《辽宁行政学院学报》2013 年第 9 期。

35. 黄雪燕:《中越边民跨国婚姻问题探析——对广西那坡县百南乡边民与越南边民非法通婚的调查》，载《传承》2014 年第 4 期。

36. 张晓、欧小卫、裴氏秋:《中越跨国婚姻中的家庭内部关系研究——以中越边境金厂镇苗族为例》，载《贵州大学学报》(社会科学版) 2014 年第 5 期。

37. 万蕙、朱竑:《中越通婚中越南女性的空间排斥研究——以云南省河口县桥头村为例》，载《地理科学》2013 年第 5 期。

法律法规及规范性文件:

1.《中华人民共和国民法典》婚姻家庭编

2.《澳门民法典》

3.《中华人民共和国民族区域自治法》

4.《中华人民共和国教育法》

5.《越南婚姻家庭法》

6.《瑞士民法典》

7.《中国边民与毗邻国边民婚姻登记办法》

8.《中华人民共和国国籍法》

后　记

此书是本人主持的广西哲学社会科学规划项目“中越涉外婚姻法律问题研究”结题后进一步深入研究的成果。大量研究事实表明，中越涉外婚姻（也有称跨国婚姻）既有合法缔结的婚姻，也有不按法律规定缔结的婚姻。长期存在于中越边境地区的跨国婚姻大多数属于不按法律规定缔结却事实上存在的婚姻，这是特定历史时期我国边境乡村发展进程中存在的一种典型的社会现象。未按法律规定缔结的中越涉外婚姻是一个较为复杂的社会问题，亦是我国边疆社会治理中不得不面对的一个重要问题。本人萌发对中越涉外婚姻法律问题研究的浓厚兴趣，一方面源于我长期从事婚姻家庭法学的教学与研究，对已有的相关研究成果高度关注，发现已有研究多从民族学、社会学、法学等学科展开专门研究，但未有一本专著对此问题进行全面系统的研究；另一方面，本人所处的城市是广西的省会城市，具有重要的地缘优势，是中国—东盟博览会的永久举办地，研究此课题具有优越的便利条件以及重要的理论价值、实践应用价值。诚然，任何研究并非易事，本研究也不例外，在研究之中遇到了不少困难，譬如：调研中因语言问题与部分当事人的沟通交流存在一定的障碍，当事人因身份的敏感不愿接受访谈，获取越南法律法规的中文资料不足，等等。由于原有课题研究资料的收集存在一定的困难，个人认为研究还有进一步拓展的空间。于是，2015 年 6 月在原立项项目结题后，本人继续率领调研团队，前后经过近 3 年的时间深入边境地区调研、收集相关资料，展开进一步研究，最终于 2020 年 2 月形成了本书的研究初稿。此版书稿中关于中越两国婚姻家庭法律制度的比较研究部分，是以 2015 年 1 月越南修改后的《越南婚姻家庭法》和我国《婚姻法》（2011 年修正）为蓝本。但是，未及此版初稿修改完毕，2020 年 5 月 28 日第十三届全国人大三次会议审议通过了中华人民共和国成立以来第一部以法典命名的法律——《中华人民共和国民法典》，原独立于民法之外的单行法《婚姻法》作为第五编婚姻家庭编纳入了法典中。由于近年来中越两国涉及婚姻家庭方面的法律制度规定有了一系列新的变化，以致本书初稿中对中越两国法律规定的比较研究观点已相对滞后，部分观点建议已在新的法律规定中有了体现，因此，必须继续按新的法律规定修改完善书稿。可以说，当前面世的书稿是完全吸纳了中越两国最新法律规定的研究成果。当然，由于本人的学识和能力有限，本书的研究仍存在诸多不足之处，敬请各位专家学者和广大读者批评指正。

总体来说，本书的研究成果既是对中越婚姻法律制度的一次较为全面和系统的比较研究，同时也是对中越涉外婚姻中存在的相关法律问题的全面梳理和分析。本研究是中国与东盟国家婚姻家庭法律制度比较研究的初次尝试，期待本书的公开出版，能对中国与东盟其他国家的婚姻家庭法律制度的比较研究提供一定的借鉴价值，为中国—东盟各国人民进一步了解各国的婚姻家庭法律制度，从而有利于深入沟通交流，最终选择是否跨国通婚，如何依法跨国通婚，发挥一定的积极作用。

此研究成果的正式出版，固然离不开中国法制出版社熊林林编辑的辛勤付出，正是她高效细致地审核较对，本书稿才能顺利按时出版，在此，对熊林林编辑表示衷心的感谢。同时，还要感谢以下单位和个人：首先，感谢对本课题研究的调研工作提供大量帮助的广西、云南边境市县的政法部门、地方政府、村委会干部、涉外婚姻当事人，等等，正是有他们的热情接待和大力支持，本研究的调研工作才能顺利开展和完成；其次，感谢广西民族大学越南籍留学生黄妃燕，正是有她严谨负责的工作态度和艰辛的劳动付出，历时数月高质量地翻译完成 2015 年 1 月生效的《越南婚姻家庭法》，我的研究才得以根据最新的越南婚姻家庭法律规定进行修改和完善；再次，感谢我亲爱的研究生刘晓宁、严晴晴、王世奇、杨慧、王罡、曾繁青等同学，他们多次积极参与了艰苦的边境实地调研、资料收集整理和书稿校对等工作，正是有他们的辛劳付出，此书稿才最终得以完成；最后，感谢我亲爱的家人对我研究工作的鼎力支持，默默地承担了大量本应由我承担的家务事。在此道一声，你们辛苦了！

晚萍

2021 年 6 月于相思湖畔

图书在版编目（CIP）数据

中越涉外婚姻法律问题研究 / 覃晚萍著. —北京：中国法制出版社，2021. 11
ISBN 978 - 7 - 5216 - 2276 - 8

Ⅰ. ①中… Ⅱ. ①覃… Ⅲ. ①涉外婚姻 - 婚姻法 - 研究 - 中国、越南 Ⅳ. ①D923. 904②D933. 339

中国版本图书馆 CIP 数据核字（2021）第 233389 号

责任编辑：熊林林 封面设计：杨泽江

中越涉外婚姻法律问题研究

ZHONG - YUE SHEWAI HUNYIN FALÜ WENTI YANJIU

著者/覃晚萍

经销/新华书店

印刷/北京虎彩文化传播有限公司

开本/710 毫米×1000 毫米 16 开 印张/13. 5 字数/182 千

版次/2021 年 11 月第 1 版 2021 年 11 月第 1 次印刷

中国法制出版社出版

书号 ISBN 978 - 7 - 5216 - 2276 - 8 定价：48. 00 元

北京市西城区西便门西里甲 16 号西便门办公区

邮政编码：100053 传真：010 - 63141600

网址：http：//www. zgfzs. com **编辑部电话：010 - 63141805**

市场营销部电话：010 - 63141612 **印务部电话：010 - 63141606**

（如有印装质量问题，请与本社印务部联系。）